トピックから考える

日本国憲法

30 Lectures on Japanese Constitutional Law through Current Topics

山元 一【編】
YAMAMOTO Hajime

北大路書房

日本国憲法の世界へようこそ！──本書の利用方法

　本書『トピックから考える日本国憲法』は，トピック形式で憲法を学ぶ学習書です。読者の対象としては，主に憲法の初学者を考えています。具体的には，高校を卒業して大学や専門学校などに進学して，すでに小・中・高とふれあう機会があった憲法について，授業で履修していたり，自主的な勉強として少し突っ込んだ勉強をしてみたいと考える人たちです。また，大学などでは法学以外の専門を勉強して，社会に出てから様々な憲法問題が世の中で議論されていることを知り，日本国憲法に興味を持ち憲法を学んでみたい，と思った方々もいらっしゃるでしょう。本書は，こういう方も読者として念頭においています。

　日本国憲法は，日本社会の「最高法規」（憲法98条）として，この国の政治・経済・社会の運営に大きな影響を与えてきました。日本国憲法を学ぶことは，法律家にだけ必要なことではありません。それは，日本社会を生きる人々にとって，日本社会をしっかりと理解する上でとても大切なことだと断言できます。本書は，読者の皆さんに日本国憲法に興味を持ってもらえるように，様々なトピックを用意しました。これらのトピックは，今の日本社会で取り上げることが重要だと考えられるものばかりです。例えば，14講では「ドラネコ盗賊団」のボスが登場し，GPS捜査と憲法の人権保障の関係を考えます。トピックから憲法問題を考えることは，必要不可欠なことなのです。憲法35条は，「何人も，その住居，書類及び所持品について，侵入，捜索及び押収を受けることのない権利は，（中略）正当な理由に基いて発せられ，且つ捜索する場所及び押収する物を明示する令状がなければ，侵されない。」と定めています。この規定にどういう意味があり，どういう場合に効き目を発揮するかは，具体的な事例（＝トピックが示す例）を思い浮かべないとその内容をしっかりと掴むことはできません。ですから，憲法を理解するとは，具体的な事例ごとに，憲法はどのようなことを，国，そして個人・団体に対して求めているのかを理解することだといってもいいすぎではないのです。

　読者のタイプに合わせて，本書の利用方法を具体的にアドバイスしたいと思います。

▶本書が，履修している「法学」や「日本国憲法」の授業においてメインの教材として指定されているあなたへ
　☞担当の先生は，講義で本書の内容を解説する際に，本書の内容をよりよく理解

することのできるための補足的な解説などをしてくれるはずです。それによく耳を傾けた上で，本書にしっかりと取り組んで下さい。きっと内容をすらすらと理解できることでしょう。また，日本国憲法のできるまでや憲法の全体像をよく理解することができるように，コラムを4つ用意しました。こちらも是非参照して下さい。

▶本書が，履修している「法学」や「日本国憲法」の授業においてサブの教材として指定されているあなたへ

　☞担当の先生の授業をよく聞き，指定されているメインの教科書等をよく読んだあとで本書に取り組むと，それぞれのトピックの解説がとてもよく理解できるはずです。

▶独学で本書にチャレンジするあなたへ

　☞まず，いくつか興味あるトピックとその解説を読んでみるといいでしょう。もし，理解が少し難しいと感じたら，「読書案内」（本書巻末249頁以下）の「初心者が安心して取り組むことのできる憲法の教科書」の関連部分を熟読することをお勧めします。その上で，もう一度トピックとその解説に取り組んで下さい。それぞれのトピックの解説がとてもよく理解できるようになっているはずです。

▶本書を読み終えて，ますます憲法への興味をそそられたあなたへ

　☞「読書案内」で紹介した「憲法を突っ込んで勉強してみたいと思った方」向けの教科書に取り組んだり，憲法の資料集や判例集を読むとますます日本国憲法の世界の広がりを感じることができるでしょう。

＊　＊　＊

　最後に，本書ができるまでの経過とお礼を述べたいと思います。本書のようなトピック形式に基づく日本国憲法の学習書の出版を，北大路書房出版コーディネーター（出版工房ひうち：燧代表）である秋山泰さんから私が打診を受けたのは，2021年4月のことでした。大変貴重なお話を頂いたので，すぐに，かつて慶應義塾大学大学院法学研究科博士課程に在学し，私が研究の進め方についてアドバイスする立場にあった，大野悠介（下関市立大学准教授），小川有希子（帝京大学助教），橋爪英輔（常磐大学助教），堀口悟郎（岡山大学准教授）の4氏〔50音順〕に相談することにしました。そうしたところ，是非とも学習書を一緒につくりましょう，ということになりました。こうして，私を含めた5名は『トピックから考える日本国憲法』編集委員会を立ち上げ，活発な意見交換を行って本書のコンセプトを固めて，若手の研究者や弁護士の方々に企画への参加を依頼しました。その結果，多くの優秀な方々に執

筆陣に加わって頂くことができました。

　研究や教育活動で忙しい中で，本書の企画に賛同し，担当部分の原稿を提出して下さった執筆者の方々に厚くお礼を申し上げます。本書の企画を提案され，編集作業を行い，世に出して下さった秋山泰さんにも，厚くお礼を申し上げます。編集委員会一同は，本書が手に取って下さった読者の方々の憲法の学習に役に立つことを，心から願っています。

2023年1月24日

『トピックから考える日本国憲法』
編集委員会を代表して

山元　一

❖＿凡　例

❶　判決・判例の略記・略語（主なもの）

最判　…　最高裁判所小法廷判決　　　　高判　…　高等裁判所判決

最大判…　最高裁判所大法廷判決　　　　地判　…　地方裁判所判決

決　　…　決定

民集　…　最高裁判所民事判例集　　　　判時　…　判例時報

刑集　…　最高裁判所刑事判例集　　　　判タ　…　判例タイムズ

行集　…　行政事件裁判例集　　　　　　裁判所web…　裁判所ウェブサイト

　　なお，読者が見やすいように，（　　）内での判例引用の頭に★印を付け，事件名をゴシックにした。

❷　判例解説集の略記・略語

▶長谷部恭男・石川健治・宍戸常寿＿編『憲法判例百選Ⅰ〔第 7 版〕』（有斐閣，2019年）

　　➡　Ⅰ-＊＊　　（＊＊は判例解説の番号）

▶長谷部恭男・石川健治・宍戸常寿＿編『憲法判例百選Ⅱ〔第 7 版〕』（有斐閣，2019年）

　　➡　Ⅱ-＊＊　　（＊＊は判例解説の番号）

❸　法令名の略記法

　　本文のカッコ内での法令名・条文名の引用では，日本国憲法については，原則として条文名のみ掲げ，その他の法令で頻度の高いものは，その法令名の通例略称により略記した。

　　例：　（＊＊条・＊＊条，公選＊条・＊＊条，国会＊＊条）

天皇制と平和主義

▶コラム❶___ 日本国憲法のできるまで

　日本にはこれまで2つの近代憲法があることは知っていますか。19世紀後半から欧米の強い影響を受けて，日本は近代憲法を制定しました。それが，戦前の大日本帝国憲法と現行の日本国憲法です。それまでの日本には憲法がありませんでしたが，欧米諸国が東アジアへと進出する中で，それらの国々と肩を並べる国となるべく，1889年に作られたのが大日本帝国憲法（明治憲法）です。

　明治憲法には権力分立や法治主義，議会制度の設置といった民主的要素があった一方で，天皇の権力は強く，国民の権利も制限されているなど非民主的な要素も多く含まれていました。戦後には，連合国総司令部は明治憲法の非民主的な側面が侵略戦争を引き起こしたと評価して，民主主義的傾向の復活や基本的人権の尊重を求めるポツダム宣言の実行のために，明治憲法の改正を日本政府に指示しました。

　指示を受けた日本政府は，元東京帝国大学教授・松本烝治を委員長とする憲法問題調査委員会を設置し，検討させましたが，新聞のスクープによって同委員会の改正案が天皇主権を保持する保守的なものであることが発覚しました。このことに失望した総司令部は，憲法の全面変更へと方針を転換し，総司令部民政局に憲法草案の起草を命じました。そこで，①天皇制の存続，②戦争の放棄，③封建制の禁止といった基本原則の下，わずか9日間で起草されたのがいわゆるマッカーサー草案です。

　総司令部は同草案を日本政府に提示し，草案に沿う改正を要請しました。天皇には象徴という地位が与えられるとされたことに日本側は驚愕しましたが，結局受け入れざるを得ず，日本政府と総司令部の話し合いに基づいて修正された改正案が公表されました（1946年3月6日）。

　総司令部がここまで草案作成を急いだのには理由があります。1つは，ソ連などからの天皇制廃止論が強い中で，それに批判的なアメリカとしては天皇制を存続させる憲法を制定したかったからです。また，4月の衆院選前に草案を公表することで，国民の憲法についての自由な意思表明をさせる意図もありました。

　このように総司令部の明治憲法への批判に基づいて作られた日本国憲法は，時に占領下での総司令部による「押しつけ憲法」なので無効だと主張されることもあります。しかし，改正案が帝国議会での審議を経て圧倒的多数で可決されたことを考えると，総司令部から一方的に押し付けられたものとは言えないのではないでしょうか。

【樋口惟月】

▶コラム❷＿　日本国憲法のあらまし

　「日本国憲法」はどのように構成されているでしょうか。この構成を知るには「憲法」という法律がどのような意味を持ち，どのようにつくられたか知ることが非常に重要です。まず，「憲法」は何かについて確認しましょう。

　「憲法」とは何でしょうか。憲法はまず，憲法という名前で呼ばれる書かれた法律のことを指します。これは，形に注目した憲法の 定義であり，「形式的」意味の憲法といいます。他方で，その内容に注目して，同様に「憲法」と呼ばれます。一般に，その中身に一国の政治理念として「統治の基本」を示すこと，国家権力を制限して「市民の権利・自由を保障」することがなくてはならないといわれます（「実質的」意味の憲法）。中身に注目した憲法の意味は近代に至って確立してきたので，「憲法の意味ができるまで」の歴史を表しています。すると，世界の国々の憲法は内容的に共通する部分が多くありますが，具体的には各国の歴史や固有の価値も表しているのが一般的です。では，日本の現在の憲法はどのように構成されているでしょうか。ここでも形式と内容の両方に注目するのが重要です。

　形式的側面からみると，日本国憲法と名付けられた法律は，前文と103条の条文を関係する内容でまとめた11章から成り立っています。

　前文とは，法律の最初に付され，その法律の目的や精神を述べる文章です。日本国憲法前文の場合には，その内容で「国民主権」・「民主主義」・「基本的人権の尊重」・「平和主義」・「国際協調主義」が強調されています。

　これらの理念に従って，１章では天皇制と国民主権の関係，２章では平和主義が戦争の放棄によって具体化され，３章の国民の権利及び義務で基本的人権の保障内容を具体化します（概要はコラム❸を参照）。４章から８章では国の統治機構について，代表民主制の具体化した内容である国会（第４章）と，国会と緊張関係にある内閣（５章），そして，それらの政治部門から独立した司法と違憲審査制を規定しています（６章）。さらに，国家活動の経済的裏付けである財政を7章で，日常生活を考慮に入れ人権保障を実質化し日本の民主主義に不可欠な地方自治を8章で定めます（統治機構の概要については，@@頁のコラム❹を参照）。９章と10章は，この憲法の改正の手続と憲法の地位について定めていますが，日本国憲法は通常の法律より改正が難しく，条約に協調し他の法令には優越する最高法規性を持つ硬性憲法の特徴を表しています。11章もこの憲法自体に関わる施行やそれに関連する一時的なルールを定めています。

【田中将人】

01 講＿ 天皇制 ....

❖Topic 01＿高齢化した天皇は，退位することはできないのでしょうか？

　私も天皇の地位に就任して30年が近づき，人間の自然現象には逆らえず高齢化し，大きな手術を経験するなど，健康状態が公務の妨げになる状況が増えてきた。世の多くの人々にならって引退をしたいと思い，皇位について定める皇室典範という法律を確かめてみたら，天皇の引退の規定がなく，この世を去るまで天皇の地位にとどまらなければならないとなっている。これでは，国民が私に象徴として期待している役割を果たすことができない。はてさてどうしたものか…

▶§1＿ 明仁天皇の退位

▶▶1　問題の所在

　一般の公務員や会社員であれば勤め先に定年制が設けられており，一定の年齢に達すると引退する仕組みとなっています。人間は誰でも高齢化すると，若い頃と同じように仕事をこなすことが難しくなります。したがって，定年制は合理的な制度だと考えられており，このような制度は社会で広く採用されています。これに対して，天皇の地位や行うべき行為等については憲法第1章で規定が設けられていますが，退位については規定は見当たりません。皇位の継承について定めているのは，憲法ではなくて**皇室典範**です。皇室典範4条は，**皇位の継承**について「天皇が崩じたときは，皇嗣が，直ちに即位する。」，とのみ定めており，生前退位は認められていません。「典範」という名称が用いられいるので，大変いかめしい印象をあたえますが，皇室典範は実際には普通の法律と同様の手続で，改廃が可能な法律です。実は，明治以前において生前退位して譲位した天皇は，かなりの多数に及んでいました（明仁が退位する以前の124代の天皇のうちの58名）。ところが，明治維新以降は，1889年に制定された旧皇室典範によって，天皇の逝去の場合以外では，皇位の継承すなわち生前退位は認められなくなってしまいました。

　読者の皆さんはよくご存じのように，「平成」の元号とともに天皇の座にあった明仁は，2019年5月1日に退位して，新たに設けられた地位である「上皇」となりました。それと同時に明仁の長男である徳仁親王が後を継いで天皇に即位しまし

た。その際，「元号は，皇位の継承があった場合に限り改める。」とする元号法2項に基づいて，元号は「令和」に変更されました。そこでこの講では時間を遡り，明仁天皇が2010年代に入り自らの老化を強く意識しはじめた時点に戻って，この問題を考えてみることにしましょう。

▶▶2　ビデオ映像による明仁の国民に対する訴え

　明仁天皇は1933年に生まれ，1989年に天皇に即位しました。2013年には80歳となり，一般の人であれば，社会生活から引退することが当然である年齢に達しました。また，2003年にはガンの手術そして2012年には心臓の手術を受けるなど，健康への不安が増大したこともあり，生前退位の希望がつのっていったようです。2016年8月8日当時82歳となった天皇は，ビデオ映像で「**象徴としてのお務めについての天皇陛下のおことば**」を発表しました（https://www.kunaicho.go.jp/page/okotoba/detail/12）。そこでは以下のことが述べられました。

> 「天皇が健康を損ない，深刻な状態に立ち至った場合，これまでにも見られたように，社会が停滞し，国民の暮らしにも様々な影響が及ぶことが懸念されます。更にこれまでの皇室のしきたりとして，天皇の終焉に当たっては，重い殯の行事が連日ほぼ2ヶ月にわたって続き，その後喪儀に関連する行事が，1年間続きます。その様々な行事と，新時代に関わる諸行事が同時に進行することから，行事に関わる人々，とりわけ残される家族は，非常に厳しい状況下に置かれざるを得ません。こうした事態を避けることは出来ないものだろうかとの思いが，胸に去来することもあります。」

　この「おことば」では，自らのために退位の制度を設けて欲しいとは直接には述べられてはいませんでしたが，そのような希望がにじみ出る発言でした。1989年に明仁天皇の父にあたる裕仁が死去した際には，社会では様々な活動が事実上自粛を余儀なくされ，大きな問題となりました。天皇のこの「おことば」を受けて，国会では，「**天皇の退位等についての立法府の対応**」に関する衆参正副議長による議論のとりまとめがなされました（2017年3月17日）。また政府サイドの対応としては，首相が私的諮問機関「**天皇の公務の負担軽減等に関する有識者会議**」を組織して，同会議からの最終報告を受けました（2017年4月21日）。このうち，「天皇の退位等についての立法府の対応」において，各政党等のこの問題についての「共通認識」として，以下のものが示されました。

　①　昨年8月8日の今上天皇の「おことば」を重く受け止めていること。
　②　今上天皇が，現行憲法にふさわしい象徴天皇の在り方として，積極的に国民の声に耳を傾け，思いに寄り添うことが必要であると考えて行ってこられた象徴としての行為は，

国民の幅広い共感を受けていること。

　このことを踏まえ，かつ，今上天皇が御高齢になられ，これまでのように御活動を行うことに困難を感じておられる状況において，上記の「おことば」以降，退位を認めることについて広く国民の理解が得られており，立法府としても，今上天皇が退位することができるように立法措置を講ずること。

　③（省略）

　以上の経緯を踏まえて，2017年6月9日に，皇室典範4条で規定されている〈生前退位を認めない〉という一般ルールの改正という方法ではなく，〈天皇明仁については生前退位を認める〉という一代限りの特例措置を設けるための「天皇の退位等に関する皇室典範特例法」が衆参両院で全会一致で可決・成立しました。この法律に則って2019年5月1日に，明仁天皇は天皇の座から降りて「上皇」となったわけです。

▶§**2**　日本国憲法と象徴天皇

▶▶**1**　退位制度の不存在の理由

　明治以前には多くの天皇が生前退位していたのに，明治以降それが認められなくなっていたのは，なぜでしょうか。それは，以下の理由に基づいていました。

　第1に，生前退位が認められると，世論や政治家の間で，生前退位をするべきだとする意見と生前退位をするべきではないという立場に分かれて，両者の間に政治的対立が生まれて，政争に発展する可能性がありうることです。

　第2に，天皇が自ら退位を望んでいるかどうか，第三者からは判断できず，自らの意思に反して，退位するように圧力をかけられている可能性が否定できないことです。

　第3に，日本国憲法に関しては，憲法は天皇に国事行為を行うことを規定していますが，そのような行為を遂行できない場合に備えて摂政制度が用意されているので，わざわざ退位制度を導入する必要はない，とされました。

　以上の主張が説得力を有するかどうかを検討するためには，日本国憲法の下での天皇の地位と役割・機能を考えてみる必要があります。

▶▶**2**　象徴としての天皇

　憲法1条は，「天皇は，日本国の象徴であり日本国民統合の象徴であつて，この地位は，主権の存する日本国民の総意に基く。」，と規定しています。**大日本帝国憲**

法（明治憲法）の下では，万世一系の血統にある天皇は，神話に由来する古来からの伝統に基づいて日本を統治する権能が与えられている（同1条）とされ，神聖不可侵の存在とされました（同3条）。これに対して，戦後の日本の民主化を推し進めようとする**連合国軍最高司令官総司令部（GHQ）**の強力な指導の下で制定された日本国憲法の下では，天皇の地位は，主権を有する国民の意思に基づくものとなり，新たに象徴という地位が与えられました。ここでいう象徴とはどのような意味なのでしょうか。

　文部省が中学校1年生用の社会科の教科書として1947年に発行した『新しい憲法のはなし』は，象徴について，次のような説明を加えています。

> 「日の丸の国旗を見れば，日本の国をおもいだすでしょう。国旗が国の代わりになって，国をあらわすからです。（中略）いまここに何か眼にみえるものがあって，ほかの眼に見えないものの代わりになって，それをあらわすときに，これを『象徴』ということばでいいあらわすのです。（中略）つまり天皇陛下は，日本の国をあらわされるお方ということであります。」

　この文章から理解できることは，象徴は，普通は人ではなく，国旗のような具体的な物を用いて，抽象的なものがあらわされることです。白い鳩が平和の象徴とされるのは，皆さんもご存じでしょう。ここで注目に値するのは，憲法は，国民をあらわすものとして，象徴とは別に，選挙で選ばれる国民代表について規定していることです。憲法43条は，「両議院は，全国民を代表する選挙された議員でこれを組織する。」としています。**国民代表**も，国民の間に存在する多様な意識や意見をあらわす役割を与えられています。象徴と代表の違いは，前者が国民が1つの単位としてひとまとまりのものとして示すことが目的とされているのに対して，後者は，むしろ多様な意識や意見をそのまま示すことに重点がおかれます。

▶▶3　天皇の国事行為

　国旗や白い鳩に対して何らかの行為を行うように義務づけることはできません。これに対して，天皇は人間ですので，それが可能です。憲法は，象徴である天皇に対して，どのような行為を行うことを求めているのでしょうか。憲法は，「天皇は，この憲法の定める**国事に関する行為のみを行ひ，国政に関する権能を有しない。**」（憲法4条）と規定し，しかも，「天皇の国事に関するすべての行為には，**内閣の助言と承認を必要とし，内閣が，その責任を負ふ。**」（憲法3条）としています。つまり，憲法は，天皇に国政を左右する権力を与えず，また実際に国政を左右する権力ではない国事行為についても，内閣の助言と承認の範囲内でしか行うことができない，としています。具体的には，例えば，内閣総理大臣の任命は天皇が国事行為として

行います（憲法6条1項）が，誰が天皇によって内閣総理大臣に任命されるかを実際に決めているのは国会であって，天皇ではありません（憲法67条）。最高裁判所の長官を任命するのも天皇です（憲法6条2項）し，それ以外の国事行為として，憲法7条は，具体的には，①憲法改正，法律，政令および条約の公布，②国会の召集，③衆議院の解散，④国会議員の総選挙の施行の公示，⑤国務大臣および法律の定めるその他の官吏の任免ならびに全権委任状および大使および公使の信任状の認証，⑥恩赦の認証，⑦栄典の授与，⑧批准書および法律の定めるその他の外交文書の認証，⑨外国の大使および公使の接受，⑩儀式の挙行，を列挙しています。

　そもそも，なぜ憲法は，天皇に国事行為のみを行わせることにしたのでしょうか。なぜなら，政治的な問題について全国民の意見が一致することはありえないので，天皇が国民のまとまりを象徴としてあらわすためには，天皇が「国政に関する権能」を有しないことはとても重要だからです。もし天皇が政争に巻き込まれる事態が生ずれば，象徴としての機能そのものを果たすことが困難になってしまうことが懸念されます。しかし逆に，天皇がいくら血統として歴代天皇の血を引いているとはいえ，国家的なイベントと全く関わり合いを持たず国民から不可視的な存在となってしまえば，国民は天皇の存在を次第に忘れてしまい，現実に象徴としての機能を果たすことができなくなってしまうことが危惧されるでしょう。そこで憲法は，重要な国家的なイベントにおいて，天皇の行う行為が形式的儀式的なものに過ぎないとしても一定の行為を行う機会が与えられていることが望ましいと考えて，天皇の行うべき国事行為を定めた，と考えられます。

　天皇に国事行為を行わせるシステムは，問題を引き起こす可能性があります。例えば天皇が突然重い病気となり，内閣総理大臣を任命できなくなってしまうと，国政が停滞・混乱してしまうでしょう。そこで憲法は，天皇が一定の事情によって国事行為を行うことが困難な場合に備えて，「天皇の名でその国事に関する行為を行ふ」ことのできる**摂政**についての規定を設けています（憲法5条，皇室典範16条）。また，摂政以外にも，天皇は国事行為を一時的に他の者に委任することができます（憲法4条2項，国事行為の臨時代行に関する法律）。

▶▶4　天皇の国事行為以外の行為

　天皇は，国事行為以外にどのような活動をするのでしょうか。現実の天皇の行動を考えてみると，睡眠を取るなど，まず一人の人間としてプライベートな時間があります。次に，上で述べたような国事行為があります。しかしながら実際には，天皇の公的活動は，国事行為に限られてはいません。憲法に明示的に規定されていませんが，外国元首との親書親電の交換，外国への公式訪問，外国の国家儀式への参列，国民体育大会（国体）などへの出席，園遊会，一般参賀，国内巡幸（国内各地へ

の公式訪問），様々な公的訪問者の謁見を受けること，内奏を受けること（大臣など
が天皇に国政について説明し，質問を受けること）などがあります。

　このような行為について，憲法に明示的に規定されていない以上，天皇はこのよう
な行為を一切してはならない，という説があります。しかしこのような考え方は，
現実から大きく遊離しているので，一般に支持されていません。

　憲法学説としてこの点をうまく説明するために，天皇は象徴であるから国事行為
のほかに象徴として行為することが認められるとする説（「象徴としての行為」説）や，
天皇は，内閣総理大臣や県知事などと同様に公人の一人であるから，公人であれば，
職務に直接関連する行為以外にも，間接的に関わる行為などをはじめ，一定の社会
的活動を行うことが期待されており，憲法は天皇によるそのような行為を否定して
はいない，とする説（「公人としての行為」説）が出されてきました。これらの説によ
れば，これらの行為は国事行為ではないですが，国事行為にならって内閣の補佐と
責任の下で行われなければならない，とされています。

▶§3__ 生前退位の憲法問題

　ここでは，天皇の生前退位がもたらす憲法問題について考えることとしましょう。

▶▶1　退位制度の是非

　▶§2の▶▶1で，明治以降退位制度が認められてこなかった理由について述べま
した。第1に，退位制度が政治的対立を生み出すということですが，明治憲法下の
天皇とは異なり象徴天皇には政治的権力が与えられていないので，このような懸念
はあてはまらない，と考えられます。第2に，明仁天皇のケースでは自ら退位を望
んでいることが明白なので，そのような懸念は当てはまりませんでした。皇室典範
を改正せず，特例法を制定して明仁天皇の退位を可能にしたのは，このこととも，
対応しています。第3に，摂政がおかれていることは確かですが，摂政がそのよう
な役割を果たすことができるのかが問題となります。この点についての明仁天皇の
考え方を見ることとしましょう。

▶▶2　明仁天皇と象徴としての務め

　上で述べたように，明仁天皇は，生前退位を強く希望するに至りました。実は，
そのような考え方に至った背景には，明仁なりの象徴についての考え方がありまし
た。上で紹介した天皇の「おことば」では，次のようなことが述べられていました。

「私が天皇の位についてから，ほぼ28年，この間私は，我が国における多くの喜びの時，また悲しみの時を，人々と共に過ごして来ました。私はこれまで天皇の務めとして，何よりもまず国民の安寧と幸せを祈ることを大切に考えて来ましたが，同時に事にあたっては，時として人々の傍らに立ち，その声に耳を傾け，思いに寄り添うことも大切なことと考えて来ました。天皇が象徴であると共に，国民統合の象徴としての役割を果たすためには，天皇が国民に，天皇という象徴の立場への理解を求めると共に，天皇もまた，自らのありように深く心し，国民に対する理解を深め，常に国民と共にある自覚を自らの内に育てる必要を感じて来ました。こうした意味において，日本の各地，とりわけ遠隔の地や島々への旅も，私は天皇の象徴的行為として，大切なものと感じて来ました。皇太子の時代も含め，これまで私が皇后と共に行なって来たほぼ全国に及ぶ旅は，国内のどこにおいても，その地域を愛し，その共同体を地道に支える市井の人々のあることを私に認識させ，私がこの認識をもって，天皇として大切な，国民を思い，国民のために祈るという務めを，人々への深い信頼と敬愛をもってなし得たことは，幸せなことでした。」

　明仁天皇は，「平成流」と呼ばれる象徴としての活動を積極的に展開しましたが，その中心は，ここで述べられているような災害地の慰問等のために各地の訪問を精力的に行うことでした。ここからわかることは明仁は，みずから「象徴としての行為」説に立つことを明らかにしただけではなく，象徴が果たすべき義務を自らの行動をもって示しました。

　そもそも憲法は，天皇に一定の存在感を持たせるために国事行為を認めたのですが，明仁は，国事行為を通じて国家的なイベントに参加するだけでは象徴としての役割を果たすのは全く不十分であると考えました。彼は，「国内のどこにおいても，その地域を愛し，その共同体を地道に支える市井の人々」がいるのであり，象徴として各地を訪問して，そのような人々とのふれあいを深めていくことができなければ象徴としては失格だ，と考えたのです。確かに，人間としてのふれあいを目的とするこのような行為は摂政等では代理できず，天皇が高齢化によってそのような役割を果たすことができなくなれば，天皇の地位から降りることが当然であると，明仁天皇は考えたのでしょう。このような行為が政治に影響を与える行為でなければ，憲法は認めている，と考えてもよいでしょう。

　このようにみてくると，明仁天皇の生前退位の問題が発生したのは，単に天皇が老齢化したからだけではなく，そこには明仁天皇の象徴についての見方が色濃く反映していたことがわかります。彼がもし，国事行為に専念することが天皇の役割だと考えていたとしたら，生前退位を望まなかったかもしれません。このような象徴についての考え方を現在の天皇が引き継ぐかどうかが，注目されます。

▶▶3　天皇と政治

　明仁天皇の生前退位をめぐっては，天皇と政治の関係が問題となります。憲法は，天皇は，「国政に関する権能を有しない」として，政治の実際の運営に影響を与え

ることを禁じています。この観点から、明仁天皇の生前退位問題を見てみると、天皇の「おことば」に端を発し、最終的に特例法制定という立法的解決を見た一連の経過について、「おことば」が立法という重要な政治的行為を導き出したことは、「国政に関する権能」を有しないはずの天皇が行った憲法に抵触する行為なのではないか、という疑問が生じます。確かに、原則として、天皇が直接的ないし間接的に立法をはじめとする法令の制定改廃についての希望を公的に表明することは、憲法に違反する行為であると考えられます。しかし、天皇自身の退位の問題は、一般人の問題に置き換えて考えれば、**職業選択の自由**に関わる問題であり、職業選択の自由の基礎には、個人が人格として自律して行動することできるべきである、という憲法からの強い要請があります。このように考えてみると、天皇本人が、内閣の補佐と責任の下で、天皇個人の人生のあり方に重大な問題である退位問題について制度改革を望み、その趣旨の発言をすることは、当事者にしか発言し得ない、やむにやまれぬ希望の表明として憲法上許容されるべきであり、**憲法尊重擁護義務**（憲法99条）に反しないと考えられます。これとは対照的に、天皇が、例えば、現在の日本の政治状況を憂えているので退位させてほしい、と述べることは、憲法によって禁止されていると考えるべきです。もしも、内閣がそのような発言をすることを天皇に認めたとしたら、内閣は責任を追及される、と考えられます。

【山元　一】

02 講＿ 平和主義 ···

❖Topic 02＿集団的自衛権を認めてしまうと，立憲主義は崩壊するのでしょうか？

　2014年当時政権を担当していた安倍晋三内閣は，長い間政府が採用してきた憲法9条についての解釈を，閣議決定に基づいて変更した。これまで政府は，憲法9条の下で認められるのは個別的自衛権のみだ，との立場にたっていたが，日本の安全保障環境の変化によって，このような解釈は妥当ではなくなり，一定の条件の下で集団的自衛権の行使も認められるべきだ，と考えるに至ったと説明した。翌年政府は，新たな憲法解釈に基づいて，2015年に「平和安全整備法」を成立させた。このような政府による憲法解釈の変更に対しては，憲法学界をはじめとして，広く世論の強い反対を招いた。批判論は，長年定着してきた憲法9条の解釈を政府が突然変更させることは，立憲主義を崩壊させるものだ，と主張した。この問題について，どのように考えたらよいのだろうか？

▸§1＿ 憲法と平和主義

▸▸1　第二次世界大戦後の国際社会における安全保障と日本国憲法

　日本国憲法はしばしば，「平和憲法」と呼ばれますが，それはなぜでしょうか。このことを理解するためには，第二次世界大戦後の国際社会の安全保障の考え方を見ておく必要があります。まず，第一次世界大戦後の国際社会では，「**戦争の違法化**」という考え方が定着しました。この考え方は，〈国際紛争を戦争という手段に訴えて解決することは違法だ〉，とするものです。このような考え方が定着したにもかかわらず，第二次世界大戦が勃発してしまったので，第二次世界大戦後の1945年10月24日に，新たな構想に基づき国際社会における平和と安全を維持するために設立されたのが，国際連合（国連）です。そこで採用された安全保障のシステムは，**集団安全保障体制**と呼ばれるものです。このシステムは，国連加盟国に対して不当な武力攻撃が発生した場合には，国連安全保障理事会に属する兵力（**国連軍**）によって対抗するものです（国連憲章42条）。このような場合に各加盟国は，安全保障理事会が必要な措置を取るまでの間に限って，また安全保障理事会に事後に報告することを条件として，自らの保持する自衛権に基づいて一定の自衛的措置を取ることが認められます（同51条）。ただ1950年代からの冷戦の影響もあり，今日に至るまで

国連軍は創設されていません。

　このように平和と安全を求めて画期的な取組みを行う第二次世界大戦後の国際社会の熱気を背中に感じながら制定されたのが，日本国憲法です（1946年11月3日公布，1947年5月3日施行）。憲法はその前文で，**恒久の平和を念願し**，「平和を愛する諸国民の公正と信義」への「信頼」に国民の「安全と生存」を委ねる「決意」を宣言しました。そして，そのための努力を行っている「国際社会」で「名誉ある地位を占め」ることが国家目標とされました。そして，このような前文の理念を受けて，第2章「戦争の放棄」において，「戦争の違法化」という国際的ルールに対応して，国際紛争における戦争，そして武力の行使や武力による威嚇を禁止する9条1項が規定されました。そして，それをより確実なものとするために，「陸海空軍その他の戦力は，これを保持しない」として戦力不保持を定める2項が規定されました。それまで平和に関する事項が憲法に盛り込まれる例はありましたが，戦力の不保持を定めた憲法は世界的に極めて珍しいといえます。

▶▶2　憲法9条の法的意義

　そもそも，「戦争の放棄」と題する憲法の第2章の内容を規定する唯一の条文である憲法9条がどのような性質を有する規範であるかについて，論議がなされました。**「政治的マニフェスト説」**は，憲法9条は，憲法典に規定されているものの単に政治的理念を掲げたにすぎないもので，法規範と捉えるべきではない，としました。**「裁判規範性否定説」**は，憲法9条は国家の行動を法的に規律する法規範ではあるとしても，国防政策に関する問題は高度な政策的判断を伴うため，裁判の場で議論するにふさわしい問題ではないので，裁判規範性は否定されるべきだ，としました。これに対して，学説の多数説や判例は，9条も他の憲法の条文と同じように，裁判規範性を有する法規範だと考えてきました。政府も，憲法9条は，自らの行動を規律する法規範だと捉えてきました。

　憲法9条についてもう少し詳しく見てみると，まず，1項にいう，(a)「国権の発動たる戦争」とは，〈「戦争の違法化」が国際法規範になる以前において適法であった武力を用いた国家間の闘争〉，を意味します。次に，(b)「武力の行使」とは，〈「戦争を行う」，という意思表示がなされないままでなされる国家間の事実上の武力衝突〉がそれに該当します。例えば日本の例としては，1931年の満州事変や37年の「支那事変」**（日中戦争）**がそれに該当します。そして，(c)「武力による威嚇」とは，〈武力を背景に自国の要求を相手国に突きつけてそれを実現すること〉，を意味します。

　憲法は，「戦争の放棄」を掲げていますから，日本国は，如何なる名目であっても戦争も行うことはできません。9条1項は，「戦争の違法化」の考え方を踏まえたもので，国際紛争を解決するために戦争を行うことはできません。また，2項が

戦力不保持を定め交戦権を持たないとしているので，自衛のための戦争を行うことも禁止されます（自衛戦争と自衛のための措置を取ることは，区別されます）。

▶▶3 再軍備と自衛隊の合憲性

　読者の皆さんもよくご存じのように，憲法9条2項の定める戦力保持の禁止は，憲法制定後あっという間に困難に直面することになります。その事情は，以下の通りです。日本が第二次世界大戦で敗北し連合国に無条件降伏をした結果，日本を占領し支配したのは，アメリカ合衆国でした。アメリカは，戦争の放棄と戦力不保持を定める日本国憲法の制定を強く指導し，敗戦後再出発した日本は全く軍事組織をもたない状態となりました。ところが，朝鮮戦争(1950-1953年)の勃発を契機として，アメリカは日本に対する方針を転換します。日本に駐留しているアメリカ軍（米軍）が朝鮮戦争に出動するために手薄になる日本の防衛のために，再軍備すなわちアメリカの軍事力を補完する軍事組織の設立を日本に求めるようになったのです。この要求を受けて日本政府は，米軍をサポートするために，警察予備隊（1950-1952年），保安隊（1952-1954年），自衛隊（1954年-現在）と，名前を変えながら軍事組織を増強して，次第に再軍備を進めていきました。日本は，1952年に，サンフランシスコ平和条約によって主権を回復して国際社会に復帰しましたが，その際，アメリカと日米安全保障条約を締結して，米軍に日本領土内の基地の使用を認めて，日米両国が共同で日本の安全保障を確保する，という政策を推進しました。自衛隊法は，「自衛隊は，我が国の平和と独立を守り，国の安全を保つため，直接侵略及び間接侵略に対し我が国を防衛することを主たる任務とし，必要に応じ，公共の秩序の維持に当たるものとする」，と規定しています（同法3条）。

　このような再軍備の結果設立された警察予備隊や保安隊，そして現在存在している自衛隊は戦力不保持を定める憲法9条に違反しており，違憲の存在ではないのでしょうか。制定以来今日まで，憲法9条は一度も改正されてこなかったため，この問題は憲法学界の内外で盛んに論争されてきました。

　日本の防衛力の整備を推し進めてきた政府は，現在の自衛隊の合憲性について次のように説明してきました。まず，刑法で1人1人の人が不意に行われる不正な攻撃に対して正当防衛をする権利を有するように，戦力不保持を定める憲法の下でも，日本が独立国家である以上は，諸外国が持っているのと同様の自衛権を保持している，とします。その上で，9条2項にいう保持が禁止される戦力とは，警察力を超える装備や近代戦争を遂行する能力をいうのではなく，「自衛のための必要最小限度のもの」を超える実力（軍事力）が戦力の意味だとしています。政府は，このような解釈に基づいて現在の自衛隊の実力は，必要最小限度を超えていないので合憲である，と主張してきました。

それでは，自衛権はどのような場合に行使できるとされてきたのでしょうか。政府はこの点について，①わが国に対する急迫不正の侵害に対して，②わが国を防衛するために他に手段がない場合において，③わが国を防衛するために必要最小限度の実力を行使すること，の３つが要件だとしてきました。自衛権について，国連憲章51条は，「この憲章のいかなる規定も，国際連合加盟国に対して武力攻撃が発生した場合には，安全保障理事会が国際の平和及び安全の維持に必要な措置をとるまでの間，**個別的又は集団的自衛の固有の権利を害するものではない。**」と規定しています。政府は国際法上は集団的自衛権を有しているが，①の要件である，「我が国に対する急迫不正の侵害」に該当しない同盟国等に対する急迫不正の武力行使に対して，日本が同盟国に加勢するために集団的自衛権を行使して対抗することは，憲法９条に基づいて禁止される，としてきました。

　このような考え方を批判する憲法学説は，確かに日本は自衛権を有するが，憲法９条が戦力不保持を定めている以上は，如何なる軍事組織も持つことはできないはずであり，そうだとすれば，日本の有する自衛権は「武力なき自衛権」であり，外交努力で国際紛争を解決する途だけが与えられている，とする説（**「武力なき自衛権」説**）や，日本は自衛権自体を放棄した，とシンプルに考えるべきだ，という説（**自衛権否定説**）を主張してきました。このような学説に従えば，自衛隊は違憲の存在だ，ということになります。

　憲法９条解釈は，憲法によって違憲審査権を与えられた裁判所においても激しく争われてきました。はじめに争われた重要な問題は，日米安保体制の下で日本に駐留している米軍は憲法９条に違反しないか，という論点でした。この問題が争点となった**砂川事件**の第一審判決（★東京地判昭和34〔1959〕・3・30判時180号２頁）（**伊達判決**）は，日本の駐留米軍は「戦力」に該当するとして違憲判決を下しました。これに対して，飛躍上告を受けた最高裁判決（昭和34〔1959〕・12・16刑集13巻13号3225頁）は，「戦力」とは，「わが国その主体となってこれに指揮権，管理権を行使し得る戦力」に限定されるので，駐留米軍のような外国軍隊は「戦力」に該当しないとしました。

　真正面から自衛隊の合憲性が問題となったのは，**長沼ナイキ基地事件**です。第一審判決（★札幌地判昭48〔1973〕・９・７判時712号24頁）は，「武力なき自衛権」説に立った上で，「戦力」を「警察力を超える実力」であると解釈し，自衛隊をそのように解釈された「戦力」に該当するとしました。これに対して，控訴審判決（★札幌高判昭51〔1976〕・８・５行集27巻８号1175頁）は，「同条〔９条〕が保持を一義的，明確に禁止するのは侵略戦争のための軍備ないし戦力」に限られると解釈し，自衛隊はそれに該当しないとしました。上告を受けた最高裁は，自衛隊の合憲性について判断をしなかったので，現在まで自衛隊の合憲性について判断した最高裁判決は存在していません。

▸ §**2**__ 集団的自衛権をめぐる問題

▸▸**1**　集団的自衛権と憲法 9 条

　冷戦が終焉しグローバル化時代を迎え，日本は国際協調を進めるために，国際社会への貢献が強く求められるようになりました。そのために，憲法9条との関係で，どのような範囲で貢献することができるかが大きな論争となりました。具体的には，国連の「**平和維持活動**」（PKO活動）やテロ対策やイラクでのアメリカ軍の活動にどの範囲で協力できるかが争われ，大きな議論となりました。

　その後，2014年に日本が集団的自衛権を行使できるかが問題となりました。**集団的自衛権**は，国連憲章51条によって加盟国に認められている権利です。具体的には，自国に対する武力攻撃は存在しないが，密接に関係のある他国に対する不正な武力攻撃が行われた時に，その国の要請に基づいてそのような攻撃に対して武力の行使を認める権利を意味します。この場合は，自国に対する武力攻撃は発生していないので個別的自衛権の行使にはあてはまりませんが，集団的自衛権の下では認められることになります。なぜ，個別的自衛権のほかに，このような権利が認められたのでしょうか。国連の仕組みでは安全保障理事会の常任理事国（アメリカ，イギリス，フランス，ロシア，中国）が反対すると国連軍（前述したように，現実には，現在までのところ存在していません）を派遣することができないため，自国の行う対抗措置が不十分である場合の代替的手段として，国連憲章は密接な関係にある他国が対抗措置をとることが認めたのです。

　この点について，政府は，「わが憲法の下で武力行使を行なうことが許されるのは，わが国に対する急迫，不正の侵害に対処する場合に限られるのであつて，したがつて，他国に加えられた武力攻撃を阻止することをその内容とするいわゆる集団的自衛権の行使は，憲法上許されない」(1972年10月14日内閣法制局作成の参議院決算委員会提出資料)，と明言していました。また，例えば，小泉純一郎首相〔当時〕も，このような理解を前提に，「私は集団的自衛権を認めるんだったらば憲法は改正した方がいいと思っております。憲法を改正しないで集団自衛権，これまで積み重ねてきた政府解釈を変えるということは小泉内閣ではするつもりありません。」(2003年7月25日参議院外交防衛委員会における答弁)と述べていました。

▸▸**2**　2014年の憲法 9 条解釈の変更

　ところが，2014年安倍内閣は，個別的自衛権にとどまらず集団的自衛権の行使

を部分的に認めることが，今日の日本の安全保障にとって重要だと判断しました。しかしながら，安倍内閣は，憲法 9 条の改正によってそれを実現するのではなく，従来の憲法 9 条の解釈を変更することによってその行使を可能にするように事を進めていきました。具体的には，「我が国を取り巻く安全保障環境の変化」が生じたことを根拠に，閣議での決定において，集団的自衛権の一部について認めるための憲法解釈の変更を行い，新たな憲法解釈を提示しました。それによれば，従来の憲法解釈によって個別的自衛権が認められてきたケースに加えて，そのような要件を満たさない場合でも，「(a)我が国と密接な関係にある他国に対する武力攻撃が発生し，これにより我が国の存立が脅かされ，国民の生命，自由及び幸福追求の権利が根底から覆される明白な危険がある場合（「存立危機事態」と呼ばれる）において，(b)これを排除し，我が国の存立を全うし，国民を守るために他に適当な手段がないときに，(c)必要最小限度の実力を行使することは，従来の政府見解の基本的な論理に基づく自衛のための措置として，憲法上許容される」，としました。政府は，このような憲法解釈に基づいて，新たな自衛隊の行動範囲等を定める「平和安全整備法」を成立させました（2015 年 9 月）。

　閣議決定で憲法解釈を変更する際に障害となったのは，先に触れた，〈憲法 9 条の下で集団的自衛権の行使は認められない〉とする，従来の内閣法制局の解釈でした。内閣法制局は，内閣の取り扱う法律問題に関して，内閣を直接補佐する機関であり，閣議に付される法律案，政令案及び条約案の審査を行い，また法令の解釈について内閣等に意見を述べる任務を負っています。内閣法制局は，時代とともに交代していく定めにある内閣の法令解釈が時代を超えて首尾一貫したものとなることを使命の 1 つとしてきました。安倍内閣は，内閣法制局に従来の憲法解釈を変更させるためには人事に関する措置が必要だと判断して，新たな内閣法制局長官を任命する際，それを内部出身の者に委ねず，それまで内閣法制局に属したことのなかった外務省出身の元外交官（元駐仏大使）を任命しました。

▶▶3　憲法解釈の変更と立憲主義

　安倍内閣が前述の経過を経て憲法解釈を行ったことに対して，極めて大きな反対運動が生じました。有力な憲法学者のほか，日本弁護士連合会もこのような方法で行った憲法解釈の変更にに対して，立憲主義をないがしろにするものだ，と批判しました。また元・内閣法制局長官や元・最高裁判所長官の中にも同様の主張をする者が現れ，世論一般においても大きな反対の声が生まれました。そして，翌年，新たな憲法解釈に基づいて提出された「平和安全整備法」は，野党勢力からは「戦争法」にほかならない，と強く指弾されました。そのような主張に共感しその採択に反対する12万人もの人々が，国会を取り囲むに至りました（2015 年 8 月30日）。

憲法学からは，国会での議論を通じて形成され，長年にわたって支配していた集団的自衛権行使違憲論を閣議決定という手法で変更したことを捉えて，「立憲主義の崩壊をもたらした」，「このような憲法解釈の変更は『クーデター』にほかならない」，などの強い非難を招くに至りました。そこで問題となるのは，このような仕方でなされた憲法解釈が立憲主義を強く揺るがすものであるかどうか，ということです。以下では，この点について考えてみましょう。

　内閣法制局はかつて，「国会等における論議の積み重ねを経て確立され定着しているような憲法解釈については，政府がこれを基本的に変更することは困難である」（1995年11月27日参議院宗教特別委員会における内閣法制局長官の答弁）と述べたことがあります。内閣法制局を中心に形成されてきた政府の憲法解釈こそが，「我が国の法解釈の礎石となり，憲法秩序構築の中核的役割を担ってきた」（阪田雅裕編著『政府の憲法解釈』（有斐閣，2013年）4頁）と考える立場からは，政府の憲法解釈の変更は基本的に許されないということになります。この立場は，仮に時代やその時々の状況の変化に流されて政府の憲法解釈が変わってしまうと，憲法を最高法規とする秩序が崩壊してしまう危険がある，と考えます。

　これに対して，そもそも，戦力不保持を謳っているはずの憲法の下で，先に見たように，政府は「戦力」についての憲法解釈を次第に変化させて，やがて自衛隊を合憲とする憲法解釈を定着させてきました。さらに，例えば，核兵器の保有について，「核といえども，必要最小限度の自衛のためでありますればこれを持ち得る」（1978年3月24日衆議院外務委員会における福田赳夫首相〔当時〕の答弁）というのが，今日まで国会で覆されていないので，政府の憲法解釈として通用しているものと考えるのが政府の立場であり内閣法制局の立場だ，ということになります。このようなもともとの憲法の制定時の意図を否定しても，国会での議論の積み重ねが尊重されるべきだ，と考えるのであれば，2014年の政府の憲法解釈の変更やそれに基づいて制定された「平和安全整備法」が，その後国民に直接選挙された国民代表によって構成される国会で廃止されるかどうかこそが重要であり，もし長期にわたって新たな憲法解釈やそれに基づく立法が存続していくのであれば，そちらが正統な政府の解釈として定着していくと考えることもできます。砂川事件最高裁判決がいうように，日本国憲法が，「主権国としてのわが国の存立の基礎に極めて重大な関係をもつ高度の政治性を有する」事項に関しては，「主権を有する国民の政治的批判に委ねらるべきものである」と捉える立憲主義に立っている，と考えるのであれば，政府の憲法解釈の変更を直ちにクーデターだとする批判は当たらないことになります。

　読者の皆さんは，どのように考えますか？

【山元　一】

人　　権

▶コラム❸ 憲法の保障する人権のあらまし

　憲法の勉強をしていると耳にする面白い言葉として「人権カタログ」というものがあります。これが指す日本国憲法第3章には，カタログのように人権と国民の義務がずらりと規定されているのです。

　その冒頭部分では，人権の基本的性質として，人権とは，①国から付与されたものではなく，生まれながらにして持っている権利であること（固有性），②原則として公権力によって侵されないこと（不可侵性），③人種や性別，身分に関係なく認められること（普遍性）を定めており，「基本的人権の尊重」という憲法の基本原理が示されています。ただし，これら人権は「公共の福祉に反しない限り」尊重されると定められており，無制限に保障されるわけではないのです。この公共の福祉が具体的に何を意味するのかが，人権を保障するためには重要となります。

　ここにはさまざまな人権が並べられていますが，これらは3種類に分けられます。

　まず，自由権とは，19世紀の「権力からの自由」という考え方から生まれた権利です。表現の自由や学問の自由，思想・良心の自由のような公権力による介入の排除を求める権利がこれにあたります。ここでは，第1に人は自由であり，それを制約するには憲法による正当化が必要とされます。

　その後，20世紀になると誰もが自由を享受するには，そのための基礎が必要と考えられるようになりました。そこで重視されたのが「権力への自由」と「権力による自由」です。「権力への自由」は具体的には参政権を意味し，「権力による自由」は生存権や労働基本権，教育を受ける権利のような社会権と呼ばれるものを指します。これらは自由権とは異なり，権利を行使するためには，公権力が作った制度や法律が必要となります。

　では，憲法にすべての人権が書かれているのでしょうか。たとえば，プライバシーの権利は時代の変化とともに保障の必要性が生じてきましたが，この権利を明記する条文が憲法にないからといって人権として保障されていないわけではありません。そういった新しい人権は，憲法13条の幸福追求権から導き出されます。19世紀にはなかった社会権が20世紀になると認められるようになったように，現代の人権も1946年に作られた人権カタログに載っているものだけにとどまることはなく，将来的には人権カタログもより豊かなものになるでしょう。

【樋口惟月】

03 講__ 私人間効力 ....

❖Topic 03__肌の色が違うと家が借りられない？！

　私は，日本に住むようになってから10年以上が経つ外国人である。この度，会社から転勤を命じられ，新しく住む家を探すこととなった。そこで，不動産仲介業者に電話し，私を担当してくれることとなった人に，自分が外国人であることを伝え，その上で賃貸住宅を探している旨を伝えた。すると，担当者は開口一番，私に「お客様の肌は普通の色ですか？」と聞いたのだ！私は戸惑い，「どういう意味ですか？」と返すと，「普通の日本人のような肌の色かを教えていただきたいんです。肌の色がいわゆる『肌色』のような感じであれば，紹介できる物件も多いのですけれど。」と説明した。私はこのような担当者の態度や質問内容に憤りを感じて，電話を切った。私はこれまで住んできた家で他人に迷惑をかけるようなことをした覚えはないし，そもそも肌の色のせいで他人に迷惑をかけるなんてことは考えづらい。なぜ肌の色で，こんな気持ちにさせられなければならないんだ！

▶§1__憲法の「私人間効力」の問題と「公私区分」

　憲法の「私人間効力」の問題とは，憲法とはいったい誰に向けて書かれたもので，誰が憲法を守る必要があるのか，より端的に言えば，憲法の名宛人は誰か，ということを問うものです。憲法の条文の中には，その名宛人が比較的明らかなものも少なくありません。たとえば第1章の天皇に関連する条文は，天皇やその活動に関わる機関などを名宛人としていますし，第4章以降の各国家機関の組織や運営に関わる条文は，各国家機関を組織・運営している人々を名宛人としているといえるでしょう。それでは，第3章の国民の権利及び義務に関してはどうでしょうか。

　第3章に規定される条文の中にも，誰に向けて書かれたものか，比較的明らかなものがあります。たとえば，25条は，国家を名宛人として，生活保護をはじめ，生存権を保障するための公的制度を整えるように命じていると理解されています。一方，27条の児童酷使の禁止は，歴史的に児童が酷使されてきたのは私企業や家

庭の中であったことを考えると，国家機関に対してだけでなく，私企業や保護者に対しても児童酷使を禁止していると考えるのが自然でしょう。

このように，憲法の条文には，国家を名宛人としているものや，国家だけではなく企業や私たち市民も名宛人に含めているものなど，さまざまありますが，その名宛人が文言や趣旨から理解できる場合には，解釈上あまり大きな問題はありません。

それでは，14条や21条など，平等や私たちの自由について定めたものは，誰を名宛人としているのでしょうか。これについて，憲法自体にはそれを定める条文や解釈のためのヒントがないため，学説や判例においては，憲法が制定された歴史やその中で重視されてきた思想などを参照しながら解釈が試みられています。その中でもとくに重要なのが，近代立憲主義が前提としてきた「**公私区分**」という考え方です。

近代以前の絶対王政下では，王は絶対的な権力を誇り，市民の生活のあらゆる事柄に介入することができました。たとえば，私たちはどのような職業につき，どのような友好関係を築き，誰と婚姻し，どのような宗教を信仰すべきか，など，生活のありとあらゆる領域について王が口出しできる状態でした。

このような王の絶対的な権力に対して市民が反発する中で，国民主権や民主主義の考え方が発展しましたが，それとともに発展したのが「公私区分」の考え方です。この考え方は，職業や友好関係，信仰などは，個人が自分の好みに合わせて自由に決定すべき，「私」の問題であるとするものです。私たちは社会のために生きているのではなく，自分自身の幸福の追求のために生きているのだとすれば，これらの個人的な事柄は，他人に迷惑をかけない限り，他人に口出しをされずに自由に決定されるべきものであり，公権力が「社会全体のため」という公的な理由を提示して介入することは正当化されない，と考えられたのです。一方，税金の制度をどのようにするか，どこにどのような道路をつくるか，選挙制度をどのようなものにするべきかなど，社会全体に関連をもつ事柄は，誰かが自分勝手な理由で決めてしまっては不都合があるものであり，社会の構成員全体で議論し，そこでの決定に従って公権力が関与すべきことであると考えられました。このように，社会全体で議論すべき，すなわち，個人の都合を超えた構成員全体の利益を追求すべき事柄は「公」の問題であるとされ，これは個人が自身の好みや都合で決定できる「私」の問題とは区別して理解されることとなりました。

そして，市民革命では，公権力がもはや私の領域に侵入してこないよう，憲法を制定し，そこに，公権力による権力の濫用を防ぐための権力分立などの制度のほか，表現の自由や婚姻の自由，信教の自由など，さまざまな自由の規定を置きました。このように，自由の規定は，国家をはじめとする公権力に対して「もう私的領域を侵さないでくれ」と要請するものとして憲法に定められたという歴史を有し，日本

国憲法も，このような近代における「公私区分」の歴史の上に定められています。

この歴史からすると，憲法に置かれた自由の規定は，国をはじめとする公権力を名宛人に，公権力が私たちの自由を侵すことを禁止する条文であるということになり，これを裏返せば，自由の規定は，公権力以外の「私人」を名宛人にするものではないということになります。

ここでいう「私人」とは，一般の市民や私企業などを広く含み，国や地方公共団体，あるいは公務員などの公権力を行使する者を除いたあらゆる主体を指しています。冒頭のトピックとの関係でいえば，いま家を借りようとしている人と，不動産仲介業者は双方ともに「私人」です。

伝統的な「公私区分」の考え方からすれば，不動産仲介業者が私たち市民と同じ「私人」である以上，両者の間の関係は「私」の領域の問題であることになります。そして，私たちが自由に友人を選んで良いのと同様に，不動産仲介業者は，取引の相手方を自由に「選り好み」して良いのであり，そうしたとしても，憲法上は何ら問題がないということになります。

▶§2__「無適用説」と「適用説」

上述のような「公私区分」の考え方に忠実に，憲法上の自由の規定は私人間の紛争には適用されないと考える立場を**無適用説**（もしくは**無効力説**）と呼びます。この考え方によれば，自由や平等の規定などは，公権力が私人のそれを侵そうとしているときにのみ効力を発揮する条文であることになります。

この無適用説の考え方は，「公私区分」の考え方と憲法の歴史に忠実なものであることから，戦後の憲法学において長く支持を得てきました。しかし，時代とともに，伝統的な「公私区分」の考え方は，実は私たちの社会のあり方の一面しか捉えていないのではないかという問いが出てくることになりました。

伝統的な「公私区分」の考え方が想定していたのは，「私人」が純粋に私的な活動にのみ従事している状態です。すなわち，私人（とりわけ個人）が，自分自身の幸福の追求のために日々の生活を送っている状態が想定されていたのであり，それだからこそ，ある人の生き方の問題について，その善し悪しは社会全体で議論することではないし，そこに公権力が介入することも許されないと考えられていたのです。

しかし，先に述べたように，ここで言う「私人」には，1人の市民だけではなく，企業などの団体も含まれます。皆さんが普段の生活で大いに利用し，それがないと生活が難しくなってしまうようなサービスを提供している，世界規模の大きな企業

なども「私人」なのです。そうなると，少し話が変わるでしょう。

　私たちの生活の多くの部分が，私企業によって提供されるサービスに大きく依っています。住宅や電気，ガスの利用には，それぞれのサービスを提供する会社との契約が必要です。そして，住宅やインフラなど，快適な生活を送るために誰もが必要とするサービスを提供するという企業の活動は，「自分自身の幸福の追求」という意味での私的な性格のものであるというよりも，むしろ，国民全体の生活を下支えするという公的な性格を帯びたものであると考えられます。実際，仮に，企業が肌の色や宗教などで差別して良いこととなれば，そこで差別の対象となった人は，働く場所もない，家に住むことも電気もガスを使うこともできないことになり，これでは真っ当な生活を送ることは叶わないでしょう。このとき，その人が受ける損害は，公権力によって差別された場合と比べて，本当に小さいものであるといえるでしょうか。

　このように，今日においては，企業などの私的な主体が公的な性格を帯びた活動をしていることが少なくなく，国かそれ以外の主体かで一律に区別する伝統的な「公私区分」を維持することはもはや困難なのではないか，いくら私人間の問題であるとしても憲法上の権利や平等が侵害されていると考えるべき場合があるのではないか，という疑問が浮かんでくることになります。このようなところから主張されるようになったのが，**適用説**です。

▶§**3**＿ 適用説と近年の学説

　私人間においても，何らかの形で憲法が効力を発揮すると考える適用説は，**直接適用説**と**間接適用説**に分けることが可能です。これらの違いは，私人間の紛争に対して憲法を適用する方法にあります。

　直接適用説は，その名の通り，憲法を私人間の紛争にも直接に適用する考え方です。この考え方をとった場合には，私人間の紛争においても，私人と公権力の間の紛争と同様に，表現の自由，信教の自由などの権利や平等の侵害は憲法違反であることになります。すなわち，企業が，ある人の肌の色や宗教，思想などを理由に差別することは憲法上許されないことになります。

　このような直接適用説は，伝統的な「公私区分」の考え方に真っ向から対立するものであるために強い批判の対象となってきました。たしかに，直接適用説の考え方をとれば，究極的には，私たちはあらゆる場面で一切の「選り好み」を許されないこととなります。企業だけではなく，私たち個人も，自身の交友関係などを自分の好きなように決定することはできなくなりますから，社会は大きな変容を求めら

れることになるでしょう。

　このような観点から，現在通説となっているのが間接適用説です。この考え方は，私人間で交わされた契約において差別や権利侵害がなされた場合には，その契約は民法90条の「公序良俗」に違反するものであり，それゆえに当該契約を無効とするものです。

　私人間における契約は，民法の規定にそって交わされます。民法では，私人間の契約は，基本的には当事者間の合意によって自由になされて良いこととなっていますが，それも一定の限界をもつとされています。その限界を定めているのが，民法90条で，この規定は，「公の秩序又は善良の風俗に反する法律行為は，無効とする」と定めています。民法90条の存在によって，公序良俗に反するような契約，たとえば，自分の愛人（妾）となることを相手に約束させる契約や，人殺しを依頼するような契約などは無効なものとなります。

　間接適用説によれば，憲法が定める自由や平等に違反する契約は，上の例と同様に，民法90条に定められる公序良俗に違反する無効な契約であることになります。このように，民法90条などの条文を媒介として，間接的に，私人間における憲法の尊重を求めるという方法から，「間接適用説」と呼ばれています。

　このような間接適用説の考え方は現在多くの支持を受けています。それは，この考え方が，私人間の関係は私人が自由に決定してよいという「公私区分」を原則として守りつつも，限度を超えて自由や平等が無視された場合には被害者の救済を図ろうとするもので，バランスがよくとれたものであると理解されているからです。しかしながら，この考え方は，公序良俗に違反した契約を無効とする条文を媒介とするものであるため，被害者が救済を受けるためには，加害者との間に何らかの契約関係が必要です。それゆえ，たとえば，教育現場で問題となるいじめの問題などには対応できないという問題があります。

　いじめで問題となるのは，多くの場合，いわゆる「シカト」（相手の存在を無視する）や，相手が不快に思う発言をあえてすることなど，契約関係のない嫌がらせ（このように，契約関係をもたない行為を「事実行為」といいます）です。このようないじめがいかに一方の権利を侵害し，平等に反するようなものに見えたとしても，間接適用説からは，どうにも対処ができない問題であるということになります。

　近年では，ドイツで発展した学説や判例を基礎として，国家の保護義務を主張する考え方（「**保護義務論**」）もあります。これは，ある私人が，他の私人の権利を侵害しないよう，国家は積極的な活動をする義務をもつとする考え方です。この考え方によれば，たとえば本講のトピックのように，住まいなど，私たちの生活に不可欠な活動をしている企業は憲法上の権利や平等を侵害してはいけないと法律で規定する，あるいは，裁判所が憲法を直接適用することで被害者を救済するなど，何ら

かの方法で，憲法上の権利や平等が侵害されないようにすることが国家の義務であることになります。

　このような保護義務論は，権利保護や平等の実現に向けて，国家の積極的な努力を促すことができるという魅力がある一方，私的な領域の問題に対する国の介入を正当化することにもなるため，この点について直接適用説と同旨の批判がなされています。

　このように，どの説をとっても，それぞれに足りない部分があるという批判があり，憲法の「私人間効力」は，今日においても十分な解決を見ていない問題であるといえるでしょう。

▶§4　判例の立場

　さて，ここまでは，学説を大まかに見てきましたが，この私人間効力の問題について，裁判所はどのような立場をとっているのかを確認しておきましょう。

　三菱樹脂事件（★最大判昭和48〔1973〕・12・12民集27巻11号1536頁）において，最高裁は，間接適用説に近い立場を示しました。この事件では，大学卒業と同時に，私企業であるYに3か月の試用期間付きで採用されたXさんが，試用期間の満了直前に，学生運動に参加していた過去があることなどについて，虚偽の申告をしていたことなどを理由として，本採用を拒否するという告知を受けてしまった，というものです。これについて，裁判所は，まず，憲法に定められた思想・良心の自由や平等の規定などは，「国または公共団体の統治行動に対して個人の基本的な自由と平等を保障する目的に出たもので，もっぱら国または公共団体と個人との関係を規律するものであり，私人相互の関係を直接規律することを予定するものではな」く，私人間の関係は「原則として私的自治に委ねられ」るものと示し，直接適用説の採用を否定しました。

　とはいえ，契約を結ぶ際，当事者の一方が，他方に比べて圧倒的に優位におかれているような状況があり，「個人の基本的な自由や平等に対する具体的な侵害またはそのおそれがあり，その態様，程度が社会的に許容する限度を超えるときは」，「民法1条，90条や不法行為に関する諸規定等の適切な運用によって，一面で私的自治の原則を尊重しながら，他面で社会的許容性の限度を超える侵害に対し基本的な自由や平等の利益を保護し，その間の適切な調整を図る方途も存する」と示しました。

　ここで示された裁判所の立場は，学説上の間接適用説とほとんど同様のものであると理解されていますが，一方で，私人間において憲法の規定が適用される場面に

ついて，権利や平等が「社会的許容性の限度」を超えて侵害された時というように相当に限定的に理解されている点については，注意が必要です。

▶ §5__ 公/私二分論と私人間効力論

　これまでお話ししてきたように，憲法の「私人間効力」という問題は，近代以降発展した「公私区分」の考え方を前提としています。しかし，現在の社会における「公/私」のあり方は，「公私区分」が成立した当時とは大きく変容しており，今日では，「公/私」という二分法そのものに疑問が呈されるようになっています。
　先述のとおり，伝統的な「公私区分」において「公」とされていたのは国家をはじめとする公権力が活動する領域であり，公権力が関わるなら公的な領域の問題，そうでなければ私的な領域の問題，と理解されていました。しかしながら，郵政民営化に象徴されるとおり，もともとは国家によって担われていたサービスが民営化される場合もあり，このようなとき，昨日までは「公」の問題と認識されていた事柄を，今日からは「私」の問題として認識すべきであるというのは，十分な理由を欠いているように思えますし，権利保護や平等の観点からも望ましくないでしょう。このような観点からは，「公」か「私」かは，主体が公権力か否かで単純に分けるのではなく，当該主体が従事している活動の性質から決めるべきであるという考え方が出来るかもしれません。
　また，ある問題が「公」と「私」のどちらの領域に含まれるべきかについて，時代と共に社会の認識が変わるケースもあります。たとえば，伝統的な「公私区分」の考え方によれば，家庭内の問題は私的な領域の事柄であるということになり，公権力による介入を受けない問題と考えられてきました。しかし，そうした「公/私」の峻別が，家庭内暴力の問題などの放置につながったのではないか，家庭内の問題であるとはいえ，適切な法律を作るなり，裁判所が一定の介入をするなりの形で，公権力が介入すべき事柄もあるのではないかという主張が盛んになされ，今日ではこのような議論は広く受け入れられるようになっています。このように，当初は「私」の問題とされていた事柄であっても，「公」の問題として認識されるようになってきているものが少なくありません。
　また，ヨーロッパ各国で，ムスリム女性のスカーフ着用が政治的議論の対象となって久しいことを思い起こせば，そもそも「公私区分」における「公」の領域と「私」の領域の区別は，アプリオリに定まっているものではないのではないか，この区別の線をどこに設けるべきか自体が，「公」の議論の対象となるのではないかという問題を提起することもできます。個人の信仰の問題は，一般的には「私」の領域の

問題であると考えられてきました。しかし，ムスリムの女性にとっては，「私」の場である家の中だけではなく，「公」の場である公道などにおいても，信仰心を表すスカーフの着用が欠かせません。これは，「私」の問題であると考えられてきた宗教の問題が，実は，「公」の問題でもあったということを意味しています。

　このように「公私区分」の考え方は，その区分の線をどこに引くのか，あるいは，そもそも区分の線を引くことは可能なのかをめぐって，激しい議論の対象となっています。それに伴って，社会で起きるさまざまな問題について，どこまで憲法を適用すべきかということも変化します。それゆえに，憲法の「私人間効力」の問題はこれからますます活発に議論されていく問題となるでしょう。

【田中美里】

04 講__ 法の下の平等 ....

❖Topic 04__苗字を変えずに結婚したい

　このたび，私は愛する男性と結婚することに……。でも，1つ引っかかっていること
があります。それは，夫となる男性が，私が姓を変えるのが当然だと思っていることです。
夫だけではありません。私の家族も，友達も，みんなそう思っています。私は，愛着の
ある自分の姓をできることなら変えたくないけれど，私が変えない限り，彼とは結婚で
きそうにありません。日本の法律では，結婚するとき夫か妻，どちらかの姓を選ばなけ
ればならないのですが，事実上女性ばかりが姓を変えなければ結婚できない今の仕組み
は，男女差別にならないのでしょうか？

▶ §1__「法の下の平等」とは？

▶▶1 「ずるい」という素朴な感情と正義感

　憲法14条1項は，「すべて国民は，法の下に平等であって，人種，信条，性別，
社会的身分又は門地により，政治的，経済的又は社会的関係において，差別されな
い」と定めています。
　さらに憲法は，個別に，貴族制度の廃止（14条2項），栄典にともなう特権の禁止
（14条3項），普通選挙の原則（15条3項），選挙人の資格の平等（44条），夫婦の同等と
両性の本質的平等（24条），教育の機会均等（26条）という規定を設け，平等な社会
の実現を目指しています。
　しかし，この社会を生きていると，「あの人達ばかりが得をして，ずるい」と感
じたり，「結局，いつも損をしているのは自分達なのではないか」と不満を覚えた
りすることがあります。冒頭の女性も，事実上女性ばかりが損をする（と本人は感
じている），今の法律や社会の仕組みに不満を抱いているようです。
　「ずるい」という素朴な感情は，正義感から生まれるように思います。例えば，
電車やバスには，体の不自由な人や高齢者，妊娠中の人などが優先的に座席に座れ
るように，「優先席」が設けられています。これは，体の不自由な人などを，その
他の人より優遇する措置ですが，多くの人は「ずるい」とは感じないでしょう。正
義にかなった取扱いだと受け止められているからです。

一方，もし白人専用座席が設けられ，肌の色が異なる人はその座席に座れないルールがあったとしたらどうでしょうか。多くの人は「なぜそのような区別をする必要があるのか」と疑問を抱き，正義に反するとして「不平等だ」「ずるい」と主張するでしょう。実際，アメリカでは，こうした人種隔離政策に対して，合衆国最高裁判所が違憲判決を下しています（Browder v. Gayle, 352 U.S.903（1956））。

　こう考えてみると，憲法は「法の下に平等」と定めているけれど，その意味についてはじっくり考える必要がありそうです。何が平等で何が不平等なのかは，何が正義なのかともかかわってくる問題であり，一義的に決められるものではなさそうです。

▶▶2 「法の下に平等」の意味

【1】 「法の下に」とは

　「平等」の意味を考える前に，まず「法の下に」の意味について考えてみましょう。

　「法の下に」を文字通り読むと，どんな内容の法律であっても，国民に対して適用する際，差別することなく平等であれば良いようにも思えます（**法適用の平等**）。立法府は自由に法律を作り，「法の下の平等」は行政権と司法権だけが守るべき原則であるという考え方です。実際，戦前のヨーロッパ大陸諸国では，法適用平等説が採用されていました。

　しかし，法の内容が不平等であれば，いくら平等に適用したとしても，正義に反する結果になるでしょう。憲法は，国の最高法規であり，憲法に反する法律は無効（98条）であることから（☞**28講**＿憲法の最高法規性・憲法尊重擁護義務），「法の下の平等」は立法権をも拘束する原則であり，**法内容の平等**も求められていると考えるべきです。戦後の憲法では，法内容平等説が一般化しています。

【2】 形式的平等（機会の平等）と実質的平等（結果の平等）

　「平等」というと，すべての個人を法的に均等に取り扱えば実現できるように思えます。この方法が最もシンプルであり，一見すると正義にかなう方法のようです。このように，すべての個人を法的に均等に取り扱い，個人の自由な活動を保障するという考え方を「**形式的平等**」と言います。すべての個人に平等に同じ機会が与えられるという意味で，「**機会の平等**」とも呼ばれます。

　19世紀頃，「形式的平等」（機会の平等）に基づき，社会は動いていました。皆が同じ機会を与えられ，自由に競争したのです。しかし，実際には，人々の間には能力差などが存在し，競争の結果，持てる者はますます富み，持たざる者はますます貧しくなるという事態が生じました。持てる者は，持たざる者を使い，自由を謳歌しますが，持たざる者は日々，生き延びるだけで必死であり，不自由を強いられました。「形式的平等」（機会の平等）は，事実上，不自由・不平等をもたらしました。

そこで，20世紀に入り，社会は，社会的・経済的弱者も，そうでない者と同等の自由と生存を確保してこそ平等であるとの考え方に変化していきました。国家が，社会的・経済的弱者に保護を与えることが正義にかなっているとして，「**実質的平等**」（結果の平等）の実現が目指されました。

　なお，明日食べる物かなくて困っている人に対して，具体的にどのような保護を与えるかについては，社会権の保障（☞第Ⅱ部第3章社会権）にかかわる問題であり，生存権などを保障する立法によって具体化されることになります。

【3】　絶対的平等と相対的平等

　「平等」の意味を考える上で，私達一人一人の差異に注目することは大切です。現実には，性別，能力，年齢，財産，職業……など，皆，それぞれ異なっており，正義を実現するためには，こうした差異を無視することは困難だからです。

　仮に，こうした差異を完全に無視して，各人を機械的に同一に取り扱うこと（**絶対的平等**）になったらどうなるでしょうか。出産直前直後の女性も仕事を休むことができなくなり，たくさんお金を稼いでいる人も生活に苦しい人も同じだけの税を納めることになってしまうでしょう。絶対的平等を貫くと，逆に不平等になってしまうことが分かります。

　そこで，「平等」とは，各人の差異を前提に，同一の事情と条件の下では均等に取り扱うこと（**相対的平等**）だと考えられています。相対的平等の考えに立てば，恣意的な差別は許されないけれど，合理的な区別は許されることになります。つまり，事実的・実質的な差異を踏まえ，社会通念に照らし，合理的である限り，平等違反にはなりません。例えば，「労働基準法」は，女性の産前産後休業について定めていますし，租税に関するさまざまな法律によって，累進課税制度（資力に応じて税額に差異を設ける制度）が定められています。こうした法律は，性別や資力などにより，異なる取扱いを定めるものですが，合理的な区別であり，正義にかなうものとして憲法違反にはならないでしょう。

▶▶3　積極的差別是正措置（アファーマティブ・アクション）

　それでは，歴史的に差別を受けてきたグループ（特に，女性や人種的少数者）に対し，機会の平等を回復させるため，一定の範囲で暫定的に特別の機会を与え，優先的な処遇をすること（**積極的差別是正措置**「アファーマティブ・アクション」「ポジティブ・アクション」とも呼ばれています）は認められるのでしょうか。

【1】　公立女子大の存在は違憲？

　例えば，日本には公立の女子大学があります。女子大学がなぜ存在するのかというと，歴史的にみて，女性は男性に比べ進学率が低く，「教育を受ける権利」（☞16講__教育を受ける権利）を十分に保障されてこなかったため，男女間の格差を是正

する必要があったからだと考えられています。つまり，女子大は，積極的差別是正措置の1つとして生まれたわけです。

　しかし，これは男性側から見れば，女子大学に男性が入学を望んでも，性別を理由に入学を認めてもらえないということであり，「逆差別」に当たる可能性があります。実際，2015年には，女子大学に入学を希望した男性が，男性であることを理由に入学願書を受理してもらえなかったことは「性別による差別」で憲法違反に当たるとして，公立大学法人を相手取り，訴訟を起こしたことがありました。この訴訟は，訴えの取下げにより終わっているため，裁判所の判断はなされませんでした。

　時代が進み，女性の進学率が向上し，短大も含めた進学率については，男女でほとんど差がなくなってきています。その意味では，女子大の存在意義は揺らぎ，「逆差別」と評価される時も近いかもしれません。一方，偏差値の高い大学への進学率を見ると，依然，男性の方が高く，社会において女性のリーダーが少ないことを踏まえると，女子大学を維持する必要性があるとも言えそうです。

　裁判所が判決を下す時が来たら，どんな結果になるでしょうか。読者の皆さんは，どう思いますか。

【2】　女性議員を増やす「クォータ制」の導入は？

　先ほど，女性のリーダーが少ないことに触れましたが，日本の女性議員はとても少なく，2021年時点で，衆議院では1割に満たない状況です。この状況を改善しようと「クォータ制」の導入が議論されています。

　「クォータ制」（quota system）とは，議席や候補の一定比率以上を女性に割り振るもので，積極的差別是正措置の1つです。海外では約130の国や地域が導入しており，導入により，女性参画が急速に進んだところも多いです。例えば，メキシコは2002年に政党候補者の3割を女性とすることを義務化し，徐々に比率を引き上げていったところ，下院議員の女性比率は，1997年の14％から2018年には48％と大幅に伸びました。

　日本では，「政治分野の男女共同参画推進法」が2018年に施行され，国会・地方議会の選挙で男女の候補者数をできるだけ均等にするよう，政党に努力を求めています。候補者数の目標設定は，あくまで各政党の自主的な判断に委ねられており，クォータ制の実現にはまだまだかかりそうな状況です。

　仮に，クォータ制が導入されれば，男性からすれば，議員になる機会が減ることになり，「逆差別」の問題が生じるでしょう。日本財団が2020年に女性1万人に対して行った調査によると，政治家になりたい女性は8％ほどしかいませんでした。政治家になりたい女性自体が少ない中，男性に不利益を与える形で，義務化を伴う強力なクォータ制を導入するべきなのか，疑問もあります。

一方，強力なクォータ制を導入せず，自然に任せているだけでは，女性議員は増えそうにありません。シングルマザーへの支援や女性の貧困問題など，女性ならではの視点が必要となる社会問題も多い中，女性議員を増やすことは大切な課題とも思われます。

　クォータ制を導入することが正義にかない，真に平等なのか，それとも，男性に対する許されない「逆差別」に当たるのか，読者の皆さんもぜひ考えてみてください。

▶§2＿ 平等違反か否かの判断基準

▶▶1　裁判所の判断基準

　憲法の定める「法の下の平等」は，すべての人を機械的に均一に取り扱うこと（絶対的平等）を保障したものではなく，「合理的理由のない差別」を禁じるというものでした（相対的平等）（▶§1▶▶2【3】参照）。

　ここで皆さんは，こんな疑問を抱くのではないでしょうか。何が合理的な区別で，何が不合理な差別なのか，どうやって判断すればよいのだろう，と。「合理的か否か」と言葉にするのは簡単ですが，世の中にあふれている，さまざまな取扱いについて，「この事案は許される合理的な区別，この事案は憲法違反の不合理な差別」と切り分けることは，簡単ではありません。

　それでは，実際，争いになったとき，裁判所はどのような基準で判断しているのでしょうか。裁判所は，「事柄の性質に即応して合理的と認められる」か否かという枠組みで検討しています（★最大判昭和39〔1964〕・5・27民集18巻4号676頁：**待命処分事件**）。

　「え！そんなに抽象的な基準で判断できるの？」と驚いた方も多いでしょう。実際，この判断枠組みは抽象的に過ぎ，具体的な判断基準としては不十分であるとして，平等原則が問題とされる権利・利益に応じて，より細かく基準を検討しようという学説もあります（▶▶2参照）。

　しかし，裁判所は，平等原則が争われた多くの事案について，この抽象的な枠組みを使って解決してきました。

　例えば，**尊属殺重罰規定違憲判決**（★最大判昭和48〔1973〕・4・4刑集27巻3号265頁：**尊属殺人事件**）では，被害者と加害者との間における特別な身分関係に基づく差別的取扱いにあたるとした上で，立法目的の合理性と，立法目的を達成するための手段の正当性について検討し，違憲判決を下しています。「尊属殺重罰規定」（刑法旧200条）とは，親や祖父母など（直系尊属）を殺すと，普通殺人に比べて重く罰せら

れるという規定です。「死刑または無期懲役」という重罰しか定められておらず，裁判所は刑の加重の程度が極端であって，立法目的達成手段として不合理であるとしました。尊属殺重罰規定は，1995年の刑法改正によって削除され，今，このような定めはありません。

　また，**国籍法違憲判決**（★最大判平成20〔2008〕・6・4民集62巻6号1367頁：**退去強制令書発付処分事件**）では，国籍取得の要件を定める立法府の裁量や，国籍が重要な法的地位であること，国籍取得を妨げる要件が本人の意思や努力でクリアできるものではないことなどを踏まえ，区別の合理性について判断しました。当時の国籍法は，日本国民である父から認知された子でありながら，父と母が法律上の婚姻をしていないと，日本国籍を取得できない定めになっていました。なぜ，このようなルールになっていたのかというと，日本国民との法律上の親子関係に加え，「日本との密接な結び付き」が認められた場合に限って，日本国籍の取得を認めるためです（立法目的）。しかし，家族のあり方が多様化している今，父母が婚姻したから「日本との密接な結び付き」が認められるわけではないとして，立法目的とそれを達成する手段との間に合理的関連性がなく，不合理な差別を生じさせていると判断されました。2008年，国籍法が改正され，今は，出生後に日本人に認知されていれば，父母が結婚していない場合にも届出によって日本の国籍を取得することができるようになっています。

▶▶2　憲法14条1項後段列挙事由について

　憲法14条1項は「すべて国民は，法の下に平等であって，人種，信条，性別，社会的身分又は門地により，政治的，経済的又は社会的関係において，差別されない」と定めているのでした。よく読むと，「法の下に平等」の後ろに「人種，信条，性別，社会的身分，門地」と列挙されていますが，これらには，どのような意味があるのでしょうか。

　裁判所は，憲法14条1項に「列挙された事由は**例示的**なものであって，必ずしもそれに限るものではない」と理解しています。列挙事由に特別な意味はないと考えているわけです。

　学説の中には，列挙された事由に特別の意味を見出し，列挙された事由に基づく差別的取扱いについては，より厳しい審査基準が適用されるべきであると主張するものもあります。

▶ §3__「夫婦同姓」は不平等か

▶▶1　裁判所の判断

　さて，ここでトピックの女性の悩みに戻りましょう。

　民法750条は，「夫婦は，婚姻の際に定めるところに従い，夫または妻の氏を称する」と定めており，結婚するには，必ず，夫か妻，いずれかの姓を選ばなければならないというルールになっています（夫婦同氏制（いわゆる「夫婦同姓」））。そして，日本社会では，妻となる女性が，夫となる男性の姓に変えるケースが約96％と圧倒的に多いです。そこで，冒頭の女性は，「女性ばかりが姓を変えなければ結婚できないルールは男女差別だ」と感じているのでした。

　このように感じている人は少なくなく，「夫婦同姓を義務付けている民法750条は，憲法に反する」という訴えも起こされてきました。2015年，最高裁判所は，初めてこの問題について判断を下し，「合憲」としました（★最大判平成27〔2015〕・12・16民集第69巻8号2586頁：**第一次夫婦別姓訴訟**）。その後，2021年に再度，「合憲」の判断を下しています（★最大決令和3〔2021〕・6・23集民第266号1頁：**第二次夫婦別姓訴訟**）。

　2015年の最高裁判決では，①氏には家族の呼称としての意義があり，子が両親双方と同じ氏にすることや，同氏により家族の一体感が生まれることにも意義がある，②法律は「夫または妻の氏を称する」としており，どちらの氏にするかは夫婦の協議に委ねているのだから，不平等ではない，③夫婦同氏を求めることは，婚姻を直接制約するものではない，④通称使用により，氏を改める者の不利益は一定程度緩和される，とし，最後に，「この種の制度のあり方は，国会で論ぜられ，判断されるべき事柄」としています。

　しかし，その後も，国会で法改正についての議論は進まず，再び訴訟が起こされ，2021年，最高裁は，2015年の判決を受け継ぎ，夫婦同姓について定める現在の法律は，「法の下の平等」や「婚姻の自由」を侵害するものではないとしました。2015年の判断を変えなければならないほどの大きな社会的変化があれば，判例変更もあり得たと思われますが，最高裁は，この5年ほどの間に，女性の就業率が高まったことや選択的夫婦別氏制（いわゆる「選択的夫婦別姓」）の導入に賛成する人が増えたという事情を踏まえても，「2015年の判断を変えるべきとは認められない」としました。そして，「夫婦の姓についてどのような制度をとるべきか」という立法政策と「現行法が憲法に適合するか」という問題は次元を異にするとして，2015年判決と同様，「この種の制度のあり方は国会で論ぜられ，判断されるべき事

柄」と結論付けました。

▶▶2　未来の夫婦・家族はどうあるべきか

　法制審議会が「選択的夫婦別姓制度（婚姻の際，同姓にしたい人は同姓にでき，別姓にしたい人は別姓にできる制度）を導入すべき」と答申したのは1996年です。しかし，「親子で姓が異なるのは子どもにとって好ましくない」「家族の一体性が失われる」「家族の一員であることを対外的に示せなくなる」など反対論が多く，議論は進みませんでした。あれから25年以上経った今も，実質的な議論が大きく進んでいる状況とは言えません。

　皆さんは，姓を変えることをどう感じるでしょうか。ある人は，「結婚＝相手の姓を名乗れること」と憧れを抱いているかもしれません。一方，「代々受け継がれてきた自分の姓を大切にしたい」，「跡取りだから，絶対に姓を変えたくない」，「今まで，この氏名で生きてきたのに，別のものに変わるなんて，自分ではなくなるような感じがして受け入れがたい」など，否定的な感情を抱く人もいるでしょう。

　日本社会には，いろんな感じ方，考え方の人が暮らしています。できるだけ多くの国民が納得しながら，自分達の生きたいように生きられる社会が望ましく，そのため，時代に合わせて，ルールは変わっていきます。

　姓を変えるというのは，感じ方だけの問題でもありません。例えば，結婚前の氏名で本を出版したのに，結婚によって姓が変わってしまったために，自分の出した本だと認めてもらいにくくなるなど，キャリア形成の面で不都合が生じることもあります。他にも，運転免許証，パスポート，銀行口座，クレジットカード，保険……など，実にさまざまな名義変更が必要になります。こうした煩雑な事務手続を，姓を変える側が負担しなければならないことも，人によっては問題となるでしょう。

　仮に，日本社会に通称使用が行き渡ったとしても，「姓を変えたくない」と思っている人の不利益が本当に緩和されるのか，疑問もあります。そもそも通称使用が広まれば，実質上，家族の姓はばらばらになっており，「家族の呼称」としての役割を果たさなくなり，何のために同姓にこだわるのか，分からなくなってしまうようにも思います。

　これらを踏まえたうえで，事実上，女性ばかりが姓を変えている現状について，皆さんはどう感じるでしょう。不平等な男女差別だと思いますか？

　これからの夫婦や家族のあり方を決めるのは，読者の皆さん，一人一人です。今まで学んできたことを振り返りながら，自分はどう思うのか，じっくり考えてみましょう。

【佐藤みのり】

05 講__ 外国人の人権 ....

❖Topic 05__外国人のぼくは，小学校には通えない？
　ぼくたち家族は，日本から遠く離れた〇〇国からやってきました。ぼくは今年7歳になるので，日本人であれば学校に通えるようになると聞いています。ぼくの家にも，入学の手続の案内が届いたのですが，お父さんもお母さんも日本語や英語が分からず，手続の仕方を理解できません。両親は，「どうせお前も日本語が分からないから，学校の勉強にもついていけないだろう。家で家事の手伝いをしてくれないか」と言っています。外国人であるぼくは，義務教育を受けられないのでしょうか。

▶§1__ 生まれながらの権利

▶▶1　基本的人権とは

　人は皆，生まれながらに権利を持っています。人であれば，誰でも当然に持っていて，不当に奪われない権利のことを「基本的人権」と言います。

　憲法11条には「国民は，すべての基本的人権の享有を妨げられない。この憲法が国民に保障する基本的人権は，侵すことのできない永久の権利として，現在及び将来の国民に与へられる」と定められており，この条文に，人権の**固有性**（人権は，王様などから与えられたものではなく，人間であることにより当然に有する権利であること）・**不可侵性**（人権は，原則として，公権力によって侵されないこと）・**普遍性**（人権は，人種・性別・身分などの区別に関係なく有する権利であること）が示されています。

▶▶2　人権の種類

　「人権」と言っても，その中には，さまざまな性質のものが含まれており，一般的に，大きく3つに分けることができます。①自由権，②参政権，③社会権です。

　①　**自由権**とは，「国家が不当に個人に干渉しないよう求める権利」であり，「**国家からの自由**」とも言われます。国家が暴走し，権力を濫用すれば，国民の人権は簡単に侵害されてしまいます。それを防ぐため，人々は18世紀頃，自由権を獲得しました。

　自由権の内容は，**精神的自由権**〔思想・良心の自由（19条），信教の自由（20条），

表現の自由（21条）など]・**経済的自由権**［職業選択の自由（22条）や財産権の保障（29条）など]・**人身の自由**［法定手続の保障（31条）や逮捕に対する保障（33条）など］に分けられます。

　②　**参政権**とは，「政治に参加する権利」であり，「**国家への自由**」とも呼ばれています。

　人権は生まれながらに誰もが持っているわけですから，それを守るためには，すべての国民が自ら政治に参加していく制度が必要です。しかし，18世紀頃，自由権を獲得できたのは，実は，国民全員ではなく，一部の有力者に過ぎませんでした。そして，国民の代表を選ぶ選挙も，投票できたのは一定の税金を納める人に限られていました（**制限選挙**）。19世紀に入ると，産業革命が起こったこともあり，「労働者にも選挙権を」という運動が盛り上がるようになりました。そして，一定の年齢に達したすべての国民に選挙権，被選挙権を与える「**普通選挙**」が行われるようになりました。

　③　**社会権**とは，「すべての国民が人間らしい生活を営む権利」であり，「**国家による自由**」とも呼ばれています。

　20世紀に入ると，資本主義が発展し，社会全体が裕福になっていきました。人々は，18世紀に獲得した自由権を使い，それぞれ自由に経済活動を営み，経済を発展させました。しかし，資本主義というのは，稼げる人はたくさん稼げますが，稼げない人は職を失ったり，貧困に陥ったりする社会です。その結果，人々は生まれながらに自由で平等と言いながら，実質的には，経済格差が広がり，貧しい人たちは生きていくのもやっと，自由や権利などない状況になってしまい，社会権の重要性が認識されるようになりました。

▶§2　「外国人の人権」とは？

▶▶1　国民の権利？

　基本的人権は，人であれば，誰でも当然に持っており，人種・性別・身分などの区別に関係なく，当然に享有できる普遍的な権利（▶§1▶▶1参照）でした。そうであるならば，日本人だけでなく，世界中の誰もが人権を有すると考えられそうです。

　しかし，日本国憲法第3章のタイトルは「『国民の』権利及び義務」となっています。前述した11条も，よく読むと「『国民は』，すべての基本的人権の享有を妨げられない。この憲法が『国民に』保障する基本的人権は，侵すことのできない永久の権利として，現在及び将来の『国民に』与へられる」と定められており，日本

国憲法は日本国民に対してのみ，基本的人権を保障しているようにも読めます。

　それでは，日本国籍を有しない外国人は，人権の主体になり得ないのでしょうか。

　人権の思想が登場したばかりの頃，人権は「国民の権利」として，国内法的に保障されるものと考えられていました。しかし，特に第二次世界大戦後，国際平和への関心が高まる中，人権問題は国際社会全体にかかわる問題であり，国際的に保障しようという流れが生まれました。1948年には「すべての人民とすべての国とが達成すべき共通の基準」として「**世界人権宣言**」が採択されました。世界人権宣言は，初めて人権の保障を国際的にうたったものです。その後，世界人権宣言で規定された権利に，法的な拘束力を持たせるため，1966年に「経済的，社会的及び文化的権利に関する国際規約（A規約，社会権規約）」と「市民的及び政治的権利に関する国際規約（B規約，自由権規約）」の２つの**国際人権規約**が採択され，1979年，日本も批准しました。その後も，個別の人権を保障するため，さまざまな条約が採択されています。例えば，1981年には女子差別撤廃条約が，1990年には子どもの権利条約が発効しており，日本も批准しています。

　人権の国際化が進む一方，憲法98条２項（☞**30**講「憲法と条約」参照）は，「日本国が締結した条約及び確立された国際法規は，これを誠実に遵守することを必要とする」と定めており，憲法が定める基本的人権の保障は，**権利の性質上**，適用可能なものについて，外国人にも等しく及ぶと考えられています。最高裁も，「憲法第三章の諸規定による基本的人権の保障は，**権利の性質上**日本国民のみをその対象としていると解されるものを除き，わが国に在留する外国人に対しても等しく及ぶものと解すべき」と判断しています（★最大判昭和53〔1978〕・10・4民集第32巻７号1223頁：**マクリーン事件**）。

▶▶2　外国人に保障されない人権，される人権

　それでは，具体的に，外国人に保障されない人権とされる人権は，どのように考えられているのでしょうか。権利の性質に注目しながら考えてみましょう。

【1】　外国人に保障されない人権

　外国人に保障されない人権の代表的なものとして，①入国の自由，②参政権，③社会権があります。

　(a)　入国の自由

　①**入国の自由**が外国人に保障されないことについては，国際慣習法上，当然と考えられています。国家が，自国の安全を脅かすおそれのある外国人の入国を拒否することができなければ困ってしまいます。そこで，特別の条約がない限り，国家は外国人を自国内に受け入れるかどうか，また，入国を認める際，いかなる条件を付するかを自由に決定することができるとされています。

最高裁は，外国人に入国の自由がないことをはっきり示すと共に，「在留の権利ないし引き続き在留することを要求しうる権利を保障されているものでもないと解すべきである」とも判示しています（マクリーン事件）。

一方，最高裁は，憲法22条2項を根拠に，外国人の出国の自由を認めています（★最大判昭和32〔1957〕・12・25刑集11巻14号3377頁：**出入国管理令違反事件**）。出国の自由が認められるのであれば，**再入国の自由**も保障されるようにも思われますが，最高裁は，外国人には「憲法上，外国へ一時旅行する自由を保障されているものではない」として，再入国の自由を否定しています（★最判平成4〔1992〕・11・16集民166号575頁：**森川キャサリーン事件**）。

(b) 参政権

参政権は，自分の属する国の政治に参加する権利なので（▶§1▶▶2参照），その性質上，国民にのみ認められる権利です。したがって，外国人には，選挙権や被選挙権はありません（公職選挙法9条・10条，地方自治法18条）。

ただし，地方自治体における選挙権については，法律によって，永住資格を有する外国人などに認めることも憲法上可能と考えられています（★最判平成7〔1995〕・2・28民集49巻2号639頁：**外国人参政権事件**）。地方自治体は，住民の日常生活に密接な関連を有する事務を扱っており，その地に暮らす住民の意思に基づいて処理するものなので，定住外国人などについては，住民の一人として，その意思を反映させることに合理性が認められるからです。

(c) 社会権

社会権は，人間らしい生活を営む権利であり，「国家による」自由です（▶§1▶▶2参照）。そのため，例えば，生活に困った外国人は，原則として自分の所属する国によって生存権（☞15講**生存権**）を保障されるべきであり，在留している他国に保障してもらうものではないと考えられてきました。

しかし，社会権は参政権と異なり，権利の性質上，外国人に対して原理的に認められないものではありません。つまり，法律などによって，外国人にも社会権の保障を及ぼすことは，憲法上可能です。

国際人権規約の「A規約（社会権規約）」は，各種の社会権について，差別禁止・内外人平等取扱いの原則を掲げており，日本もこれに批准していることなどから（▶§2▶▶1参照），1981年，社会保障関係の法令について，国籍要件が原則撤廃されました。

【2】 **外国人に保障される人権の限界**

これに対して，自由権や平等権などは，権利の性質上，広く外国人にも保障されるものと考えられています。

しかし，保障の程度は，日本国民と同じというわけではありません。例えば，精

神的自由権の１つである**政治活動の自由**は，参政権的な機能を果たすので，日本国民よりも大きな制約を受けると考えられています。例えば，日本の政治的意思決定に直接介入するような政治結社を組織したり，政府打倒の運動をしたりすることは禁じられていると考えられます。

　外国人の政治活動の自由について，最高裁は「わが国の政治的意思決定又はその実施に影響を及ぼす活動等外国人の地位にかんがみこれを認めることが相当でないと解されるものを除き，その保障が及ぶものと解するのが，相当である」としています。しかし，「外国人に対する憲法の基本的人権の保障は，**外国人在留制度のわく内で与えられているにすぎない**」として，在留中の外国人の政治活動を，在留期間更新拒否のための消極的理由として考慮することはできるとしました（マクリーン事件）。外国人が在留中になした政治活動が，合憲・合法であったとしても，在留制度の中でマイナスに評価され，それが理由で日本に在留できなくなることもあり得るということです。

▶§*3*＿ 小学校・中学校での外国人の受入れ

　さて，ここでトピックの外国人の少年の悩みに戻りましょう。この少年は，小学校に通えるのでしょうか。

▶▶*1*　義務教育の対象ではないけれど…

　教育を受ける権利は，社会権の１つです（☞**16**講）。そのため，外国人に保障されない人権の代表的なものの１つと考えられてきました（▶§*2*▶▶*2*【1】）。

　実際，憲法26条は「すべて『国民』は，法律の定めるところにより，その能力に応じて，ひとしく教育を受ける権利を有する」，「すべて『国民』は，法律の定めるところにより，その保護する子女に普通教育を受けさせる義務を負ふ。義務教育は，これを無償とする」と定めています。また，義務教育には，次世代の主権者の育成を，保護者である『国民』に対して義務付けるという性質があります。したがって，義務教育を受ける権利や義務の対象は，あくまで日本国民のみと考えられています。

　スペインやフィンランドなど，諸外国の憲法を見てみると，『誰もが』教育を受ける権利を有するという形で定め，義務教育の対象に外国人を含めているところもあります。人権の国際化（▶§*2*▶▶*1*参照）が進む中で，比較的新しい憲法では，教育を受ける権利の対象を広げる傾向があるようです。

　日本にいる外国人の子どもには，憲法上，日本の義務教育への就学義務はありま

せんが，実際には，多くの外国人の子どもが公立の小学校・中学校に通っています。これは，文部科学省が，公立の義務教育諸学校へ修学を希望する場合には，日本人の児童や生徒と同様に無償で受け入れるよう，全国に通知を行っているからです。この通知によれば，教科書の無償配付や就学援助を含め，日本人と同一の教育を受ける権利が保障されます。

憲法上の教育を受ける権利がないのに，このような運用がなされているのは，**国際人権規約**（A規約，社会権規約）と**子どもの権利条約**が「初等教育は，義務的なものとし，『すべての者』に対して無償のものとする」と定めていることと関連します。日本は，この２つに批准しており，これらを踏まえ，修学を希望する外国人に日本人と同様の義務教育を受けられるようにしています。

▶▶2　外国人の子どもたちの実状

それでは，トピックの少年は無事，小学校に通うことができるのでしょうか。

2019年５月，文部科学省は「**外国人の子どもの就学状況等調査**」を初めて行いました。それによると，小中学生の年齢に当たる外国人の子どもは，日本に約12万人おり，そのうち約２万人について，就学状況が確認できないなどの理由で，不就学である可能性があることが明らかになりました。

外国人の子どもは，自分から修学を希望しない限り，小中学校に入学することができません。希望して入学したとしても，言葉の壁にぶつかり，勉強についていけずに辞めてしまう子どももいます。公立の小中学校以外に，外国人学校も存在しますが，そちらは授業料などが発生するため，経済的に通うのが難しい子どももいます。その結果，家の手伝いをしたり，兄弟姉妹の面倒をみたりして，事実上，家事労働を強いられている子どもも少なくありません。

実際に，外国人の子どもを受け入れるのは，各自治体であり，各小中学校になります。そのため，自治体や学校ごとに差が生まれているのも事実です。一部の自治体では，外国人が住民登録をする際に，日本語以外の言語を用いながら，就学に関する説明をしています。また，外国人が多く住む地域の学校では，日本語を指導する特別な先生や通訳を配置するなど，日本語サポートに力を入れているところもあります。

しかし，就学にかかわる情報提供をしていない自治体や，していたとしても日本語のみまたは英語などの限られた言語での説明にとどまり，外国人の家庭に十分な就学サポートができていないところもあります。学校における通訳などの配置についても，自治体任せとなっており，財政負担から常勤の通訳を置けない自治体もあり，学校現場は人手不足に悩んでいます。

皆さんは，この問題について，どう考えるでしょうか。トピックの少年も，言葉

の壁が立ちはだかり，入学手続をする段階から，悩みが生じているようです。教育を受ける権利は，日本人に限らず，すべての子どもに保障されるべきものでしょう。教育を受けられないことは，将来の就職など，生き方に大きな影響を及ぼし，日本社会になじめない多くの外国人を生むことにもなりかねません。冒頭の少年のような外国人の子どもが，日本のどこに住んでいても，安心して学ぶことのできる環境を作るため，政府は，各自治体への働きかけを継続することが必要なのではないかと思います。

【佐藤みのり】

06 講＿ プライバシー ....

❖Topic 06＿この小説の主人公は…私？！

"私，はじめての小説を書いたの。来週出版するから，読んでね！" 親友のともこさんからメッセージをもらったサクラさんは，翌週その小説を読んで，驚いた。刊行された小説の主人公の外見や性格が，サクラさんとそっくりだったのだ。それだけでなく，親友のともこさんにだけ話したことがある，父親の逮捕歴や母親の不倫，一家で信じている宗教についてまで赤裸々に書かれている。怒ったサクラさんは，ともこさんに抗議のメッセージを送ったが，ともこさんは "小説はフィクションなんだから，いいじゃない。誰もサクラだと思わないよ" と繰り返すばかりだ。サクラさんは，この怒りをどうしたらいいのだろうか？

▶§1＿「プライベートな領域」について考える

▶▶1　あなたにとっての「プライベートな領域」

突然ですが，あなたが「少なくとも親しくない人には見られたくない」と思うものは，以下の選択肢のうちでいくつあるでしょうか？ あてはまるもの全部に○をつけてみましょう。

---

① 学校で授業を受けているあなたの姿

② 友達とカフェでお茶をしているあなたの姿

③ コンビニで買い物をしているあなたの姿

④ 秘密にしている趣味の店で買い物をしているあなたの姿

⑤ 友達や恋人とやりとりをしているSNSやメールの内容

⑥ ウェブサイトの閲覧履歴

⑦ 自宅で入浴や着替えをしているあなたの姿

○をつけ終えたら，周りの家族・友人3名にも同じ質問をしてみてください。

取り組んでいただいたのは，「プライベートな領域」についての感覚を明確にするためのワークです。周りの家族や友人にも同じ質問をしてみると，自分の感覚と

周囲の人の感覚が必ずしも一致しないことに，驚いたのではないでしょうか。この章で「プライバシー」について学ぶ前に，まずは「プライベートな領域がどこまでか」という感覚は人によって異なる，という事実を理解しておきましょう。

一方で，多くの人が「見られても構わない」「見られたくない」とした答えもあったのではないでしょうか。例えば，①「学校で授業を受けているあなたの姿」を「見られたくない」と答えた方や，⑦「自宅で入浴や着替えをしているあなたの姿」を「誰に見られても構わない」と答えた方は，多くはないかもしれません。

多くの人にとって「プライベートな領域」にあたる（またはあたらない）共通の領域が存在するのは，なぜでしょうか？

①は，実際にこれまで皆さんが「クラスメイトや先生から見られている」ことを前提に過ごしてきた場所における活動ですね。このような場を「パブリックな領域」と呼ぶことがあります。

⑦についてはどうでしょうか。衣類を身に着けていない自身の姿を見せるということは，極めて私的な関係や限られた場面においてしか行われないことが社会の通例です。だからこそ，私的でない空間において露出をすると「公然わいせつ」という罪に問われるのです（刑法174条）。このような場が「プライベートな領域」の典型です。

つまり，ある場が「プライベートな領域」「パブリックな領域」のどちらに属するかという判断は，個人の経験によって異なる部分以外に，社会の一般的な感覚や通例とも関係があるといえます。

▶▶2　憲法にとっての「プライベートな領域」

では日本国憲法は「プライベートな領域」をどのようなものと想定しているのでしょうか。

「プライバシー」という考え方が登場したのは，1890年のアメリカに遡りますが，日本におけるプライバシー研究が本格化した時期は戦後であり，裁判所がはじめてプライバシーに言及したのは1964年です（★東京地判昭和39〔1964〕・9・28判時385号12頁：「宴のあと」事件第一審判決）。したがって1945年に制定されて以降改正されていない日本国憲法には「プライバシー」という文言はでてきません。

しかし，憲法21条2項後段は「通信の秘密は，これを侵してはならない。」と定め，憲法35条1項は「何人も，その住居，書類及び所持品について，侵入，捜索及び押収を受けることのない権利」を保障しています。前者は（届けたい相手以外の人間に対しては）秘密にしておきたい私的なやりとりを守り，後者は自分の住まいの中や持ち物を勝手に見られないことを保障しているのです。細分化されてはいるものの，プライベートな領域を守るという考え方自体は，日本国憲法の様々な条文の中

に組み込まれているといえます。

▶§**2** 幸せになるための条件

▶▶**1** 個人の尊重と幸福追求

　ところで，あなたはどんなときに「幸せ！」と感じますか？美味しいケーキを食べているとき，友達と楽しくお話をしているとき，遊園地で一日中遊んでいるとき……色んな答えがあると思います。この問いに対する答えは，人によって全く異なります。憲法でさえ「何が幸せか？」ということについて，定義を持ってはいません。
　では「幸せを感じることができない」ときとは，どんなときでしょうか。
　憲法13条は「すべて国民は，個人として尊重される。生命，自由及び幸福追求に対する国民の権利については，公共の福祉に反しない限り，立法その他の国政の上で，最大の尊重を必要とする。」と定めています（第1文を前段，第2文を後段といいます）。前段は個人の尊重，後段は生命，自由及び幸福追求権について定めています。
　前段と後段が1つの条文に定められていることは，偶然ではありません。個人の尊重は，広い意味では「一人の人間として扱われる」ことを意味しています。心理学において著名なアブラハム・マズローは，生理的欲求・安全欲求が充足してはじめて，社会的欲求や承認欲求が生まれ，それらの上に自己実現への欲求があるのだと説いていますが（欲求段階説），ここで人が個人として尊重されなかった歴史的実例である奴隷制やホロコーストを思い出してみてください。同じ人として扱われないということは，生命の安全や身体の自由が常に脅かされ続けるということであり，社会的な自己実現を考えることさえできないのです（自己実現とは「自分のやりたいことをする」「自分の目指す理想に向けて頑張る（あるいは頑張らない）」といったことであり，幸せを追い求めることに通じています）。
　このような歴史を「過去のもの」と軽んじないために，当たり前のようにも思われる「個人の尊重」を憲法は明記しています。すなわち，憲法は「幸せを感じることができない」ときを，「個人の尊重」が損なわれて「幸福を追求することすらできないとき」であると想定しているといえます。このように憲法13条の前段と後段を「連続的・統一的に理解」する見解は，憲法学において主流の考えと理解されています（佐藤幸治『日本国憲法論（第2版）』（成文堂，2020）195頁）。

▶▶2 人格的利益説と一般的行為自由説

　前段と後段の関係を，どのように「連続的・統一的に理解」するかという点において，憲法学では2つの学説が有力に提唱されてきました。1つめの学説は，前段を個人主義の理念を確認したものと解し，後段の保障範囲を「人格的自律」に必要な範囲と考えます（人格的利益説）。もう1つの学説は，前段を個別性への配慮を示したものと解し，後段により，とりあえずあらゆる行為の自由が保障されると考えます（一般的行為自由説）。

　2つの学説の最大の違いは，「憲法上の自由の保障が，ある一定の価値観に拠ると考えるべきか？」という根深い問題と関係しています。人格的利益説が言う「人格的自律」はあるべき人間の姿を想定していますが，一般的行為自由説はそのような価値観に依拠すること自体，私たちの自由を邪魔するものだと考え，人格的利益説を批判します。確かに「人格的自律」と正反対の生き方をしているからといって，そのような生き方をする人の自由の保障が「人格的自律」を目標に生きている人よりも劣る理由を説明するのは困難です。

　しかし人格的利益説からも，一般的行為自由説に対する典型的な批判があります。それは「殺人のような行為まで，憲法の保障に含まれることになってしまってよいのか」というものです。最広義の一般的行為自由説は，一旦あらゆる行為の自由を保障した上で，他の憲法上の要請との調整により自由の制約が正当化できると考えるため，理論を突き詰めれば「殺人すら一旦憲法の保障のもとに置かれる」ことになってしまうというわけです。

　二つの学説の相違は結論を大きく異にするものではないため，重要視しない論者もいますが（一般的行為自由説においても，もちろん「他人の生命・身体を守る」という要請が優先されるので，殺人の自由が正当化されることはありません），「幸せってなんだろう？」ということを考える上では重要な視点です。

▶▶3 幸せになるための「プライベートな領域」

　学説の話は一旦据え置いて，ここで素朴に考えてみましょう。▶§1で描いた「プライベートな領域」が全くない状態で，幸せに過ごすことができるでしょうか？

　ここでいう"「プライベートな領域」が全くない状態"とは，お風呂に入るときやお手洗いに行くときを含む24時間365日，その行動を全世界に動画配信され続けている状況と考えてみてください。もちろん配信動画の視聴者の皆さんは，あなたの行動について「トイレットペーパーを使いすぎだ」「ペットと遊ばずスマートフォンばかり触っていてひどい飼い主だ」「バスタオルの洗濯頻度が少なく不潔だ」などと，素直な意見を書いてくれます。

この状況で幸せに生きていくことは非常に難しい，耐えられないと感じる方もたくさんいるのではないかと思います。「プライバシー」が憲法上の保障の一環として保障されるべきだ，と考えた先人たちの時代には，動画配信はありませんでしたが，「他人に自分のプライベートな領域を侵されたら，幸せに生きられない」という点では同じ気持ちだったのです。

その気持ちは，最高裁判所も同じでした。最高裁判所が明文で規定されていないプライバシーについて，憲法13条を根拠として憲法上の自由の保障範囲内にあると認めたはじめての事例は，**京都府学連事件**（★最大判昭和44〔1969〕・12・24刑集23巻12号1625頁）です。最高裁判所はこの事件の判決で「憲法13条は，『すべて国民は，個人として尊重される。生命，自由及び幸福追求に対する国民の権利については，公共の福祉に反しない限り，立法その他の国政の上で，最大の尊重を必要とする。』と規定しているのであつて，これは，国民の私生活上の自由が，警察権等の国家権力の行使に対しても保護されるべきことを規定しているものということができる。そして，個人の私生活上の自由の一つとして，何人も，その承諾なしに，みだりにその容ぼう・姿態（以下「容ぼう等」という）を撮影されない自由を有するものというべき」と判断しました。自分の姿を撮影されないというプライバシーに関わる自由が，憲法13条の保障範囲に含まれることを明確にしたのです。

▶ §3＿「文春砲」とモデル小説

▶▶1　プライバシーと名誉

ここまでにプライバシーがなぜ重要なのかという話をしてきましたが，プライバシーと並んで憲法13条の保障範囲に含まれると最高裁判所が考えているものがあります。それは「**名誉**」です。

名誉というと，「名誉ある賞」とか「名誉教授」といったように「すごいもの」を想像しがちですが，ここでいう名誉とは優れた評価に限らない，社会的な人格的価値全般を指します。あなたが「周りの友達からどう思われているのか」ということも，立派な名誉のひとつです。

名誉を傷つける行為は，刑法上の罪にあたります。刑法230条1項（名誉毀損罪）は「公然と事実を摘示し，人の名誉を毀損した者は，その事実の有無にかかわらず，三年以下の懲役若しくは禁錮又は五十万円以下の罰金に処する。」と定めています。プライバシーと名誉は全く別のものに見えますが，社会的な動物である私たち人間が，幸せを追い求めながら生きていくための大切な権利として，両者は深く関連し

ています。「プライベートな領域」での事柄を勝手に「パブリックな領域」に暴露されることで，「パブリックな領域」での名誉が損なわれることになるからです。

▶▶2 プライバシーを侵害し，名誉を棄損するよりも優越する利益？

ここまでの内容を読んで，素朴な疑問が浮かび上がったかもしれません。その疑問とは，「文春砲」に代表されるスキャンダラスなスクープには，不倫関係などのプライベートなトピックを扱うものや，プライベートの写真を撮って掲載しているものがありますが，この種の報道が憲法で保障されているプライバシーや名誉を不当に侵害していないのだろうか，ということです（憲法上の権利の私人間効力については，☞03講参照）。

実は，名誉を傷つける罪を定めた刑法の規定には，処罰を受けなくて済む例外的な場合が定められています。刑法230条の2第1項は「前条第一項の行為が公共の利害に関する事実に係り，かつ，その目的が専ら公益を図ることにあったと認める場合には，事実の真否を判断し，真実であることの証明があったときは，これを罰しない。」と定めているのです。なぜ「公共の利害に関する事実」に関係し「公益を図る」目的があれば，名誉権の侵害は処罰されないのでしょうか。

この点について最高裁判所は，「夕刊和歌山時事」事件（★最大判昭和44〔1969〕・6・25刑集23巻7号975頁）において，「刑法230条の2の規定は，人格権としての個人の名誉の保護と，憲法21条による正当な言論の保障との調和をはかつたもの」と理解しています（憲法21条で保障される表現の自由については，☞09講参照）。

▶▶3 公共の利益について考える

名誉を傷つける報道であっても刑法上の処罰を受けないものがある一方で，フィクションであっても，特定の個人のプライバシー侵害や名誉棄損が認定される場合があります。

イントロの❖Topic 06を見てみましょう。ともこさんが書いたのはあくまでもフィクションの小説で，サクラさんのことを直接書いているわけでも，実名で書いているわけでもありません。しかし，外見や性格，家庭環境までそっくりなキャラクターがいるとすれば，ともこさんが親友のサクラさんをモデルとして書いた小説であるということは間違いないでしょう（このような小説を，俗に「モデル小説」といいます）。

実際にモデル小説によるプライバシーや名誉権の侵害について争われた裁判があります（★最判平成14〔2002〕・9・24判時1802号60頁：「石に泳ぐ魚」事件）。この事件で最高裁判所は，モデルの国籍，外見的特徴，父親の逮捕歴，信仰する宗教などを赤裸々に，かつ本人の了承なく描いたモデル小説について「公共の利益に係わらない被上

告人のプライバシーにわたる事項を表現内容に含む本件小説の公表により公的立場にない被上告人の名誉，プライバシー，名誉感情が侵害されたものであって，本件小説の出版等により被上告人に重大で回復困難な損害を被らせるおそれがある」と判断し，この小説の出版差止めを認めました。

　公共の利益を根拠として個人のプライベートを公にすることは，政治家や芸能人など「公の場に出ることを仕事の一つとしている人」以外には認められません。「公の場に出ることを仕事の一つとしている人」は，自らの目標や理想のため，ひいては自分の幸せのために，自分の意志でその仕事を選んでいます。このように「自分の意志でなにかを選ぶこと」を自己決定といいますが，最高裁判所は，意思決定をする権利は，人格権の一内容であると言及しています（★最判平成12〔2000〕・2・29民集54巻2号582頁：**エホバの証人輸血拒否事件**。ただし同判決は自己決定の権利の憲法上の位置づけを明らかにはしていません）。

　つまり自己決定をするという方法で「幸せ」を求めたとき，それが公共の利益と関係するものである場合には，対価としてプライベートな領域を制約されることが一定の範囲で正当化されているのです。ただし「公の場に出ることを仕事の一つとしている人」にまつわることであれば，どんな個人的なことでも公共の利益に関わるので報道してよい，ということではもちろんありません。政治家や芸能人にも，皆さんと同じように，家族や大切な人がいます。個人のプライバシーや名誉という価値を上回る「公共の利益」とはなにか，皆さん自身で考えてみてください（★最大判昭和61〔1986〕・6・11民集40巻4号872頁：**「北方ジャーナル」事件**参照）。

　イントロのトピック事案において，ともこさんは「作家になる」という自己決定に基づいてサクラさんをモデルにした小説を発表していますが，親友であるともこさんとの「プライベートな領域」で打ち明けたことを勝手に書かれてしまったサクラさんは，何の自己決定もしていません。自分が了承してもいない個人的な情報を公表されることは，「プライベートな領域」だと思っているものを「パブリックな領域」に強制的に転換されることに他ならないのです。

　怒り心頭のサクラさんは，ともこさんを被告とした裁判（民間人同士が争う裁判を「民事訴訟」といいます）において，「プライバシーや名誉といった権利の侵害がある」と主張することができ，またこの書籍の出版差止請求を行うことも考えられます。そのような主張が可能となる理由は，プライバシーや名誉が，憲法で保障される重要な価値だからです。ともこさんは親友のサクラさんを裏切っただけでなく，その幸せの土台をも壊しているのです。

【小西葉子】

07 講＿ 思想・良心の自由 ....

❖Topic 07＿内心解読は思想・良心の自由を侵害するか？

　20XX年，日本政府は，重大犯罪を未然に防ぐために，殺人罪，強盗罪，放火罪，強制性行等罪のいずれかの犯罪により実刑判決が確定した者に対して，脳活動データを取得する装置を頭部に埋め込み，犯罪行為を行おうとする際に発生する特有の脳活動が検知された場合に，その装置が大音量で警告を発すると共に，警察機関に通報することで犯罪行為を抑止する，という制度を創設した。この制度は，思想・良心の自由（憲法19条）を侵害するだろうか。

▸§**1**＿ 法学と自然科学の境界線上で

　本講の想定事例を読まれた皆さんの中には，『西遊記』の主人公である孫悟空の頭に嵌められた緊箍児（きんこじ）や，映画『マイノリティ・リポート』を思い出された方もいるかも知れません。これらの物語と異なる点は，科学的に意思を読み取ることを想定していることです。そこで，まず，本論に入る前に，このような研究途上・発展途上にある**科学技術**について想定される法学的課題について，どのような姿勢で取り組むべきか，という点について言及することにしたいと思います。

▸▸**1**　最先端科学技術のELSI課題との向き合い方

　近年では，科学技術の発展が目覚ましく，それら新技術のもつ**倫理的・法的・社会的課題**（ELSI: Ethical, Legal and Social Issues）についての議論が盛んになりつつあります。研究が現在形で進行する最先端の科学技術について論ずる場合には，科学技術の現在地を慎重に見極めることが重要になります。そうでなければ，学問的議論というより，SF的な物語へと果てしなく近似していってしまうからです。他方で，未来予測を過度に恐れず，技術が本格的に社会実装されるより前から議論を進めることも，同時に重要です。ある技術が社会に普及してしまってからELSIについて

検討し，現状変更を成す難しさを，SNSというツール（あるいは，プラットフォーム・ビジネス）がもたらした諸問題は教えているように思えます。その意味では，最先端技術のELSI課題に取り組む際には，過度に想像力を膨らませず，しかし，同時に未来予測を恐れないことが重要です。

▶▶2 想定問題としての内心解読 (mind reading)

　以上のような前提を踏まえ，検討に入る前に申し上げておかねばならないのは，想定事例に登場する技術は未だ実用化されていないという事実です。この想定事例の背景に存在する神経科学は，近年成長が著しい分野です。特に，2015年代後半からは，テック企業の参入により"ブレイン・テック"という言葉を耳にする機会が増えてきました。いわば，AIブームならぬ，"脳"のブームが到来しつつある状況です。そのような中で，神経法学（neurolaw）と呼ばれる法学の一領域では，神経科学の知見を用いた内心解読（mind reading）についての懸念が表明されています。しかし，技術それ自体は未だに研究開発の途上にあることを踏まえて，冷静な議論を行うことが重要です。他方で，研究のレベルでは内心解読の実現に迫りつつある，という現状があります。そのため，内心解読について想定事例を立て，法学的検討を行うことには十分な意義があると言えます。

▶§2＿「思想・良心の自由」総説

　本節と次節では，想定事例についての具体的な検討に入る前に，「思想及び良心の自由」についての通説的な理解を確認することにしたいと思います。

▶▶1 最も根本的な精神的自由

　憲法19条は，「思想及び良心の自由は，これを侵してはならない」と定めています。そして同条は，憲法が精神的自由権を定めたリストの冒頭に登場します。このことは，思想及び良心の自由が，精神的自由のなかでも"最も根本的"な，言い換えれば，総則的な地位を占める自由として理解されていることを示唆しています。

　思想及び良心の自由がなぜ"最も根本的"といえるのか，ということについては，私たちの精神活動について考えてみると明らかになります。日本国憲法では，思想及び良心の自由という内面的精神活動の自由だけでなく，表現の自由（☞09講参照）や学問の自由（☞11講参照）などの，外面的精神活動の自由が保障されています。しかし，たとえ外面的精神活動の自由をいくら強固に保障したとしても，それらの前提条件である内面的精神活動の自由が保障されていなければ，それらは有名無実なものと

なってしまいます。つまり，内面的な精神活動に干渉されてしまえば，その個人は，一見すると自由に外面的な精神活動を謳歌していたとしても，実質として"不自由"であるからです。それゆえに，憲法19条は，最も根本的なものであり，総則的地位を占める条文として理解されています。

▶▶2 「思想及び良心の自由」を保障する意義

【1】 固有の意義はあるのか？

さて，この思想及び良心の自由（を定めている憲法19条）に対しては，その"最も根本的"な性質にも関わらず，しばしばその存在意義を問う疑問が投げかけられてきました。その理由の1つには，個人の思想や良心がその「内心」にとどまる限りは，いかに専制的な政府であったとしてもそこに干渉することが不可能である，という事実の問題がありました。つまり，個人の心を覗き見ることも，個人の心に干渉して思想や良心を無理矢理に変容させることも事実として不可能であるということです。そうであれば，わざわざその規範的な不可侵性を憲法で保障しなくとも，事実上不可侵である，というわけです。憲法学においても，サブリミナルなどの非常に例外的な状況を指摘する論者も存在します（もっとも，サブリミナル効果それ自体に科学的妥当性がないのではないか，という批判が向けられていることには注意が必要です）が，内心に対する直接的な干渉は事実上存在し得ないとするのがおおよその立場です。

そうであるとすれば，固有の条文を設けて，わざわざ内心の自由を保障する実質的な意義は大きくない，かのように思われます。また，諸外国に目を向けても，憲法上に固有の規定を置く例は多くありません。

【2】 歴史的反省

それでは，日本国憲法がわざわざ思想及び良心の自由を規定しているのは何故でしょうか。これには様々な回答があり得るとは思いますが，やはり大きな理由の1つとしては，過去に対する反省というものが大きいと言ってよいでしょう。日本国憲法が制定される以前，大日本帝国憲法下においては，特に戦時中に個人の思想に対する弾圧が行われてしまったという歴史があります。

大日本帝国憲法においても表現の自由や**信教の自由**にかかる規定は存在していましたが，**治安維持法**に代表されるような各種の法制度のもとで，個人の思想を直接の標的とした苛烈な弾圧行為が行われました。そのような歴史の反省を踏まえて，外面的な精神活動だけでなく，内面的な精神活動も明示的に保障するべく，憲法19条は制定されたのです。

【3】 AI・ビッグデータ社会における最後の砦

また，過去への反省だけでなく，現代的な文脈において強調される意義も見出すことができるかもしれません。それは，今日の社会では，「内心」が個人の**プライ**

バシーにとって"最後の砦"として機能しているからです。

　プライバシーについての有力な学説である**自己情報コントロール権説**によれば，私たちは**人格的生存**に不可欠な条件を維持するために，自己の情報についての開示と非開示を相手によって使い分けてきたとされています。それによって，自己の実像と，相手から見える虚像（鏡に映る像）を使い分けることが可能になった，という指摘も存在します（堀口悟郎「人格と虚像」慶應法学30号37-69頁）。しかし，今日のインターネット・SNS社会においては，相手によって特定の情報の開示・非開示を使い分ける，ということ自体が難しくなっているように思われます。

　コロナウィルスのパンデミックによりもたらされた"ソーシャルディスタンス"生活は，**SNS**を生活に不可欠な基盤として定着させました。今日，私たちは様々な情報をSNS上に掲載し，それにより人間関係を維持しています。そこには，フォロー，フォロワーのような仕組みや公開範囲の設定，インスタグラムのストーリーなど，公開する相手を選択する**アーキテクチャ**は存在します。しかし，**ビッグデータをAI**で解析することが可能になった現代において，それらの情報はアカウント情報などから簡単に**名寄せ**されるようになり，ターゲット広告が登場しました。また，個人のレベルにおいても，SNSで使用しているアカウントの匿名性が突破され，個人が特定されてしまう現象も登場しました。このように，相手によって開示する情報と開示しない情報を使い分けすることで，情報のコントロールをすることが十分にできなくなりつつあることが指摘されています（山本龍彦「AIと個人の尊重，プライバシー」同編『AIと憲法』日本経済新聞出版社，2018年，59-115頁）。

　そのような中で，私たちが**私秘性**（プライバシー）を維持することができる最後の砦は，事実上の干渉不可能性に守られた"内心"ということになるかもしれません。言い換えれば，黙っていれば自分以外の他者には内心を覗き込まれることはない，というセーフティの意味が，より重要になってきていると考えられます。その意味で，その内心に対する規範的な不可侵を要求する思想及び良心の自由には大きな意義があると言えるでしょう。

▶▶3　「思想及び良心」とは何か？

【1】　学説

　続いて問題になることは，「思想・良心」の意味するものは一体何であるのか，ということについてです。まず，憲法学の学説においては，精神活動のうち，「**論理的側面**」を思想として，「**倫理的側面**」を良心をとし，両者を区別する議論も存在しました。しかし，これについては，両者の明確な区分が難しいこと，また，同一の条文によって保障されており，別個に論じる実益に乏しいという指摘がなされました。そのため，今日においては，思想と心心の双方をまとめて一体的に理解し，「**内**

心」と総称し論ずることが一般的になりました。（もっとも，近年では法人が思想を持ち得たとしても，良心は持ち得ないことを指摘し，両者の違いの重要性を主張する見解も存在することには留意が必要です）。

しかし，「内心」と総称すると言っても，通説ではあらゆる内心の作用が保障されるとは考えられていません。典型的には，**「ものの見方や考え方」**が保障されているのであり，事実に関する**「単なる認識や記憶」**はここに含まれないものとして理解されています。問題となるのは，「ものの見方や考え方」の具体的な内容についてですが，ここには広義説と狭義説が存在しており，見解が対立している状況です。

内心説（広義説）は，内心における「ものの見方や考え方」全てを保障していると理解するのに対して，**信条説（狭義説）**は**人生観**，**世界観**などの個人の人格形成の核心をなす「ものの見方や考え方」に限定されるものとして理解されています。

【2】 判例

「思想及び良心」の意味する内容について，判例の中で明確に定義されたことはなく，基本的には**謝罪広告**等をめぐり「良心」の意味をめぐる判断が示されてきたに留まります。例えば，**謝罪広告事件判決**（★最大判昭和31〔1956〕・7・4民集10巻7号785頁）では，良心の意味について田中耕太郎裁判官補足意見と藤田八郎裁判官反対意見との間で対立が見られます。田中補足意見は上述した信条説に近い立場を採用し，良心の自由により保障されるのは「世界観や主義や思想や主張」であり「道徳的反省」や「誠実さ」を含まないとしました。一方で，藤田反対意見は内心説に近い立場を採用し，「事物に関する是非弁別の判断」も含むとしています。このように判例は「思想及び良心」について踏み込んだ定義を行っていませんが，謝罪広告の掲載を通じて，「事態の真相の告白」や「陳謝」を強制したとしても，思想及び良心の自由を侵害するとは捉えていないことから，どちらかと言えば信条説に近い立場に立っていると理解されています。

▶ **§3**__「侵してはならない」の意味

以上のように理解される「思想及び良心」ですが，通説はそれらが内心に留まる限り，絶対的に保障されると理解してきました。以下では具体的に侵害態様の観点から4つの類型に分けて保障内容について概観することにします。

▶▶1 特定の思想及び良心を持つことの強制・否定の禁止

特定の思想及び良心を持つことを強制し，あるいは逆に否定することは禁止されます。ところが，もし内心が事実上不可侵な領域であるとすれば，上記のような侵

害がそもそも可能であるのかどうかそれ自体に疑問が生じます。これについては，事実として可能か否かを問題にする前に，内心に干渉する目的で行われる国家の介入行為は全て許容されないものとして理解されてきました。

▶▶2　思想及び良心の表明を強制すること，内心の推知の禁止

　内心の告白や表明を強制することの禁止については，一般に「**沈黙の自由**」により保障されていると理解されています。これは，自らの内心とは異なる内容であってもそれを告白・表明することを強制されないことも同時に保障しているとされます。また，**内心の推知**は，一定の外的な行為などから個人の内心を推測することを指しており，歴史的な実例としては，**絵踏**が挙げられます。

　なお，内心と外部的行動の関係を認める以上，それら「行動」の事実についても沈黙が認められるかが問題となりますが，この点について，**三菱樹脂事件判決**（★最判昭和48〔1973〕・12・12民集27巻11号1536頁）は，「人の思想，信条とその者の外部的行動との間には密接な関係」があることを認めています。その上で，外部的行動にかかる事実の申告を求めることの是非を，個別に議論されるべきと指摘し，場合によって沈黙の自由によって保障され得ることを示しています。この他にも，同様の事例として内申書に学生運動へ参加した事実を記載することについて争われた**麹町中学内申書事件判決**（★最判昭和63〔1988〕・7・15判時1287号65頁）があります。

▶▶3　思想教育・思想喧伝の禁止

　また，思想及び良心の自由が，**主観的権利**として存在するのみならず，国家に対して中立性を要求する**客観的原則**としても機能し得ることが指摘されることがあります（長谷部恭男編『注釈日本国憲法 (2)』有斐閣，2017年，271-272，291-292 頁〔駒村圭吾〕）。この立場によれば，政府が特定の思想及び良心について喧伝し，あるいは，教化・誘導することも禁止されます。この場合，国家があらゆる思想に対して中立であることが求められるのかが問題となります。これに対して有力説は，憲法自体があらゆる思想について中立的態度をとっているのではないこと指摘しています。具体的には，**近代立憲主義**という思想が憲法それ自体に内在しているからです。他方で同時に，憲法に内在するような近代立憲主義思想に対して敵対的な思想であったとしても，それが内心に留まる限りは絶対的に保障されるという理解がされていることは注意が必要です。

▶▶4　思想及び良心に反する外的行為の強制の禁止

　内面的な精神活動と外部的行為の間には密接な関係があることは判例も認めるところです（▶§3▶▶2）。それゆえに，個人の内心に干渉することを直接の目的とし

ていなくとも，特定の外部的行為を強制することが，結果として個人の思想や良心に反する行為を強制してしまうことがあり得ます。これについては，思想及び良心の自由に対する**「間接的制約」**として理解されています（これに対して，これまで見てきた侵害の態様は**「直接的制約」**として総称されます）。この間接的制約について問題とされたのが，国旗に向かって起立し，「君が代」を斉唱することを公立学校の教職員に対して職務命令として命ずることの是非が問われた，**国旗国歌起立斉唱事件判決**（★最判平成23〔1999〕・5・30民集65巻4号1780頁）です。最高裁は，卒業式等の式典における起立斉唱行為それ自体が特定の思想を持つことを否定する行為ではないとしながらも，自己の歴史観や世界観に反するような「敬意の表明の要素」を含む行為になりうると指摘し，それを職務命令として強制することは「心理的葛藤を生じさせ，ひいては個人の歴史観ないし世界観に影響をおよぼす」としました。それゆえに，本件職務命令が「思想及び良心の自由についての間接的な制約」に該当すると判断したのです。

▶§4__ 内心解読と思想及び良心の自由

▶▶1 内心解読（mind reading）の現在地

今日，fMRIや脳波計によって脳活動の計測が可能になりました。また，AIによる解析技術が発達し，脳活動と精神活動（意識的知覚）の関係（NCC: Neural Corelate of Consciousness）を解き明かす研究が進展しました。これは，認知神経科学とよばれる分野を発展させ，私たちの脳活動を暗号に見立て，それを解読する，**ニューラル・デコーディング**が進展しています。実際，Synchronというベンチャー企業が，発話意図をBMI（Brain-Machine Interface）を用いてニューラル・デコーディングする技術を開発し，2021年12月には，ALS患者が意図するだけで（念じるだけで）Tweetすることに成功しました。このように，私たちの内心を解読する試みはすでに一定程度の成功を収めています。しかし，本講の想定事例で問題とされているような，犯罪を行う意図についてのニューラル・デコーディング技術は未だ存在しません。本章冒頭にある想定事例はあくまで思考実験となりますが，以下検討を加えてみましょう。

▶▶2 脳の活動と内心の関係

まず，ここで読み取られている情報は，あくまでも"脳活動"であることに注意が必要です。「内心」を直接に読み取っているのではなく，あくまでも，身体の一部である「脳」という臓器の活動を読み取っているに過ぎません。そのため，脳活

動と内心とを同一視して良いのか，という難題（**心脳問題**）がここには存在します。さらにここでは，哲学的問題の他に，科学的な妥当性の問題として，解読の正確性（精度）も問題となるでしょう。

▶▶3　内心解読と思想及び良心の自由

さらに，仮に脳活動と内心と同視できるとしても，解読の対象となっている"犯罪を実行しようという意図"が「沈黙の自由」により保障されるか否かが問題となります。

「思想及び良心」を狭く捉える信条説に立脚すれば，犯罪を実行しようという意図が，個人の人格形成の核心をなす「ものの見方や考え方」に該当するかが問われることになります。また，たとえ内心説に拠ったとしても，犯罪の意図について「ものの見方や考え方」に該当するものとして認められるのかは依然として悩ましい問題と言えるかもしれません。

▶▶4　事実上の不可侵性が崩れた後に…

従来の通説は，たとえいかなる精神作用であったとしても，それが内心に留まる以上は絶対無制約の保障を受けると理解してきました。しかし，これは内心を解読する術がなく，内心領域は事実上不可侵であるという前提のもとで成立していた議論です。もし，私たちが内心の解読を可能にする技術を手に入れたとすれば，少なくとも，内心の事実上の不可侵性は崩れることになります。その時私たちは，他者の生命や権利を不当に害する意図についてまでも規範的な不可侵性を与えるべきなのか，という難問に直面するかもしれません。

▶§5＿　認知過程の自由（cognitive liberty）

最後に，神経法学にて展開される，「**認知過程の自由**（cognitive liberty）」と呼ばれる新たな自由概念を紹介して本章を終わることにしたいと思います。この新たな自由は神経科学の進展を受け止めて，"**神経系のインテグリティ**"をその核心に据える新たな自由概念です。この新たな自由の1つの利点は"心"のような複雑な概念ではなく，人間の身体の一部である"**神経系**"を議論の核心に据えることで，科学分野の知見を受け止めやすくしていることにあります。今後，ますます神経科学技術の進展が加速する中で，「認知過程の自由」はより一層その存在感を増していくと言えるでしょう。

【小久保智淳】

08 講__ 信教の自由 ....

❖Topic 08__空飛ぶスパゲッティ・モンスター教を信じる自由？

　パロディ宗教として有名な「空飛ぶスパゲッティ・モンスター教」の教義では，宇宙は「空飛ぶスパゲッティ・モンスター」によって創造されたのであり，最初に創造したものは山，木々，小人一人だったという。当該宗教の信者らは，進化論はこの教義に反するため，学校教育で進化論のみを教えることは，信教の自由（憲法20条1項）を侵害する，と主張している。この主張は認められるだろうか。

▶§1__ 空飛ぶスパゲッティ・モンスター教とは何か？

▶▶1　空飛ぶスパゲッティ・モンスター教

　皆さんは空飛ぶスパゲッティ・モンスター教（以下，スパモン教と言う）をご存じでしょうか？この風変わりな名前の宗教は，世界を創造した "空飛ぶスパゲッティ・モンスター" という超知性を信仰する実在の宗教です。スパモン教の信者たちは，"選ばれし民" である海賊の衣装を正装とし，パスタの湯切り用のザルを頭に被る習慣を有し，"パスタファリアン" と総称されます。また彼らは，お祈りの際には "ラーメン" と唱えます。

　スパモン教はインターネットミーム（meme）として人気を博しただけでなく，オランダ，ニュージーランド，台湾においては正式な宗教団体として認可されています。さらに，ニュージーランドでは，スパモン教の作法に乗っ取り挙行される "パスタ婚" が法的効力のある結婚式として当局より承認されました。実際に行われたパスタ婚も非常にユニークなもので，誓いの言葉が「パスタを茹でる時には必ず塩を入れることを誓います」だったり，結婚指輪はパスタ製（賞味期限が非常に気になります）という徹底ぶりです。

　スパモン教の誕生したアメリカでは，スパモン教の信者に対して，当局が宗教的理由に基づく特例を認めたケースが存在します。マサチューセッツ州では州の法令により免許証の写真に頭部が隠れたものを使用することが認められません。これに対して，州当局は，スパモン教の信者がパスタの湯切りザルを被った写真を使用することを，"宗教的理由に基づく例外" として特別に許可しました（アリゾナ州でも同

様の事例が知られています）。

▶▶2 　空飛ぶスパゲッティ・モンスター教の誕生背景

　このように一部では公式に宗教として認められているスパモン教ですが，当初は反進化論運動に対する風刺，いわゆる "パロディ宗教" としてアメリカで誕生しました。

　当時のアメリカでは，生命や宇宙の構造の複雑さを指摘し，それらの成立や進化には "知的な意図" が介入したことを主張する「インテリジェント・デザイン説（ID説）」が台頭していました。一見しただけでは，宗教性の見当たらない主張ですが，実は，その背景には，ダーウィンの唱えた進化論に対する一部のキリスト教信者の反発が存在しています。アメリカにおいては旧約聖書の創世記に依拠し，神が世界を創造したと考える "（天地）創造論" に対する支持が根強いという事情があります。具体的には，当時のアメリカでは進化論が正しいと考える人の割合は，全体の40%程度に過ぎませんでした。実は，今日においても，進化論の支持割合が過半数を少し超えた程度という状態にあります。

　ID説は，「知性」が（キリスト教の）神であることを明示しないため，特定の宗教との関係があることは一見しただけではわかりません。しかし，実態としては，キリスト教的な視点から反進化論の立場をとる，"福音派" と呼ばれる人々に支持されてきました。そして，その一部の人々によって，**公教育**において進化論と並列にID説を教えることを要求する運動が起こり，第43代大統領であるジョージ・W・ブッシュ大統領（当時）もこれを支持したことで知られます。こうした運動の結果，カンザス州教育委員会が公立学校において，進化論と併せてID説を教えることを認めるカリキュラム改訂案を提出しました。このような動きに反発する形で登場したのが，「空飛ぶスパゲッティ・モンスター教」でした。

▶§2 　信教の自由の通説的理解

　以下ではまず，冒頭に掲げられた事例を検討する準備として，**信教の自由**をめぐる通説的な理解を概観することにします。

▶▶1 　最古の人権？

　信教の自由は，中世において宗教が世俗社会にまで多大な影響力を行使したことや，また，宗教の名の下で血塗られた闘争や弾圧が数多く行われてきたことに対する反省として登場しました。宗教戦争の代表例としては，宗教改革に端を発した，

　　第Ⅱ部＿＿＿人権／第2章＿自由権

キリスト教の新旧派間の戦争や，ユダヤ教，キリスト教，イスラム教という3つの宗教の聖地であるエルサレム（皮肉なことに，“平和の町” という意味です）の支配権をめぐって繰り広げられた十字軍遠征などが挙げられます。宗教戦争においては，往々にしてその背景に，世俗権力の領土・経済的な野心が存在しており，権力が人心を掌握するために宗教が利用された，という側面が存在していたことには留意が必要でしょう。

　このような動きに反抗する多くの人々の努力と流血の結果，多様な宗教に対する寛容さの重要性が認められました。そして，流血と弾圧の血塗られた過去への深い反省の証として誕生したのが信教の自由です。それゆえに，多くの国家が世俗的な権力である政府と宗教との間に一定の距離を要求するようになりました。

　以上のような経緯から，信教の自由は，**精神活動の自由**の保障を確立する上で大きな役割を果たしたことが指摘されており，「**人権宣言の花形**」と評価されています。このように，憲法に規定されている諸自由の多くは人類の歴史に対する反省と人々の血生臭い努力から登場しており，その意味では，長い人類の歴史の生き証人であって，人類の叡智の結晶でもあるのです。

　さて，日本固有の事情としては，**国家神道**の存在が挙げられます。大日本帝国憲法においても信教の自由は規定されていましたが，「安寧秩序」と「臣民タルノ義務」に反しない限りにおいてこれを保障するという留保が付されていました。その結果，国家神道の誕生を許し，その後，**軍国主義**や**全体主義**が台頭したことで，神権的な統治や**宗教弾圧**が行われてしまいました。このような歴史への反省に基づいて，日本国憲法においても信教の自由が規定され，解釈や運用がされてきたのです。

▶▶2　信教の自由の法的意義

　憲法20条1項は，「信教の自由は，何人に対してもこれを保障する。いかなる宗教団体も，国から特権を受け，又は政治上の権力を行使してはならない。」と規定しています。

　この条文の前段では，**主観的権利**として「信教の自由」が保障されています。他方で後段においては，「**宗教団体**」に対して国から**特権**を受けたり，あるいは，政治上の権力を行使したりすることを禁止しています。これら禁止の名宛人は宗教団体となっていますが，当然，これらを許さないことを**国家**に対しても要求していることになります。その意味でこの後段については，国家に対する行為規範，つまり，**客観法原則**としての側面も有しており，一般に「**政教分離原則**」や「**国教樹立禁止原則**」と呼ばれます。

▸▸3　信教の自由とその制限

【1】　信教の自由の保障内容

　信教の自由の保障内容については，①信仰の自由，②宗教的行為の自由，③宗教的結社の自由を認めてきました。特に，外部的行為を問題とする②及び③は併せて「礼拝の自由」と総称されることがあります。

　まず，①信仰の自由については，内心における信仰を保障するものであり，「内心の自由」の特別法的な位置付けにある自由として理解されてきました。具体的には，国家が特定の信仰を強制し，あるいは，禁ずることが信仰の自由を侵害するとされます。これにより，国家が特定の宗教を教化することも禁じていると理解されています。また，特定の信仰を持つことを理由に，当該個人に不利益を課すことや，信仰の告白を強制することも許容されないものと理解されています。

　続いて，②宗教的行為の自由ですが，これにより，個人がその信仰している宗教に基づいて，個人的に，あるいは集団として，宗教的行為を実践する自由も保障されています。具体的には宗教上の祝典や儀式，また行事や布教等を行う自由が含まれます。なお，何かを行う自由を保障するとき，当然ではありますが，それを行わないことも併せて保障されています。この点，日本国憲法は20条2項で，国家がこれらの宗教的行為を強制することが許容されないことを重ねて強調しています。

　最後に③宗教的結社の自由ですが，上述した①および②の自由の保障を実効的なものとするためにも，宗教的な実践を共同して遂行することを目的とする団体（宗教団体）の結社および運営の自由を保証しています。

【2】　信教の自由の制限

　さて，上述したように宗教的な外部行為も問題となる以上，それらの行為が他者の権利や自由と衝突し，あるいは社会生活において要求される義務と衝突する可能性が生じ，信教の自由が制限されることがあります。

　まず，当事者にとっては宗教的行為であったとしても，そもそも信教の自由による保障の範囲外とされる場合があります。判例では，加持祈祷事件判決（★最大判昭和38〔1963〕・5・15刑集17巻4号302頁）において，たとえ宗教的行為であっても，それが「他人の生命，身体等に危害を及ぼす違法な有形力の行使」にあたり，かつ，被害者が死に至った場合には，「信教の自由の保障の限界を逸脱したもの」であるとの判断がなされています。

　また，宗教的行為については，社会的な義務との調整も問題になり得ます。この点，義務により制約される自由とそれと対立する利益との比較衡量によって，解決が図られてきました。その結果次第では，信教の自由に対する制約も憲法上許容され得ることになります。

これについて最高裁は，**エホバの証人剣道受講拒否事件判決**（★最判平成8〔1996〕・3・8民集50巻3号469頁）において，ある義務（ここでは必修である剣道実技を履修すること）を拒否する理由が「信仰の核心と密接に関連する真しなもの」であり，かつ，その義務の拒絶により「極めて大きな不利益が課せられる場合」には，当該**不利益処分**は，自己の信仰上の教義に反する行動を強制されることと等しい性質を有すると指摘しました。その上で，最高裁は，退学処分が上述したような性質を有することを認め，相応の**代替措置**を考慮する必要があったにもかかわらず，そのような考慮が一切なされなかったことを指摘して，本処分を違憲と判断しています。

▶▶4　政教分離原則

　さて，憲法20条1項は，その後段で政教分離原則を定めていることは，先に確認した通りです。また，同20条3項は「国及びその機関は，宗教教育その他いかなる宗教的活動もしてはならない」と定めています。さらに，憲法89条が「宗教上の組織若しくは団体」に対する公金の支出を禁じており，政教分離を財政的にも裏付けているところです。

　これについて通説および判例は，政教分離は国家と宗教の完全なる分離を要求するものではなく，両者の**相対分離**を要求するものとして理解しています。実際に最高裁は，津市が起工式（地鎮祭）を執り行ったことの合憲性が争われた**津地鎮祭事件判決**（最大判昭和52〔1977〕・7・13民集31巻4号533頁）において，宗教が内心に留まらない「外部的な社会事象としての側面を伴う」ために，国家と「宗教との関わり合いを生ずることを免れえない」ことを指摘し，両者の完全な分離が事実上不可能であることを認めています。ここで，いかなる国家と宗教の関わり合いが，政教分離原則に違反するとなるのか，その判断基準が問題となります。

　これについて最高裁は，同判決において「宗教とのかかわり合いをもたらす行為の目的及び効果」に鑑み，「社会的・文化的諸条件に照らし」て「相当とされる限度を超えるもの」が政教分離原則違反になると指摘し，一貫して，「目的・効果基準」を採用してきました。

　目的・効果基準とは，①目的において「宗教的意義」を有し，②効果において宗教に対する「援助，助長，促進又は圧迫，干渉等」に該当するような宗教的活動が政教分離原則違反に当たるとする判断枠組みです。

　最高裁は，政教分離原則に違反する典型例として，憲法20条3項に登場する「**宗教教育**」のような「布教，教化，宣伝等の活動」を挙げた上で，それ以外の「宗教上の祝典，儀式，行事等」も目的・効果基準を満たせば同様に，政教分離原則違反になるとします。なお，最高裁は目的・効果基準の該当性の判断においては，形式的に判断を行うのではなく，一般人の評価等の諸般の事情を踏まえた上で，「社会

通念」に従い，「客観的」に判断しなければならないことも併せて指摘しています。

　さて，このような判断枠組みについて，その具体的なあてはめについても確認しておきましょう。最高裁は本件で問題となった起工式は，宗教的な起源（神道）を持つものの，時代の移り変わりと共に宗教性が薄れ，行事の1つとしての側面を有するようになってきたことを指摘します。そのような事情に鑑みれば，起工式の目的は「社会の一般的慣習に従った儀礼を行うという専ら世俗的なもの」であると判断しています。

　さらに最高裁は，日本国民の**「宗教意識の雑居性」**を指摘します。これは，初詣やお宮参り，七五三をしながら（神道），クリスマスを祝い，結婚式においてはチャペルで神父さんの前で愛を誓い（キリスト教）ながらも，休日には坐禅を組み，お葬式はお寺で行う（仏教）というように，多様な宗教が個人の意識の中で対立せずに雑居していることを指しています。以上のような事情に鑑みれば，起工式が「参列者及び一般人の宗教的関心を特に高める」ものではないとして，効果の観点についても問題なし，と判断しています。

▶§**3**＿ 宗教と教育

　以上の通説的な理解を踏まえた上で，以下では想定事例の具体的な検討をすることにします。

▶▶**1**　宗教とは何か？

　まず第1に，パロディ宗教として誕生したスパモン教が，そもそも，憲法上「宗教」として認められるのか，という点が問題となります。

　さて，この点について，判例は宗教を比較的緩やかに定義することで，広く保障を及ぼす姿勢を示してきました。具体的に，**津地鎮祭事件控訴審判決**（★名古屋高判昭和46〔1971〕・5・14時時630号7頁）は，「憲法でいう宗教とは『超自然的，超人間的本質（すなわち絶対者，創造物，造物主，至高の存在等，なかんずく神，仏，霊等）の存在を確信し，畏敬崇拝する心情と行為』をいい，個人宗教たると，集団的宗教たるとを問わず，すべてこれを包含するもの」と定式化しています。また，学説も宗教の範囲を狭く限定することは，国家による"宗教の選別"に繋がりうるとして，宗教該当性を広く捉えるという点では一致をみています。

　さて，以上のような事情に鑑みれば，たとえその出自がパロディ宗教であったとしても，スパモン教も憲法のいう宗教に含まれると考えておくことが，妥当であると思われます。

▶▶2　宗教教育の禁止

しかし，スパモン教を憲法上の宗教として認めることと，その信仰に基づく主張が認められるか否かは別の問題です。

本講の事例のように，パスタファリアンが進化論と併せてスパモン教的な創造説ないしはID説を並列して教えることを要求した場合はどうでしょうか。創造説を教えることは宗教教育に該当することになりそうですが，後者は一見すると非宗教的な学説に見えなくもありません。しかし，実際にID説が問題となったアメリカの裁判所は，ID説について，その背景に存在する宗教性を指摘し，これを教えることは宗教教育に他ならないと断じています。以上のような理解に基づけば，信教の自由への配慮を理由に，特定の宗教に基づく宗教教育を行うことを要求できるか，という問題として整理することができます。

しかし，このような要求は公立学校においては即座に否定されます。それは先に確認した通り「宗教教育」が政教分離原則に違反するからです。その意味で，スパモン教的な創造説やID説を公立学校で教えることはむしろ禁じられている，ということになります。

他方で，私立学校である場合は，もう少し複雑です。私立学校は「国及び地方公共団体」が設置する教育機関ではないために，基本的には政教分離原則が妥当しません。また伝統的に「**私学の自由**」が認められ，独自の学風や建学の精神に基づく自由な教育が認められてきました（☞**11**講「学問の自由」参照）。そのような私学を選択するか否かは，生徒あるいは保護者の自由な選択に委ねられています。そのため，ある私立学校において行われている教育が受け入れられないのであれば，そもそも入学しなければ良いということになります。そうであれば，私立学校においても，信教の自由を理由に，スパモン教的な創造説やID説を教えることまでもを要求することは，認められないと考えられます。

▶▶3　パスタファリアンに対する「代替措置」

他方で，もし仮にスパモン教の信者が進化論を教える生物学の授業の受講を自らの信仰に反することを理由に拒否した場合はどうでしょうか。生徒が被る不利益としては，対象の生徒がその回の授業を欠課したことを，指導要録に記載されることが想定されます。この点について参考となるのは，日曜学校に参加するために，その日に行われた授業参観を欠席した事例について判断した**日曜日授業参観事件判決**（★東京地判昭和61〔1986〕・3・20行集37巻3号347頁）です。裁判所は，エホバの証人剣道受講拒否事件とは異なって，本人が被る不利益が指導要録への欠席の事実の記載という軽微なものに留まることを指摘しています。さらに，宗教集会日と授業日

の抵触は随所で起こりうるにもかかわらず，公教育の授業日に出席することを免除することは，むしろ，公教育の「宗教的中立性」を保つことを不可能にすると指摘します。以上のようなことを考慮し，結論として，指導要録への欠席事実の記載は，「合理的根拠に基づくやむを得ない制約」であると判断しています。今回の想定事例においても想定できる不利益は，欠席と同程度か，あるいは，さらに軽微な欠課の事実の記載ですから，「合理的根拠に基づくやむを得ない制約」とされそうです。

　他方で，退学処分のような重い処分が課された場合は代替措置が問題になり得ますが，想定事例においてはあまり想像ができないだけでなく，授業の（それも1，2回の）欠課を理由に退学処分が下された場合には，信教の自由を持ち出すまでもなく，その不合理さが指摘できるかもしれません。

　この想定事例に見られるように，政教分離原則と信教の自由は，同一の条文で保障されているものの，時に相剋する場合があることになります。

▶§**4**＿多様化する社会の中で

　津地鎮祭事件判決でも登場した「宗教的雑居性」は，日本国民の**宗教的寛容性**や**宗教的無関心**と結びつくことが指摘されています。他方で，今日，私たちは**グローバル化**した**多様性**を内包する社会に生きています。そこには当然，宗教的な意識の多様性も含まれます。そうであれば，この「宗教的雑居性」を，日本国民が広く共有する時代は終わりつつあると言えるのかもしれません。実際に，公共施設に礼拝施設を整備したり，ハラルフード（イスラムの教えに則った食品）の普及などが積極的に行われつつあります。このような時代の流れに鑑みれば，信教の自由と社会における義務との調整という問題は，今後一層重要な問題として我々の前に立ち現れてくることになるでしょう。また，政教分離原則と信教の自由の相剋もより一層深刻になってくるかもしれません。

　もしかすると，近い将来，皆さんもそのような問題を解決することが求められる当事者になる日がやってくるかもしれません。その時，皆さんがどのように考えるのか，その指針の1つとして本講が役に立てば幸いです。

【小久保智淳】

09 講__ 表現の自由 ....

❖Topic 09__ヘイトスピーチも表現の自由によって保護されるの？

　憲法学は，ヘイトスピーチも表現の自由によって保護されるから，ヘイトスピーチを処罰することは基本的に許されず，言論で対抗するべきであると論じてきました。

　しかし，「ウンコ食っとけ」，「朝鮮人のみなさん，死んでくださ～い」，「大阪市民のみなさん，朝鮮人を見つけたら，石をぶつけて，朝鮮女はレイプしてもいいんですよ～」と拡声器で叫ばれた時，どのような対抗言論がありうるのでしょうか。「私たちはウンコは食べません」，「私たちは死にません」，「大阪市民のみなさん，石をぶつけると暴行罪，レイプしたら強姦罪になります」と叫べ，とでもいうのでしょうか。とてもまともな話とは思えません（以上は，在日コリアンの康由美弁護士による康由美「『ゴキブリ』，『ウンコ』と呼ばれ，『死ね』と言われて」近畿弁護士会連合会人権擁護委員会編『ヘイト・スピーチは表現の自由か』〔近畿弁護士会連合会，2014年〕2頁からの引用です。ただし，文体を「です・ます」調に変更しました）。

　ヘイトスピーチも表現の自由によって保護されるとは，どういうことなのでしょうか。ヘイトスピーチに対応するためには，どうすればよいのでしょうか。

▶§1__ ヘイトスピーチをめぐる背景

▶▶1　日本の社会状況

　日本では，東京都の新大久保，大阪市の鶴橋などに，在日コリアンが数多く住んでいます（在日コリアンの定義・歴史については，「特定非営利活動法人コリアNGOセンター」ウェブサイト〔https://korea-ngo.org〕などが参考になります）。2013年ころ以降，このような在日コリアンの集住地域で，在日コリアンに対してヘイトスピーチを発するデモ行進が，たびたび行われるようになりました。このようなデモで，参加者は，「朝鮮人はウンコ食っとけ」，「朝鮮人のみなさん，死んでくださ～い」といった声をあげたり，プラカードを掲げたりしました。また，2013年2月，鶴橋でデモに参加した，ある女性中学生は，拡声器で次のように叫びました。「もう殺してあげたい！いつまでも調子に乗っとったら，南京大虐殺じゃなくて，鶴橋大虐殺を実行しますよ！」，と。この様子を撮影した動画が，インターネット上のあちこちに転載されました。

ヘイトスピーチがなされたのは，デモ行進だけではありません。インターネット上，特に匿名掲示板にも，数多くのヘイトスピーチが書き込まれました。

2013年から数年間，このような状況は変わりませんでした。

このように，ヘイトスピーチは近年，重大な社会問題になっています。

▶▶2　日本の法制度

ヘイトスピーチは，重大な社会問題であるというだけでなく，とても重要な憲法問題でもあります。その原因は，次のとおり，日本の法制度にあります。

従来，ヘイトスピーチを直接規制する法令はありませんでした。たとえば，刑法学の一般的な考え方によれば，名誉毀損罪（刑法230条1項）・侮辱罪（刑法231条）は，特定の人に対する行為だけを対象としています。一方で，ヘイトスピーチは，「朝鮮人」「中国人」など，一定のカテゴリーに属する不特定多数人を対象としてなされます。そのため，ヘイトスピーチを，名誉毀損罪や侮辱罪で処罰することは，基本的にできないと考えられてきました。

そこで，ヘイトスピーチを規制するために，新しく法律をつくることが考えられます。しかし，憲法学の一般的な考え方では，「ヘイトスピーチを直接規制する新たな法令をつくると，憲法21条が保障する表現の自由を侵害するため，そのような法令は，違憲無効となる可能性が高い」とされてきたのです。

▶§2__ 日本の憲法学の一般的な考え方

日本の憲法学の一般的な考え方を見てみましょう。ヘイトスピーチを規制するべきであると議論する場合にも，まずは，このような一般的な考え方をしっかりと理解する必要があります。

▶▶1　表現の自由の意味

憲法21条は，表現の自由を保障しています。表現の自由とは，考えや情報を，自由に，身体の外に表現したり他者に伝達したりすることができる，ということです。たとえば，路上で，ある言葉を言った者は処罰するという法律をつくった場合，その法律は，表現の自由を制約していることになります。

もっとも，法律が表現の自由を制約するからといって，その法律が，すぐに違憲無効になるというわけではありません。表現の自由を制約する必要性が非常に高い場合には，表現の自由が不当に侵害されているとまではいえず，合憲となります。憲法学の正確な言い方では，「公共の福祉により，表現の自由に対する制約が，憲

法上正当化される」などと表現されます。他方で，ろくに必要性もないのに，路上で，ある言葉を言った者は処罰するという法律をつくった場合，その法律は，表現の自由を不当に侵害して，違憲無効となる場合が多いでしょう。

▶▶2 表現の自由の優越的地位

憲法学の一般的な考え方によれば，表現の自由は，憲法上，優越的地位にあるといわれます。このことを，「**表現の自由の優越的地位**」論とか，「**二重の基準**」論といいます。

「表現の自由が，憲法上優越的地位にある」というのは，表現の自由は，憲法上の他の人権（特に経済的自由権）に比べて，手厚く保護されなければならない，という意味です。表現の自由の優越的地位論からすると，表現の自由に対する制約は，（常に違憲とまではいえなくても）基本的に違憲であると考えなければならない，とか，表現の自由の制約を憲法上正当化するためには，制約する必要性が非常に高くなければならない，などとされます。

憲法学の一般的な考え方によれば，表現の自由の優越的地位論の根拠は，表現の自由が，「**自己実現の価値**」と「**自己統治の価値**」を多くもっていることにあります。

表現の自由が「自己実現の価値」を多くもっているというのは，人の人格の実現にとって，表現活動は非常に重要である，という意味です。言いたいことが言えない社会は，とても息苦しく，人格が押さえつけられているに等しいからです。一方，表現の自由が「自己統治の価値」を多くもっているというのは，政治参加（民主主義）にとって，表現活動が非常に重要である，という意味です。選挙で投票できさえすれば，政治参加（民主主義）が十分に実現できた，とはいえません。選挙の時以外にも，他の人に自分の意見を伝え，他の人を説得してその意見を変える可能性があってはじめて，十分な政治参加（民主主義）が実現できたといえるからです。

▶▶3 対抗言論の法理

憲法学の一般的な考え方によれば，「表現の自由の優越的地位」から，さらに，さまざまな憲法解釈が生み出されます。その1つが，「**対抗言論の法理**」です。

この「対抗言論の法理」こそが，ヘイトスピーチに対する規制を非常に困難にしてきた（逆にいえば，ヘイトスピーチをも，公権力による規制からしっかりと守ってきた），大きな原因です。イントロダクションのなかに，「対抗言論」という言葉が登場しますが，それも，この「対抗言論の法理」を指しています。

「対抗言論の法理」とは，「問題のある言論に対しては，原則として，言論で対抗するべきである」というものです。逆にいうと，「問題のある言論であっても，公権力（国や地方公共団体）は原則として介入するべきではない」ということです。た

とえば，Aさんが，Bさんについて，インターネット上の掲示板に，「詐欺の前科が
あり，刑務所で服役したことがある」という書込みをしたところ，Bさんには，実
際には，前科も刑務所で服役したこともなかったとしましょう。この場合，「対抗
言論の法理」によれば，「Bさんは，たとえば，上記掲示板に，『自分は詐欺の前科
はないし，刑務所で服役したこともない』などと反論する書込み（これが対抗言論に
当たります）をすることができるし，そうするべきである。Aさんの表現の自由を
保護しなければならないから，国がAさんを名誉毀損罪等として処罰することは，
原則として許されない」，ということになります。

　このような例では，「対抗言論の法理」は，いかにも不合理なものに感じられる
かもしれません。しかし，歴史上，一般人が政府に批判的な表現活動をしたところ，
政府の構成員等に対する名誉毀損をしたとして処罰される例が，数多くありました。
そのため，憲法学の一般的な考え方が，「対抗言論の法理」を採用していることには，
相応の理由があります。

▶ §3＿ 憲法からヘイトスピーチを考える

　いよいよ，本講のテーマであるヘイトスピーチについて考えてみましょう。
　「対抗言論の法理」からすれば，「ヘイトスピーチに対しても，被害者（在日コリ
アンなど）は言論で対抗するべきである。ヘイトスピーチをする人の表現の自由を
保護するため，新たな法律をつくってヘイトスピーチを処罰することは，原則とし
て許されない」ということになります。
　たしかに，ヘイトスピーチに対して対抗言論が成り立つ場面もありえます。しか
し，イントロダクションに掲げたように，デモ行進中に，拡声器で「ウンコ食っと
け」，「朝鮮人のみなさん，死んでくださ～い」，「大阪市民のみなさん，朝鮮人を見
つけたら，石をぶつけて，朝鮮女はレイプしてもいいんですよ～」，「もう殺してあ
げたい！　いつまでも調子に乗っとったら，南京大虐殺じゃなくて，鶴橋大虐殺を
実行しますよ！」と叫ばれた時に，「私たちはウンコは食べません」，「私たちは死
にません」，「大阪市民のみなさん，石をぶつけると暴行罪，レイプしたら強姦罪に
なります」，と反論しても，何の意味もありません。そもそも，そのようなヘイト
スピーチを発せられた場合，これを耳にしたほとんどの在日コリアンは，本当に殺
されるのではないかと非常に強い恐怖を感じるでしょう。そのため，彼らが，デモ
行進に対して，面と向かって反論する（言論で対抗する）ことは，ほとんど不可能です。
　「対抗言論の法理」は，「ヘイトスピーチに対しても，言論によって対抗すること
ができるし，言論によって対抗するべきである」と論じます。これに対して，憲法

学のなかには，ヘイトスピーチが，被害者に強い恐怖を与え，人格を深く傷つけることに着目して，「ヘイトスピーチには，被害者を沈黙させる効果（「**沈黙効果**」）がある。ヘイトスピーチを受けた被害者は，ヘイトスピーチによって沈黙させられてしまい，対抗言論を発することができない。そのため，ヘイトスピーチについて，対抗言論の法理は成り立たない」という議論（「沈黙効果」論）も主張されています。

▶§4__ 法律・条例の制定

2013年ころ以降，ヘイトスピーチが大きな社会問題となったことから，これに対して対処する法令が必要であるとの意見が強くなりました。

その結果，大阪市は，2016年1月に，「大阪市ヘイトスピーチへの対処に関する条例」（以下「大阪市条例」といいます）を制定しました。この条例は，ヘイトスピーチを直接の対象とする，日本で初めての法令であるといわれます。大阪市条例が，表現の自由を不当に侵害して違憲ではないかが争われたのが，下記の**大阪市ヘイトスピーチ条例事件**判例です。

大阪市条例に続いて，2016年6月には，国レベルの法律も制定されました。それが，「本邦外出身者に対する不当な差別的言動の解消に向けた取組の推進に関する法律」（以下，通称に従って「ヘイトスピーチ解消法」といいます）です。

ヘイトスピーチ解消法は，基本法とか理念法といわれる種類の法律であり，罰則など，具体的な規制手段は盛り込まれていません。

▶§5__ ヘイトスピーチをめぐる重要な判例

▶▶1　京都朝鮮学校事件判例

この事件（★最決平成26〔2014〕・12・9判例集未登載），原審は，★大阪高判平成26〔2014〕・7・8判時2232号34頁）で，デモ参加者らは，3回にわたり，日本の幼稚園・小学校に相当する京都朝鮮学校の周辺で，拡声器ないし肉声の大声にて，次のように叫びました。「ここは北朝鮮のスパイ養成機関」「犯罪者に教育された子ども」「こいつら密入国の子孫」「朝鮮学校を日本からたたき出せ」「朝鮮学校，こんなものはぶっ壊せ」「約束というのはね，人間同士がするもんなんですよ。人間と朝鮮人では約束は成立しません」「日本に住ましてやってんねや。な。法律守れ」「この門を開けろ，こらぁ」「朝鮮人を保健所で処分しろ」「犬の方が賢い」，と。

この事件で，京都朝鮮学校を運営する法人が原告となり，デモ参加者らに対して，損害賠償請求等を求めました。大阪高等裁判所は，次のように判断して，損害賠償請求等を認容しました。

　「一般に私人の表現行為は憲法21条1項の表現の自由として保障されるものであるが，私人間において一定の集団に属する者の全体に対する人種差別的な発言が行われた場合には，上記発言が，憲法13条，14条1項や人種差別撤廃条約の趣旨に照らし，合理的理由を欠き，社会的に許容し得る範囲を超えて，他人の法的利益を侵害すると認められるときは，民法709条にいう『他人の権利又は法律上保護される利益を侵害した』との要件を満たすと解すべきであり，これによって生じた損害を加害者に賠償させることを通じて，人種差別を撤廃すべきものとする人種差別撤廃条約の趣旨を私人間においても実現すべきものである」。「被控訴人〔＝原告〕は，控訴人ら〔＝被告〕の上記行為によって民族教育事業の運営に重大な支障を来しただけでなく，被控訴人〔＝原告〕は理不尽な憎悪表現にさらされたもので，その結果，業務が妨害され，社会的評価が低下させられ，人格的利益に多大の打撃を受けており，今後もその被害が拡散，再生産される可能性があるというべきである」。

　この大阪高等裁判所判決に対して，被告らが上告・上告受理申立てをしましたが，最高裁判所は，具体的な判断を行うことなく，上告棄却決定・上告受理申立不受理決定をしたため（いわゆる三行決定），上記大阪高等裁判所判決が確定しました。

▶▶2　大阪市ヘイトスピーチ条例事件判例

　大阪市条例は，一定の表現活動をヘイトスピーチと定義し，大阪市長が，ヘイトスピーチの拡散を防止するために必要な措置とか，ヘイトスピーチを行った者の氏名・名称の公表等ができると規定しています。この裁判では，大阪市住民である原告らが，これらの規定が表現の自由を不当に侵害して違憲であると主張しました。

　最高裁判所は，以下のとおり述べて，大阪市条例は表現の自由を不当に侵害するものでなく，合憲であると判断しました（★最判令和4〔2022〕・2・15民集76巻2号190頁）。

　「憲法21条1項により保障される表現の自由は……無制限に保障されるものではなく，公共の福祉による合理的で必要やむを得ない限度の制限を受けることがある」。「本件各規定による表現の自由に対する制限が上記限度のものとして是認されるかどうかは，本件各規定の目的のために制限が必要とされる程度と，制限される自由の内容及び性質，これに加えられる具体的な制限の態様及び程度等を較量して決めるのが相当である」。

　「条例ヘイトスピーチに該当する表現活動のうち，特定の個人を対象とする表現活動のように民事上又は刑事上の責任が発生し得るものについて，これを抑止する

必要性が高いことはもとより，民族全体等の不特定かつ多数の人々を対象とする表現活動のように，直ちに上記責任が発生するとはいえないものについても……これを抑止する必要性が高いことに変わりはない」。

「本件各規定により制限される表現活動の内容及び性質は……過激で悪質性の高い差別的言動を伴うものに限られる上，その制限の態様及び程度においても，事後的に市長による拡散防止措置等の対象となるにとどまる。そして，拡散防止措置については，市長は，看板，掲示物等の撤去要請や，インターネット上の表現についての削除要請等を行うことができると解されるものの，当該要請等に応じないものに対する制裁はなく，認識等公表についても，表現活動をしたものの氏名又は名称を特定するための法的強制力を伴う手段は存在しない。／そうすると，本件各規定による表現の自由の制限は，合理的で必要やむを得ない限度にとどまる」。

▶§6＿ ヘイトスピーチをさらに考える視点

▶▶1 表現の自由の優越的地位のさらなる根拠

自己実現の価値・自己統治の価値は，人間にとって表現活動がとても重要であるという方向からの議論です。一方，最近では，逆の方向から，表現の自由の優越的地位を説明しようという考え方もあらわれています。

たとえば，現代日本では，収入がなくなると，生活していくのは非常に難しいです。多くの財産を，無理やり公権力（国や地方公共団体）にとりあげられても，生きていくのが困難になるでしょう。そのため，人は，公権力が自分の営業活動や財産を侵害しようとしているとき，必死に抵抗します。

一方で，路上のデモ行進やビラ配りといった表現活動を想像すれば分かるように，表現活動をしなくても，（精神的な不利益はともかく）経済的な不利益はない場合が多いでしょう。そのため，多くの人は，処罰されるかもしれないという危険をおかしてまで，表現活動をしようとはしません。

しかし，処罰を恐れて，なされなくなった（＝萎縮してしまった）表現活動のなかに，国や社会を変える可能性のある，大きな政治的価値のある言論があったかもしれません。そのようなケースは，非常に珍しく，非現実的な想定であると思えるかもしれません。しかし，少数意見も，説得力をもっていれば，人々の間に広がり，やがて国や社会を変えることができる「可能性がある」ということに，民主主義の大きな意味があります。

ですから，処罰されるかもしれないという恐怖のために，保護されるべき表現活

動が萎縮してしまわないように，憲法上，表現の自由を手厚く保護しなければならない，という議論があります（「**萎縮効果**」論）。この萎縮効果論は，自己実現の価値・自己統治の価値とは逆に，表現活動は，ほとんどの人間にとって重要でない（重要性を感じられない）という事実に，正面から向き合った議論です。

　また，表現の自由の優越的地位の根拠として，自己実現の価値・自己統治の価値・萎縮効果論のほかに，「**思想の自由市場**」論もあります。思想の自由市場論とは，「経済の自由市場のように，さまざまな意見・情報が『思想の自由市場』に登場することで，相互批判・吟味を通じて真実が発見される。そのため，表現活動を手厚く保護し，より多くの意見・情報を社会に届けるべきである」，という議論です。

▶▶2　ヘイトスピーチに表現の自由の優越的地位論が当てはまるか

　憲法について考える場合に，憲法学の一般的な考え方が，その場面に本当に当てはまるかを具体的に考えることは，とても重要です。

　たとえば，憲法学の一般的な考え方によれば，「表現の自由の優越的地位」論の主な根拠は，表現の自由がもつ自己実現の価値・自己統治の価値にあります。

　まず，自己実現の価値に関して，ヘイトスピーチは，それを発する人にとっては，人格の実現（自己実現）であるかもしれません。しかし，ヘイトスピーチは，被害者にとっては，人格を深く傷つけられるものです。自己実現の価値は，さかのぼると，憲法13条が保障する，個人の人格尊重・個人の尊厳から生み出されるものです。ヘイトスピーチは，憲法13条が保障する，個人の人格尊重・個人の尊厳にそぐわないから，ヘイトスピーチを発する人にとって自己実現であるとしても，憲法上，手厚い保護を与えることはできない，という議論が成り立つ余地があります。

　次に，自己統治の価値に関して，ヘイトスピーチは，被害者の人格を深く傷つけます。その結果，在日コリアンが，在日コリアンであることを明らかにしたうえで，日本社会でオープンに，さまざまな意見を述べることが困難になります。先に，ヘイトスピーチに沈黙効果があるという議論を紹介しました。ヘイトスピーチの被害者は，ヘイトスピーチによって「沈黙」させられると，ヘイトスピーチに対する反論（対抗言論）だけでなく，それ以外の言論も，発することが困難になる可能性があります。

　自己統治の価値は，「人々が，他者に意見を伝え，他者の意見を数多く聞いて，意見交換することによって，よりよい民主主義・政治参加が可能になる」という発想に基づくものです。ヘイトスピーチの被害者は，ヘイトスピーチによって「沈黙」させられると，自ら発言し，政治参加することが困難になります。被害者以外の人々にとっても，被害者の意見をもしっかりと聞いたうえで，政治的な判断をすることが困難になります。このように，ヘイトスピーチは，多くの表現活動と異なり，自

己統治の価値が乏しいから，憲法上，手厚い保護を与えることはできない，という議論が成り立つ余地があります。

【吉原裕樹】

10 講__集会・結社の自由 ·····························

❖Topic 10__ロックライブを禁止するのは合憲か？
　私は，周りの友達や大人とうまく馴染めず，悩み苦しんでいた。ある日，ロックミュ
ージックと出会いその刺激的な魅力に惹かれた私は，自分の思いをのせた歌を自作する
ようになった。以前より，近所のⅠ公園では，多くの若手ミュージシャンがライブをし
ていたので，私も同じようにライブをするようになった。何回かライブをするうち，ファ
ンもついて，気の合う音楽仲間も増えた。ファンや音楽仲間との交流は，いまや，私
にとってかけがえのないものとなっている。しかし，ある日，Ⅰ公園に「公園内での演
奏や騒音を出す活動は一切禁止します」との貼り紙がされ，音楽仲間の中には，警察に
ライブを中止させられた人もいる。報道によると，少し前から，騒音についての苦情や，
なかでもロックスタイルの音楽や歌詞が恐ろしいという声が地域住民から寄せられてい
たそうだ。確かに，ロックは少し過激で，反社会的なところがあるかもしれない。でも
だからこそ私は救われ，人生を楽しめるようになった。ロックをよく思わない人が多い
からといって，なぜ私が我慢しなきゃいけないの？

▸§1__「集会・結社の自由」の性格

　憲法21条は，「集会，結社及び言論，出版，その他一切の表現の自由」を保障し
ています。ここで保障されている表現活動は多岐に及びます。21条の保障内容を
よりよく理解するために，ここで保障される多様な表現活動を，個人によってなさ
れるものか，複数人でなされるものかという観点で区別して考えてみましょう。
　21条で保障される表現活動のうち，「言論，出版，その他一切の表現」は，複数
人で行うことも可能ではあるものの，一人で行うことが想定されている表現活動で
す。一方，「集会，結社」は，他の人とのコミュケーションを本質的に必要とする活動，
あるいは，そのコミュニケーションそのものを目的とする活動であり，一人で行う
ことが不可能な表現活動です。
　「集会」と「結社」は，複数人が共通の目的をもって集まるという点で共通して
いますが，実際に集まる機会をもつかどうかという点で区別されています。すなわ
ち，集会は，まさに，特定の企画のためにメンバーが集まることを指しますが，一
方の結社は，ある一定の人々が当該グループのメンバーとして結束している状態の

ことを意味するのであり，特定の企画のために実際に集まる機会をもつことは必須の要素ではないと考えられます。

　本講のトピックである音楽ライブは，ファンや仲間と実際に集まり，そこでのコミュニケーションを通して連帯感を高め，互いに感性を刺激し合うという活動であることから，「集会」にあたるものと考えられます。なお，芸術活動を通して自分の想いを表現するというアーティスト個人の表現活動は，「言論，出版，その他一切の表現」に含まれるものですが，このような個人の表現活動については09講を参照してください。本講では，ファンや仲間たちとコミュニケーションするという，個人的な表現活動にはない「集会」に独自の側面に焦点を絞って検討します。

▶§2__ 集会の意義とその規制

　さて，一度冒頭の事例から離れて，集会の自由について一般的な説明をしておきましょう。憲法は，なぜ，言論や出版などの個人が行う表現活動とは別に，集会の自由を保障しているのでしょうか。それは，集会には，以下のように，個人の表現活動にはない独自の意義があると考えられるからです。

　第一に，他の人と共に活動することは，私たち自身の成長や幸福のために必要なものであると考えられます。自分と志を同じくする人々と，互いに信頼しあえる関係を築くことや同じ目標に向かって共に活動するという経験は，私たちに大きな充実感や達成感を与え，日々の生活や人生に活力を与えてくれるでしょう。

　第二に，他者とのコミュニケーションを通じて，自分の視野を広げることができると考えられます。一緒に活動する仲間は，自分とは異なる人格を持った他者であり，生まれ育った環境や物の見方も異なっていることでしょう。自分とは全く異なる境遇や考え方をもつ人々と対話し，その人の世界を知ることで，独りよがりではない，より公平な考え方ができるようになっていくことが期待できます。

　第三に，複数人で行われる表現活動が社会に与えるインパクトは，個人の表現活動よりも大きいと考えられます。これはデモ活動などの政治的集会の場合に顕著に現れる特徴です。私たちは，活字などの表現方法を通して，他の人の主張や考え方に触れることもできます。しかし，多数人が一丸となって1つの表現活動に従事する姿を実際に目にすることで，文字などでその主張を目にした場合よりも強く，その主張の達成のために努力している人たちの存在が印象づくのではないでしょうか。そのような姿を目にすることは，その主張に賛同している人たちにとっては非常に心強く思われるでしょうし，その他の人々にとっても，その人たちが一定の覚悟をもって時間や労力を割いていることを知ることで，その主張に真摯に向き合う

必要性を感じる機会になるでしょう。

　このように，集会には，個人での表現活動にはおさまらない独自の意義があります。しかし，人が集まるという集会の独自性は，その魅力であるばかりでなく，以下で見るように規制の理由ともなります。集会を行うには，それなりの広さの場所を必要とします。1人でSNSに投稿するならばスマートフォンがあればどこでも良いですし，お友達とのおしゃべりであればカフェなどに入れば十分でしょう。しかし，何十人，何百人，ときに何万人という人が集まるようなイベントを開催するためには，そのための場所が必要になります。よほどの財力がなければ，自分自身の土地や建物を使って大規模な集会を開催することは困難です。そうなれば，多くの人にとって，公民館や公園，道路上など，公共の場所を利用するというのが現実的な選択となるでしょう。

　一方，公園や道路などは，もともとは集会のためにつくられた場所ではなく，公園であれば静かな環境をつくる目的で作られている場合もあるでしょうし，道路は円滑な交通を目的としてつくられたものです。もし，公園や道路などといった場所で無制限に集会が行われるとすれば，公園や道路などがその本来の目的を果たすことは困難になってしまいます。

　このようなところから，集会の自由については一定の制限がなされることは仕方のないことであると考えられており，現実としてもさまざまな制限がなされています。たとえば，デモ活動を公道で行うためには，事前に警察に対して届出を出して許可をもらう必要がある場合がほとんどですし，音楽ライブでも，公道上で行う場合には警察に対して，公園で行う場合には国や都道府県，市町村などの管理権者に対して申請をして許可をもらう必要があります。こうした集会に関するさまざまな制限は，道路交通法という法律や，各都道府県の条例などによって定められているものですので，皆さんも，ぜひ一度，自分の住んでいる地域にはどのような決まりがあるのか調べてみてください。

▸§**3**＿集会を保護するための理論

　集会について一定の制限が認められるとしても，集会が，独自の意義を持っていることを踏まえるならば，十分な理由なく公権力が介入し，過度に規制することは許されないと考えるべきでしょう。そのため，今日の憲法学においては，集会の自由の保護と制限の良いバランスを探るための理論を構築するため，活発な議論が展開されています。ここでは，代表的な議論を2つに絞って紹介します。

▶▶1 パブリック・フォーラム論

前述の通り，私たちが集会しようと考えるとき，有力な選択肢として考えられるのは公共の施設や公園，公道などです。通常，これらの場所については，国や地方公共団体，警察など，公権力が管理権を持っていますが，もし，その管理権が，私たちが自分の家に対して行使するのと同様に無制限に行使されるとすれば，「この集会の内容は気に入らないから」などの理由で，その場所での集会の開催を拒否しても良いことになってしまいます。もしそれが許されるとすれば，公共の場所で集会をするためには，公権力の意向に沿って集会の内容を変えるなどする必要があることとなり，私たちが，自分の好きな内容で自由に集会を行うことは困難になってしまいます。これでは集会の自由は絵に描いた餅になってしまうでしょう。

このような，表現活動を行う「場」とそれに対する管理権の問題に着目し，その観点から，集会の自由の保護と制限の良いバランスを探ろうとする理論が，アメリカの判例理論から発展した**パブリック・フォーラム論**というものです。

このパブリック・フォーラム論は，国や市などの公権力が管理する土地や施設を，①**伝統的パブリック・フォーラム**，②**指定的パブリック・フォーラム**，③**非パブリック・フォーラム**に分類して考えます。①の伝統的パブリック・フォーラムは，道路や公園など，長い間市民によって，集会のための場として利用されてきたような場所を言います。②の指定的パブリック・フォーラムは，公会堂や市民会館など，そもそも集会を目的として建てられ，そこで集会されることが最初から想定されている施設のことを指します。そして，③は，①や②には当てはまらない公共の土地，施設のことを指します。

パブリック・フォーラム論によれば，①や②に当てはまるような土地・施設は，その性質上，集会に特に適した場所であり，それゆえに，集会の自由を特に強く保護すべき場所であるということになります。そして，公権力が，①や②において集会を規制するためには，③においてよりも強い正当化理由が求められることとなります。

▶▶2 敵対的聴衆の法理

次に，**敵対的聴衆の法理**を紹介します。こちらもアメリカの判例から発展したものです。

集会などが公権力によって制限される際，その制限を正当化する理由として典型的に示されるのは，その集会に場所を提供してしまうと，その地域の安全や平穏が奪われる可能性があるというものです。集会を主催するグループの思想や主張に反対している敵対グループが，その集会の開催や成功を阻止するために，妨害行為を

行ったり，時には実力に訴えたりする可能性があり，それゆえに集会の開催を許可することは危険だということです。

たしかに，安全や平穏は，法的な保護に値する重要な価値です。しかし，自分たちとしては平和な形で集会をして，仲間うちで意見交換やイベントの企画などをしたいだけなのに，反対グループの存在という，自分たちには対処しがたい要因で集会の開催が困難になるとすれば，暴力的な行為をほのめかすことによって，気に入らない他のグループの集会を妨害することが可能であることとなり，それでは，集会の自由が十分な保障を受けているとは言いがたい状況でしょう。

このようなところから発展したのが敵対的聴衆の法理です。この理論によれば，ある人やグループが，自身としては合法的な方法で表現活動をしようとしているとき，公権力は，当該表現活動を保護するための合理的な努力をしなければなりません。たとえば，あるグループが主催する集会に対して敵対グループが襲撃する可能性がある場合，公権力は，会場に警備のための警察を配置するなどの積極的な対策をして，できる限り集会の開催を許可する必要があります。そして，そのような可能な対応をしてもなお発生する危険を抑えられない場合にはじめて，集会の開催を禁止することができることになります。

▶ §**4**__ 判例では？

ここまで，憲法学において発展した2つの理論を見ましたが，判例では，集会の自由の保護と制限は，どのようなバランスが良いとされているのでしょうか。

現状では，パブリック・フォーラム論や敵対的聴衆の法理を採用する旨を明示的に述べた判例は存在しませんが，そのような考え方を背景にしていると考えられているのが，**泉佐野市民会館事件判決**（★最判平成7〔1995〕・3・7民集49巻3号687頁）です。この事件の概要は次の通りです。

市立泉佐野市民会館を集会のために使用したいと考えた原告らは，この市民会館の利用に関して定めた市立泉佐野市民会館条例（以下，「本件条例」）に基づいてホールの使用許可申請をしました。しかし，この申請を許可するかどうかについて決定権限を持っていた市総務部長は，この集会の主催者は，実は，この申請の直後に連続爆破事件を起こした過激な活動をしている集団の1つであり，このような団体に対して市民会館のホールを使わせてしまっては，周辺住民の平穏な生活が脅かされたり，対立する団体が来て混乱が生じたりするのではないか，と考えました。そして，市民による利用を拒否すべき事由を定めている本件条例7条のなかの「公の秩序をみだすおそれがある場合」，及び，「会館の管理上支障があると認められる場合」

に該当するとして，本件申請を不許可とする処分を行いました。これに対して，原告らは，本件条例とそれに基づく本件不許可処分は憲法21条に反すると，訴訟を提起したのです。

　これに対して，裁判所は，まず，「地方公共団体の公の施設として，本件会館のように集会の用に供する施設が設けられている場合，住民は，その施設の設置目的に反しない限りその利用を原則的に認められることになるので，管理者が正当な理由なくその利用を拒否するときは，憲法の保障する集会の自由の不当な制限につながるおそれが生ずる」のであり，そして，「集会の用に供される公共施設の管理者は，当該公共施設の種類に応じ，また，その規模，構造，設備等を勘案し，公共施設としての使命を十分達成せしめるよう適正にその管理権を行使すべきであって，これらの点からみて利用を不相当とする事由が認められないにもかかわらずその利用を拒否し得るのは，利用の希望が競合する場合のほかは，施設をその集会のために利用させることによって，他の基本的人権が侵害され，公共の福祉が損なわれる危険がある場合に限られるものというべきであ」る，としました。

　このように，裁判所は，複数の利用申込みがかち合ってしまった場合などには，どれか1つに許可を出して，ほかの申込みを断る必要があり，それは仕方ないことだとしつつ，そのような場合を除けば，市民による会館の利用を拒否できるのは，その利用を許可することによって他の人の基本的人権が侵害される危険がある場合に限定されるべきであるとしました。

　加えて，その危険の程度については「単に危険な事態を生ずる蓋然性があるというだけでは足りず，明らかな差し迫った危険の発生が具体的に予見されることが必要であると解するのが相当」としました。すなわち，単に「なにか怖いことが起きそうな状況だな」とぼんやり抽象的に思われるだけで利用拒否することは許されず，どのような危険な状況がどのようにして起きるのか，具体的に想像できるほどに切迫した状況でなければ利用拒否してはならないとしたのです。

　このように，この判決では，集会のために施設利用を許可するのがあくまで原則であり，利用拒否できる場合はかなり狭く限定されるべきことが示されています。このような考え方は，判旨にもあるように，市立泉佐野市民会館が，もともと集会のためにつくられた施設であるという事情から導かれています。つまり，集会のためにつくった施設なのだから，集会目的での利用は原則認められるべきという理屈であり，「パブリック・フォーラム」という用語こそ出ていませんが，それに大きく重なる考え方が現れているといえるでしょう。

　判旨に戻ります。裁判所は，前述の部分につづけて，「主催者が集会を平穏に行おうとしているのに，その集会の目的や主催者の思想，信条に反対する他のグループ等がこれを実力で阻止し，妨害しようとして紛争を起こすおそれがあることを理

由に公の施設の利用を拒むことは，憲法21条の趣旨に反する」としました。

　結局，本件に関しては，集会の主催者団体が，他の団体と過激な対立抗争をつづけていたことなどからして，グループの構成員や，会館職員，通行人や付近住民の生命，身体，または財産が侵害される事態が生じる危険性が具体的に明らかに予見される，と判断されて，本件条例や不許可処分は憲法21条に反するものではない，と示されました。しかし，このような判断を裏返せば，本件ほどに危険性が高く予見されないようなケースについて，すなわち，警察に警備を依頼することによって危険の発生を回避できるようなケースであれば，会館の利用を拒否してはならない，と理解することが可能です。ここでも，「敵対的聴衆」という用語は出てきていないものの，それと同旨の考え方が示されているといえるでしょう。

▶§5＿ 集会の保護と制限のよりよいバランスのために

　本講のトピックを，ここで紹介した理論や判例などを踏まえて再度検討してみましょう。

　まず，パブリック・フォーラムの観点から考えましょう。Ｉ公園では，もともと，多くのアーティストが活動してきた歴史があり，より一般的に考えても，公園は，世界各国において音楽や絵画などの芸術活動の場として利用されることが多い場所であり，静かな空間を絶対的に保持すべき空間というよりも，人と人の出会いを楽しみ，私たちの情緒を刺激してくれるような出来事に出会う場所だと考えることもできそうです。このように考えてみると，Ｉ公園は「伝統的パブリック・フォーラム」に該当し，ここでは特に強く集会が保護されるべきであると考える余地がありそうです。

　つぎに，敵対的なグループとの抗争の存在が認められ，それを理由としてライブが一律禁止となっているような場合には，「敵対的聴衆の法理」の観点から，警備員の数を増やすなどして，平和なライブ活動を続けられるような環境を整えてほしいと要求することが考えられそうです。

　また，泉佐野市民会館事件の判旨から考えてみると，集会に対して場所の提供を拒否できるのは，「明らかな差し迫った危険の発生が具体的に予見される」場合です。音楽による騒音やロックスタイルの音楽が，地域住民に多少の疎ましさや不安を覚えさせるものであるとしても，実際に暴力的な事件が起きているなどの事情はありませんので，集会の一律禁止を正当化するほどの具体的な危険はないように思われます。

　最後に，集会の保護と制限の良いバランスを考えるために紹介したいのが，東京

都武蔵野市にある井の頭恩賜公園の取り組みです。井の頭恩賜公園は，多くのアーティストたちが音楽活動や大道芸などを活発に行っていることでも有名な公園で，そこを訪れる人々も，芸術との思いがけない出会いを楽しんでいるようです。そんな井の頭恩賜公園では，2006年以降，「井の頭公園アートマーケッツ」という名前で，音楽や大道芸，手芸作品などの出展を年間登録制で認めるという方法で，芸術活動への支援を制度化しています。

　公園が芸術家の活動を公的に承認するという制度は，安らぎの場としての公園と，表現活動のための場としての公園とを両立させる試みとして積極的に評価すべきものであると考えられます。一方で，仮にこの制度が，公園の管理権者が好ましく思う芸術家だけに登録を認めるなど恣意的な方法で運用されてしまえば，むしろ，表現活動への公権力の介入を広く許す制度に変質してしまうことにもなりかねませんから，その運用が適切になされているかについては十分注意が必要です。

　井の頭恩賜公園のような積極的な取り組みをしている公園は，現状では多くはありません。このような取り組みをすべきかどうか，取り組みをするとしてもそれをどのように運用するべきなのか，集会の保護と制限の良いバランスについて考えるべき時が来ているのではないでしょうか。

【田中美里】

11 講＿ 学問の自由 ....

❖Topic 11＿日本学術会議の任命拒否事件は，学問の自由とは無関係か？

　2020年秋，一般市民の大多数がその存在すら知らなかったであろう「日本学術会議」という団体が，一気に世間の注目を浴びることとなった。日本学術会議が会員候補者として推薦した研究者のうち6名を首相が「任命拒否」するという事件が発生し，連日ニュース等で大々的に取り上げられたのである。

　研究者の大多数は，この任命拒否を「学問の自由に対する侵害」だと批判している。他方，政府は，任命拒否された6名は，日本学術会議の会員にならずとも所属大学で自由に研究や教育を行えるのだから，任命拒否は学問の自由とは無関係だと反論している。一体，どちらの言い分が正しいのだろうか？

▶§1＿「学問の自由」とは？

▶▶1　一般的なイメージとのズレ

　憲法23条は，「学問の自由は，これを保障する」と規定しています。「学問の・自由はこれを・保障する」という五・七・五調で読める珍しい条文です。季語は欠けていますが，「学問の秋」という言葉がありますから，強いていえば秋の句でしょうか。学問の自由に関する大議論を巻き起こした日本学術会議問題が生じたのも，皮肉なことに，学問の秋でした。

　憲法23条は，とても短くてシンプルな条文ですが，その保障内容は決してシンプルではありません。それどころか，学問の自由は，憲法が保障している様々な人権のなかで最も理解しづらい権利だといっても過言ではありません。その原因は，憲法23条の保障内容と，学問の自由に関する一般的なイメージとが，大きくずれていることにあります。

　おそらく，学生のみなさんが「学問の自由」と聞いてすぐに思い浮かべるのは，大学で授業を受けて勉強する権利でしょう。しかし，学校で授業を受けられることは，教育を受ける権利（憲法26条1項）によって保護されていますので，重ねて学問の自由で保護する必要は特にありません。教育を受ける権利というと，小中高校等での初等中等教育をイメージしがちですが，大学等での高等教育もその対象に含

まれます（☞**16講__教育を受ける権利**）。

　そうすると，みなさんが次に思い浮かべるのは，図書館で学術書を読んで研究することや，研究の成果を論文にまとめて発表することでしょう。こうした研究や研究発表という行為は，間違いなく学問的活動ですので，学問の自由によって保護されます。しかし，よく考えてみると，本を読んで考える行為は思想・良心の自由（憲法19条），論文を発表する行為は表現の自由（憲法21条）によっても保護されます（☞**07講__思想・良心の自由，09講__表現の自由**）。それならば，あえて学問の自由を持ち出す必要性は低いように思われます。

　このように，学問の自由と聞いて一般にイメージされる行為は，いずれも，憲法上の他の人権によっても保護されうるものです。したがって，それらは学問の自由の核心をなすものとはいえません。

▶▶2　学問の自由の意義

　では，学問の自由とは，結局のところ，どのような権利なのでしょうか。憲法が教育を受ける権利，思想・良心の自由，表現の自由などの人権とは別に，学問の自由を保障した意味は，どこにあるのでしょうか。

　東大ポポロ事件判決（★最大判昭和38〔1963〕・5・22刑集17巻4号370頁）という判例によれば，学問の自由の内容は，①**研究の自由**，②**研究発表の自由**，③**教授の自由**（教育内容を決定する権利のことで，教育の自由とも呼ばれます）の3つです。このうち教授の自由は，教育を職務とする教員にしか保障されない権利ですが，研究の自由および研究発表の自由は，広く国民一般に保障されます。なお，**旭川学力テスト事件判決**（★最大判昭和51〔1976〕・5・21刑集30巻5号615頁）は，大学教員のみならず，小中高校等の教員にも教授の自由が（限られた範囲で）保障されることを認めています。

　しかし，前述のとおり，研究の自由は思想・良心の自由，研究発表の自由は表現の自由によっても保護されるはずです。ならば，なぜ学問の自由が独立した権利として保障されているのか。その主な理由は，大学教員等の研究者に特別な自由を認めるという点に求められます。東大ポポロ事件判決も，「〔憲法23条〕が学問の自由はこれを保障すると規定したのは，一面において，広くすべての国民に対してそれらの自由〔研究の自由および研究発表の自由〕を保障するとともに，他面において，大学が学術の中心として深く真理を探究することを本質とすることにかんがみて，特に大学におけるそれらの自由を保障することを趣旨としたものである」と述べています。

　それでは，大学教員等に特別な自由を保障するとは，具体的にはどのようなことを意味するのでしょうか。教授の自由が大学教員等にしか保障されないことは前述のとおりですが，それ以外に何か特別な自由が認められるのでしょうか。この点，

判例の見解は必ずしも明らかではありませんが，有力な学説は次のように説いています。

　まず，本格的な研究活動には，莫大な資金が必要です。特に理系では，何億円もする設備がなければ成り立たない研究も少なくありません。そのため，研究者は，よほどの大金持ちでもない限り，大学等の研究機関（より厳密には，その設置者である学校法人等）に雇われ，給与・研究費・研究施設等を提供されて初めて，本格的な研究活動に従事できます。

　しかし，大学等に雇われて研究活動をするとなると，雇い主が有する様々な権限によって，研究者の学問の自由が圧迫されるおそれがあります。たとえば，雇い主が従業員の職務内容を決定するとか，命令に背いた従業員を解雇するということは，通常の労働関係では当然に認められる雇い主の権限ですが，これが大学での研究活動にも妥当するとなると，研究者の学問の自由は消失してしまいます。教員の研究テーマを大学が指示するとか，大学にとって都合の悪い研究成果を発表した教員を解雇するといったことがまかり通ると，大学教員は自由に研究活動を行うことができません。

　そこで，大学等が雇い主として有しているはずの権限を制限し，大学教員等の研究者が研究活動を自由に行えるようにすることが必要であると考えられます。このような，他人に雇用されていながら，その職務について雇い主から命令を受けない権利というものは，思想・良心の自由や表現の自由から導けるものではありません。その意味で，これはまさに特別な自由です。

　以上のとおり，憲法が学問の自由を保障した主な理由は，大学教員等の研究者に特別な自由を認める点にあり，その特別な自由とは，大学等の研究機関に雇われている研究者が雇い主の権限によって制約されることなく研究活動を行うことができる自由を意味する，というのが有力な見解です。要するに，学問の自由は，公権力が立法や行政によって研究活動に介入することはもちろん，大学等が雇い主としての権限を行使して研究活動に介入することもまた禁止しているのであり，後者の点に他の人権ではカバーできない固有の権利内容が認められる，というわけです。

▶§2＿大学の自治

▶▶1　大学の自治の意義

　大学は研究者が本格的な研究活動を行うために不可欠な研究機関ですから，その運営には自律性が求められるべきであり，公権力による介入は厳格に禁じられなけ

ればなりません。大学運営に関する様々な事項について，公権力の介入を受けず，大学自身が自律的に決定できることを，「**大学の自治**」といいます。憲法23条は学問の自由を保障するとともに，それを確保するために大学の自治も保障している，というのが通説です。

東大ポポロ事件判決も，「大学における学問の自由を保障するために，伝統的に大学の自治が認められている」とし，「この自治は，とくに大学の教授その他の研究者の人事に関して認められ」，「大学の施設と学生の管理についてもある程度で認められ〔る〕」と説いています。つまり，大学の自治の内容として，教員人事の自治と施設・学生管理の自治を認めたわけです。ここでは明示されていませんが，大学の本務である研究や教育についても，大学の自治は当然に認められるでしょう。また，学説では，予算の使い道などに関する財政上の自治も認められるという見解が有力です。

東大ポポロ事件判決が，「とくに」教員人事に関して大学の自治が認められると述べているように，大学の自治の中核は教員人事の自治であると考えられています。というのも，歴史的にみて，学問の自由に対する抑圧は，教員人事という手段を用いて行われることが多いからです。戦前の日本でも，京都帝国大学総長・澤柳政太郎が不適任とみなした7名の教授らを辞職させた**澤柳事件**（1913年）や，文部大臣が京都帝国大学教授であった刑法学者・瀧川幸辰に対して休職処分を下した**瀧川事件**（1933年）など，教員人事によって学問の自由が抑圧される事件が頻発しました。

他方，戦後の日本においては，施設・学生管理の自治に関する事件も少なからず発生しました。特に訴訟で争われることが多かったのは，警察官の大学内への立ち入りが施設管理の自治を侵害しないか，という問題です。この点について，**愛知大学事件判決**（★名古屋高判昭和45〔1970〕・8・25刑月2巻8号789頁）という裁判例は，「学内立入りの必要性の有無」を「警察側の一方的（主観的）認定」に委ねることは「大学の自主性」を損なうおそれがあるため，「緊急その他已むことを得ない事由ある場合を除き，大学内への警察官の立入りは，裁判官の発する令状による場合は別として，一応大学側の許諾または了解のもとに行うことを原則とすべきである」と説いています。

▶▶2　大学の自治の主体

前述のとおり，大学の自治は，大学運営に関する様々な事項について，大学自身が自律的に決定できることを意味します。もっとも，大学が自律的に決定を下すといっても，大学には教員，事務職員，学生など様々なメンバーが含まれています。そのため，大学内で実質的な決定権を有する者，すなわち「大学の自治の主体」は

誰なのかが問題となります。

　この点，通常の団体であれば，実質的な決定権を有するのは団体のトップです。大学でいえば，理事会ないし理事長（私立学校法36条・37条）や学長（学校教育法92条3項）がこれにあたります。しかし，憲法が大学教員に対して雇い主の権限からの自由を与えており，それを確保するために大学の自治が保障されているとすれば，雇い主側である大学のトップが自治の主体となるのはおかしいでしょう。研究者の学問の自由を確保するためには，学問の専門家による学術的判断に基づいて大学を運営することが重要です。こうした理由により，通説は，教員集団である「教授会」が大学の自治の主体であると解しています。このように教授会が主体となる大学の自治を，「**教授会自治**」と呼びます。

　教授会自治は，理事長など雇い主側の権限を制約するだけでなく，大学に雇われている事務職員や，大学教育の受け手である学生の権限も制約することになります。東大ポポロ事件判決も，「大学の学問の自由と自治は，大学が学術の中心として深く真理を探求し，専門の学芸を教授研究することを本質とすることに基づくから，直接には教授その他の研究者の研究，その結果の発表，研究結果の教授の自由とこれらを保障するための自治とを意味する」のであり，「〔学生が一般国民〕以上に学問の自由を享有し，また大学当局の自治的管理による施設を利用できるのは，大学の本質に基づき，大学の教授その他の研究者の有する特別な学問の自由と自治の効果としてである」と説いています。

　ちなみに，これまで何度も登場している東大ポポロ事件とは，東京大学公認のサークルである「劇団ポポロ」が，ある冤罪事件を素材にした演劇発表会を行ったところ，警備情報を収集する必要があると考えた警察官らがその教室に立ち入った，という事件です（それに気づいた学生が警察官に激しく詰め寄った結果，学生の方が暴力行為等処罰に関する法律違反で起訴されました）。最高裁は，先に引用した説示に続けて，「学生の集会が真に学問的な研究またはその結果の発表のためのものでなく，実社会の政治的社会的活動に当る行為をする場合には，大学の有する特別な学問の自由と自治は享有しない」と解したうえ，冤罪事件のカンパなどを行っていた本件集会（演劇発表会）は，実社会の政治的社会的活動というべきものであるから，大学の自治による保護を受けない，と判断しました。

▶ §3＿ 研究者の独立

▶▶1 教授会自治の揺らぎ

このような教授会自治は，日本国憲法によって学問の自由が保障されるよりもずっと前から，ある程度認められていました。先に紹介した澤柳事件の際，文部大臣が事件を収束させるために教授会自治を公認したのです。ただ，その保障は盤石なものではなく，瀧川事件のように教授会自治が侵害される事件も生じました。

こうした歴史を踏まえて，戦後は教授会自治が法的根拠を得ました。**教育公務員特例法**という法律で，「教員の採用及び昇任のための選考は，……教授会の議に基づき学長が行う」と規定され，教員人事の実質的な決定権が教授会にあることが示されたのです。また，2014年改正前の**学校教育法**も，「大学には，重要な事項を審議するため，教授会を置かなければならない」と定めており，教授会に「重要な事項を審議する」権限を認めていました。そのため，教育公務員特例法が適用されない私立大学においても，国公立大学と同様に教授会自治が認められました。

ところが，2000年代に入ると，教授会自治の保障が大きく揺らぐこととなります。まず，2004年以降，すべての国立大学と多くの公立大学が法人化され（**国公立大学法人化**），それらの教員が「公務員」ではなくなった結果，教育公務員特例法が適用されなくなりました(法人化されていない公立大学の教員にのみ適用されます)。また，2014年に学校教育法が改正され，「重要な事項を審議するため」という教授会の設置目的が削除されるとともに，「決定を行う」のは「学長」であり，「教授会」は学長に「意見を述べる」にとどまる，と定められました（同法93条)。つまり，教授会ではなく学長が大学運営の決定権を有するということが明記されたわけです。「**大学ガバナンス改革**」と呼ばれるこれらの法改正は，学長のリーダーシップを確立して，各大学が自主的に改革を進められるようにしよう，という意図で行われたものでした。

こうした大学ガバナンス改革は，学説から，教授会自治を保障した憲法23条に抵触するものであると批判されています。特に前出の学校教育法93条については，憲法23条に違反する疑いが強く，仮に合憲であるとしても，学長は決定を下す際に教授会の意見を十分に尊重する義務があると解すべきである，という見解が有力です。

▶▶2 教授会の自治から研究者の独立へ？

他方で，近年は，憲法23条が教授会自治を保障しているという通説を疑問視す

る学説も登場してきました。そうした近時の学説は，下記のとおり，教授会自治は，大学の自治という観点からみても，研究者の学問の自由という観点からみても，大きな問題を孕んでいると指摘します。

第一に，大学の自治という観点からは，教授会自治は，大学の多様なメンバーのうち教員だけを自治の主体としており，学生や事務職員に対して大学運営への参加権を認めない点で非民主的であり，民主的統治を意味する「自治」の名に相応しくないとされます。実際，大学制度の発祥の地であるヨーロッパでは，学生や事務職員が大学の自治の主体であることは共通認識となっており，大学運営に学生代表や事務職員代表が関わっています。

第二に，研究者の学問の自由という観点からは，学問の専門家による学術的評価に基づいて教員人事等を行うことが重要ですが，この点でも教授会自治は不十分だとされます。たとえば，法学部を設置していない大学の経済学部が憲法の教員を採用する場合，教授会自治を前提にすると，経済学者が憲法学者の研究業績を評価することになりますが，これは専門家による学術的評価とはいいがたい，と指摘されています。

近時の学説は，以上のような問題点を踏まえて，憲法23条は教授会自治ではなく「**研究者の独立**」（あるいは「学問共同体の自律」）を保障している，と解する傾向にあります。研究者の独立とは，司法の独立（☞**26講**＿裁判官の自由）に似た概念で，法的判断を法律の専門家である裁判官に委ねるように，学術的判断を学問の専門家である研究者に委ねることを意味します。

研究者の独立は，教授会自治のように大学運営のすべてを研究者（教授会）に委ねるのではなく，ただ研究や教員人事等の学術的事項だけを研究者に委ねます。そのため，すべてのメンバーを大学の自治の主体として認め，学生や事務職員にも大学運営への参加権を与えることが可能です。

また，研究者の独立は，教授会自治とは異なり，学術的判断を行うべき「学問の専門家」を教授会に限定しません。他大学の教員など，学外の研究者が教員人事等に関わることも認めます。そのため，たとえば憲法の教員を採用する際に，学内に憲法学者がいないのであれば，他大学に勤める憲法学者らに研究業績の評価を行ってもらうことも可能です。

研究者の独立は，公権力による研究活動の規律を斥けますが，だからといって研究者に学問の自由の「濫用」を許すわけではありません。司法の独立のもとでは，司法部自身が裁判のあり方を規律するように，研究者の独立のもとでは，研究者の集まりである「学問共同体」自身が研究活動を規律します（これが「**学問共同体の自律**」という概念です）。

▶ §4＿ 日本学術会議の任命拒否事件

　最後に，これまで学んできた知識を活用して，本講のトピックである日本学術会議問題について考えてみましょう。

　憲法23条が個人（特に大学教員）の学問の自由と大学の自治のみを保障しているという従来の通説を前提にした場合，日本学術会議会員の任命拒否を違憲と断じることは，実は容易ではありません。まず，会員候補者らは，日本学術会議の会員にならずとも，所属大学等で自由に研究や教育を行うことができますから，任命拒否によって個人の学問の自由（研究の自由，研究発表の自由，教授の自由）が侵害されたと評価することは困難です。また，首相による任命拒否は，日本学術会議の人事権を制限するものといえますが，日本学術会議は大学ではありませんので，大学の自治の対象には含まれません。

　他方，近時の学説が主張している「研究者の独立」との関係では，日本学術会議会員の任命拒否は，憲法23条に抵触します。というのも，日本学術会議は，研究者の独立を守るうえで最も重要な役割を果たす機関の1つだからです。すなわち，日本のすべての研究者の「代表機関」（日本学術会議法2条）である日本学術会議は，学問共同体の自律を制度化したような機関であり，政府に対して「科学的助言」を行うことで，研究者の独立を損なう政策を抑制するとともに，すべての研究者が遵守すべき研究倫理を示すなどして，研究活動のあり方を規律しています。このような機関の人事に政府が介入し，政府にとって都合のよい人物ばかりがその会員となったならば，果実のなかに虫が入り込むように，研究者の独立はその内部から崩壊してしまうでしょう。したがって，政府による日本学術会議会員の任命拒否は，それを正当化する合理的理由が示されない限り，憲法23条に違反するものと解されます。

　以上のとおり，日本学術会議の任命拒否事件は，少なくとも近時の学説を前提とした場合には，学問の自由と決して無関係ではありません。

【堀口悟郎】

12 講＿ 職業選択の自由 ....

❖Topic 12＿銭湯が並び立つことはない，その法的な理由

　空前の「サウナブーム」により，銭湯の価値が再評価されてきている昨今であるが，地図アプリ等で銭湯を検索していると，ある不思議な事実に気づくはずである。それは，銭湯は必ず一定以上の距離をあけて設置されており，複数の銭湯が並び立つことはない，という事実である。

　これには，実は法的な根拠がある。「公衆浴場法」という法律が，公衆浴場（≒銭湯）の設置に距離制限を設けているのである。なお，具体的な距離は各都道府県が条例で定めることになっており，たとえば東京都では，原則として既設の公衆浴場から300m以上離さなければならないとされている。

　しかし，好きな場所で公衆浴場を営むことを妨げる距離制限規定は，公衆浴場業者の職業選択の自由（憲法22条 1 項）を侵害しないのだろうか？

▶§ *1*＿ 職業の自由

▶▶*1*　職業の価値

　本講では「職業選択の自由」について学びますが，これは学生のみなさんにも身近なことがらですよね。大学に通いながらアルバイトをされている方も多いでしょうし，大学 3 ・ 4 年生になると就活をする方が大多数でしょう。みなさんは，この職業というものについて，どんなイメージをおもちでしょうか。

　授業でこのような質問をすると，大体 3 種類の回答があります。

　第 1 に，職業というのは生計を立てるために必要なものだという回答。要するに，働いて給料をもらわないと生活ができないから就職するのだという職業観ですね。これは，おそらく多くの社会人が共有しているリアルな感覚でしょう。「あぁ，宝くじで 3 億円当たったら会社辞めるんだけどなぁ」と妄想するときに前提とされているのも，この職業観です。

　第 2 に，職業というのは自分らしい人生を送るために重要なものだという回答。これは，将来の夢は何ですかと聞かれて，「警察官です」とか「弁護士です」などと答えるときに前提とされている，自己実現をするために職業を選ぶという職業観

ですね。たしかに，基本的に週5日，毎日8時間くらいは仕事をするわけですから，自分らしい人生を送るために職業選びは重要ですね。

　第3に，様々な職業が存在して初めて社会が成り立つので，職業は社会にとって必要なものだという回答。これは，職業が果たしている機能を客観的に観察したような職業観です。少し斜に構えたような印象を受けるかもしれませんが，社会にとっては様々な職業が不可欠なのだということですから，「人は一人では生きていけない」とか「職業に貴賤はない」というリベラルな価値観を支える職業観ともいえるでしょう。

　これら3つの職業観は，どれが正しいというものではありませんし，相互に矛盾するものでもありません。つまり，職業は，生計を立てるためにも，自分らしい人生を送るためにも，社会を成り立たせるためにも重要なものだと考えられます。そして，このように様々な意味で職業が重要であるからこそ，その「選択」を人権として保障する必要があると考えられるわけです。

　実は，最高裁も，**薬事法事件判決**（★最大判昭和50〔1975〕・4・30民集29巻5号572頁）という判例のなかで，同じようなことを述べています。曰く，「職業は，人が自己の生計を維持するためにする継続的活動であるとともに，分業社会においては，これを通じて社会の存続と発展に寄与する社会的機能分担の活動たる性質を有し，各人が自己のもつ個性を全うすべき場として，個人の人格的価値とも不可分の関連を有するものである。右規定〔憲法22条1項〕が職業選択の自由を基本的人権の一つとして保障したゆえんも，現代社会における職業のもつ右のような性格と意義にあるものということができる」と。さすが最高裁，なんとも格調高い文章ですね。

▶▶2　職業遂行の自由

　薬事法事件判決は，先ほど引用した文章に続けて，「このような職業の性格と意義に照らすときは，職業は，ひとりその選択，すなわち職業の開始，継続，廃止において自由であるばかりでなく，選択した職業の遂行，すなわちその職業活動の内容，態様においても，原則として自由であることが要請される」と述べています。つまり，憲法22条1項には「職業選択の自由」と書かれているけれども，この条文は，職業を「選択」する自由だけでなく，選択した職業を「遂行」する自由まで保障しているのだ，と解釈しているわけです。なお，職業選択の自由と**職業遂行の自由**をあわせて「**職業の自由**」と呼びます。

　なぜ職業遂行の自由まで保障されるのかといえば，その理由は簡単で，遂行できない職業を選択したってほとんど無意味だからです。たとえば，消防士になれたとしても，火事が起きたときに消防車に乗って火を消しに行くことができなかったとしたら，ほとんど意味がないですよね（ただリアルな消防士のコスプレができるだけで

す）。ですから，職業選択の自由を保障するならば，職業遂行の自由もセットで保障しなければおかしい，と考えられるわけです。

　もっとも，職業の選択それ自体が制限されてしまう場合と，選択した職業の遂行が制限されるにとどまる場合では，職業活動に対する支障の程度，つまり職業の自由に対する制限の程度が異なります。たとえば，ラーメン屋を開業すること自体が制限される場合と，ラーメン屋の営業時間が夜10時までに制限される場合を比較すると，前者の方がずっと大きな権利制限だといえるでしょう。そのため，職業の自由に対する制限の合憲性を審査する際には，職業選択の自由に対する制限なのか，それとも職業遂行の自由に対する制限にとどまるのか，という点に着目することが必要です。

▶§**2**__規制目的二分論

▶▶**1**　規制目的二分論

　職業の自由や財産権（憲法29条）などの**経済的自由**については，かつて「**規制目的二分論**」という理論が有力に唱えられていました。今日では必ずしも通説とはいえない理論なのですが，その基本的な考え方はなおも重要ですので，詳しく説明することにしましょう。

　規制目的二分論は，その名のとおり，経済的自由に対する規制の目的を2つに分けます。1つは，社会的・経済的弱者の保護などの社会経済政策を内容とする「**積極目的**」，もう1つは，経済活動がもたらす弊害から人の生命・健康を保護するという「**消極目的**」です。積極目的規制の例としては，町の小さな商店を守るために大型スーパーの出店を制限すること，消極目的規制の例としては，食中毒を防ぐために飲食店に課される様々な制限が挙げられます。

　このように規制目的を分けるのはなぜかというと，どちらの目的にあたるかで，どれほど厳格に違憲審査を行うべきかが異なると考えられるからです。

　まず，積極目的規制の是非を判断するためには，社会経済の実態に関する正確な基礎資料をもとに，現実の社会経済に及ぼす影響や社会経済政策全体との調和などを検討しなければなりませんが，そのような検討は，法律を専門とする裁判所よりも社会経済政策を担う国会の方がずっと得意です。そのため，積極目的規制の合憲性については，裁判所は国会の判断を尊重して緩やかに審査すべきであり，具体的には，著しく不合理であることが明白な場合でない限りは合憲と判断すべきだとされます（**明白性の原則**）。規制の内容が「著しく」不合理であることが「明白」であっ

て初めて違憲と判断されるわけですから，これは極めて緩やかな違憲審査基準だといえます。

　他方，消極目的規制の必要性や合理性は，裁判所でも難なく審査することができます。というのも，不衛生な環境で調理をしたら食中毒になるおそれがあるとか，医師免許をもっていない人が手術をしたら患者の命が危ないということを理解するために，経済学の知見や政策的な判断などは不要だからです。そのため，消極目的規制の合憲性については，裁判所は国会に遠慮することなく踏み込んで審査すべきであり，具体的には，立法目的が重要であり，かつ，より緩やかな手段によっては規制目的を実現できない場合に限って合憲と判断すべきだとされます（**厳格な合理性の基準**）。

　以上のような規制目的二分論は，1970年代に下された2つの判例を説明するために，学説が考え出したものでした。その判例とは，**小売市場事件判決**（★最大判昭和47〔1972〕・11・22刑集26巻9号586頁）と，先ほども出てきた薬事法事件判決です。

　まず，小売市場事件では，小売市場（数多くの小売商店が並ぶ市場）の開設に都道府県知事の許可を要求する規制の合憲性が問題となりました。最高裁は，この規制について，「小売市場の乱設に伴う小売商相互間の過当競争によって招来されるであろう小売商の共倒れから小売商を保護するため」の積極目的規制と評価し，明白性の原則を適用して，合憲と判断しました。

　次に，薬事法事件では，薬局の開設に都道府県知事の許可を必要とし，許可条件の一つとして適正配置（既設の薬局から一定以上の距離があけられていること）を求める規制の合憲性が問題となりました。最高裁は，この規制について，「不良医薬品の供給」を防止して「国民の生命及び健康」を守るための消極目的規制と評価し，厳格な合理性の基準を適用して，違憲と判断しました。

　学説は，これら2つの判決を比較して，最高裁は，積極目的規制は明白性の原則，消極目的規制は厳格な合理性の基準によって合憲性を審査する，という規制目的二分論を採っているのだと理解したわけです。

▶▶2　規制目的二分論の揺らぎ

　規制目的二分論は，かつては通説的な見解でしたが，様々な問題点が指摘された結果，今日では必ずしも通説とはいえなくなっています。より厳密には，今日の通説は，規制目的二分論をベースにしつつも，その理論内容に修正を加えています。規制目的二分論にいかなる問題点があり，その内容がどのように修正されたのかを説明しましょう。

　第1に，規制目的二分論は，積極目的規制は明白性の原則，消極目的規制は厳格な合理性の基準というように，規制目的が積極か消極かという点だけで違憲審査基

準を決定しますが，このような決定方法は合理的ではありません。

　まず，規制目的は，常に積極と消極のどちらかにあたるものではありません。た
とえば，お酒を販売するのに免許を求める酒類販売免許制は，酒税という税金を確
実に徴収することを目的としていますが，この税金を確実に徴収するという目的は，
積極目的でも消極目的でもないでしょう。実際，**酒類販売免許制事件判決**（★最判平
成4〔1992〕・12・15民集46巻9号2829頁）は，これを積極目的でも消極目的でもなく「国
家の財政目的」と評価しています。

　ちなみに，この判決は，「租税法の定立については，国家財政，社会経済，国民
所得，国民生活等の実態についての正確な資料を基礎とする立法府の政策的，技術
的な判断にゆだねるほかはな〔い〕」ため，「著しく不合理なものでない限り，これ
を憲法22条1項の規定に違反するものということはできない」としたうえ，酒類
販売免許制を合憲と判断しています。ここで示された違憲審査基準は，「著しく不
合理」であれば違憲とし，それが「明白」であることまでは求めない点で，明白性
の原則よりは厳しい基準だといえます。

　また，違憲審査基準を決定する際に考慮すべき要素は，規制目的だけではありま
せん。特に，職業の選択それ自体を制限するのか，職業の遂行を制限するにとどま
るのかといった「**規制態様**」は，権利制限の程度に関わるため，必ず考慮すべき要
素だと考えられます。なお，この規制態様については，選択の制限か遂行の制限か
という分類にとどまらず，許可制ならば許可条件がどのくらい厳しいのか，営業時
間規制ならば何時から何時までの営業が禁止されるのかなど，その具体的な内容ま
で考慮することが必要です。

　第2に，規制目的二分論は判例の理解として考え出されたものですが，実は判例
も規制目的二分論をとってはいないと考えられます。要するに，昔の学説は判例を
正確に読めていなかった，というわけです。

　たとえば，薬事法事件判決は，規制目的が消極的であるということだけでなく，「職
業の許可制」は「単なる職業活動の内容及び態様に対する規制を超えて，狭義にお
ける職業選択の自由そのものに制約を課すもので，職業の自由に対する強力な制
限である」という規制態様なども考慮して，違憲審査基準を決定しています。

　また，**森林法事件判決**（★最大判昭和62〔1987〕・4・22民集41巻3号408頁）という判
例は，共有森林の分割請求を制限する規定について，「森林の細分化を防止するこ
とによつて森林経営の安定を図り，ひいては森林の保続培養と森林の生産力の増進
を図り，もつて国民経済の発展に資する」ための積極目的規制だと評価しつつも，
明白性の原則よりも厳格な違憲審査を行い，結論として違憲と判断しています（☞
13講「財産権」）。

　以上のような問題点を踏まえて，今日の学説では，規制目的はあくまでも1つの

考慮要素にすぎず，規制態様など他の要素も考慮して違憲審査基準を決定すべきだ，という見解が通説となっています。たとえば，消極目的規制であっても，職業遂行の制限にとどまる場合には，厳格な合理性の基準よりも緩やかな違憲審査基準（目的が正当であり，かつ，手段と目的の間に合理的関連性があることを求める「合理性の基準」など）でよいと考えられています。

　ただし，積極目的規制については，許可制のような強い権利制限であっても，かなり緩やかに合憲性を審査する，というのが判例の傾向です。最近下された，**あん摩マッサージ指圧師事件判決**（★最判令和4〔2022〕・2・7民集76巻2号101頁）も，「視覚障害者であるあん摩マッサージ指圧師の生計の維持が著しく困難とならないようにするため必要があると認める」ときは厚生労働大臣が「あん摩マッサージ指圧師に係る学校又は養成施設で視覚障害者以外の者を教育し，又は養成するもの」の認定を拒むことができるとする規定について，「障害のために従事し得る職業が限られるなどして経済的弱者の立場にある視覚障害がある者を保護する」という積極目的の規制であることから，「著しく不合理であることが明白な場合でない限り」は憲法22条1項に違反しないものというべきであると説き，これを合憲と判断しています。

▶ § *3*＿ 公衆浴場の距離制限

▶▶*1*　問題の所在

　最後に，これまで学んできた知識を活用して，本講のトピックである公衆浴場の距離制限について考えてみましょう。

　公衆浴場法は，公衆浴場業の経営に「都道府県知事の許可」を必要としたうえで，「都道府県知事は，公衆浴場の……設置の場所が配置の適性を欠くと認めるときは，……許可を与えないことができる」とし，「設置の場所の配置の基準については，都道府県……が条例で，これを定める」と規定しています。そして，たとえば東京都の条例は，「既設の公衆浴場と三百メートル以上の距離……を保たなければならないこととする」という基準を定めています（ただし，いわゆるスーパー銭湯は距離制限の対象外とされています）。

　このような公衆浴場の距離制限は，職業の自由を侵害し，憲法22条1項に違反するでしょうか。許可制自体は合憲であることを前提にして，許可条件の1つである適正配置規制（距離制限）の合憲性について考えてみましょう。

▸▸2　違憲審査基準の定立

　職業の自由を制限する法令の違憲審査基準については，かつては規制目的二分論が有力であったものの，今日では規制目的のみならず規制態様等も考慮すべきだという見解が通説でした。

　そこで，まずは規制態様を検討しましょう。距離制限という規制態様は，ただ公衆浴場の設置場所を制限するにとどまり，開業そのものを妨げるわけではありません。しかし，営業を行ううえで，店の設置場所は極めて重要です。たとえば，商店街など多くの人がいる場所や，駅・バス停の近くなどアクセスが便利な場所でなければ，多くのお客さんに来てもらうことは難しいでしょう。また，露天風呂を設置するならば，近くに高い建物がない場所でなければなりません。さらに，地域によって地価は大きく異なりますから，お財布とも相談して場所を選定する必要があります。

　このように考えると，設置場所の制限は，職業の自由に対する強度の制約であるといえます。最高裁も，薬事法事件判決において，「特定の場所における開業の不能は開業そのものの断念にもつながりうるものであるから，……開業場所の地域的制限は，実質的には職業選択の自由に対する大きな制約的効果を有するものである」と述べています。

　次に，規制目的を検討しましょう。公衆浴場の距離制限の目的は，時代によって変化してきました。昭和30年代までは，お風呂のない家が多かったため，人口の増加に伴って公衆浴場の数も増えていきました。この当時，公衆浴場の距離制限は，「国民保健及び環境衛生」を守るための消極目的規制であったといえます（★最大判昭和30〔1955〕・1・26刑集9巻1号89頁）。つまり，公衆浴場が濫立して無用の競争が生じると，浴場の衛生設備が低下するなどの影響が生じ，国民の健康が害されるおそれがあるので，それを防ぐために距離制限をしていた，ということです。

　それに対して，昭和40年代以降は，自家風呂の普及に伴って公衆浴場のニーズが低下し，経営難から公衆浴場の数が減少していきました。そうすると，公衆浴場の距離制限は，「公衆浴場業者が経営の困難から廃業や転業をすることを防止し，健全で安定した経営を行えるように」するという積極目的規制へと変化します（★最判平成元〔1989〕・1・20刑集43巻1号1頁）。より厳密には，今日でも自家風呂のない方々にとっては，公衆浴場は健康を維持するのに不可欠な施設ですから，そうした方々の健康を守るという消極目的も兼ね備えているといえますが（★最判平成元〔1989〕・3・7判時1308号111頁），いずれにせよ主な規制目的は積極目的です。

　以上のとおり，公衆浴場の距離制限は，職業の自由を強く制限する規制態様であるものの，その主な規制目的が積極目的であるため，国会の政策的判断を尊重して，

緩やかな基準で違憲審査を行うべきだといえます。ここでは，合理性の基準を選択することにしましょう。

▶▶3 具体的検討と結論

　この基準を公衆浴場の距離制限にあてはめてみますと，まず，公衆浴場業者が経営の困難から廃業や転業をすることを防止し，健全で安定した経営を行えるようにするという目的は，自家風呂の普及に伴って公衆浴場の経営が困難になっている現状に照らすと，正当であるといえます。

　次に，公衆浴場が並び立つと，ただでさえ少ないお客さんを奪い合うことになり，さらに経営が悪化するおそれがありますから，距離制限という規制手段は，前記の規制目的との間に合理的な関連性がある，つまり役に立つ手段だといえます。具体的な距離についても，たとえば東京都の300mは，過度に長い距離ではなく，合理性があるといえるでしょう。

　したがって，公衆浴場の距離制限は職業の自由を侵害せず，憲法22条1項に違反しない，という結論が導かれます。本節で引用した3つの最高裁判例も，公衆浴場の距離制限を合憲と判断しています。

　ただし，最近は，サウナブームや施設設備の充実などにより，銭湯の人気が回復しつつありますので，将来的には距離制限が違憲となる可能性もゼロではないでしょう。私も銭湯愛好家の1人として，そのくらい銭湯人気が高まることを願っています。

【堀口悟郎】

13 講＿ 財産権 ....

❖Topic 13＿私のお家は段ボール

　経済的に困窮しA市公園内で野宿生活をしていた太郎は，近くのコンビニエンススト
アで譲ってもらった段ボールを骨格とし，露天商で得た金銭で購入したブルーシートで
覆った段ボールハウスを5年間居宅としていた。近隣の野宿生活者たちと交流しコミュニ
ティを築き楽しく暮らしていたが，そこに行政の手が伸びる。太郎の段ボールハウスは
公園管理者であるA市の許可なく設置されたものであり公園を不法占拠しているという
のだ。A市職員は段ボールハウスからの退去と「市所有の公園内の小屋および物品等一
切については，所有権を一切放棄します。」という承諾書への署名を太郎に迫った。はじ
めこそ太郎はそれを拒んだが，連日の要請に疲れなんとかして職員を立ち去らせようと
思い不本意ながら承諾書に署名した。翌日，太郎が公園を離れている間，太郎が退去し
たと考えた職員は段ボールハウスやその中にあった物品を撤去し廃棄した。太郎は財布
などの貴重品は持ち出していたものの生活の基盤をなす居宅を失い精神的苦痛を被った
と主張して，A市に対して損害賠償請求訴訟を提起した。

▸§1＿ 住居・居住と憲法

▸▸1　住居・居住の保障

　私たちはずっと動き続けられるわけではありません。どこかで必ず休まなければ
生きていけないでしょう。そのときにどこで休むのかはとても大切です。多くの人
は建物の中で休むでしょう。また，休む場合には鍵をかけるなど防犯措置を講ずる
ことが多いと思います。雨風や他人からの侵害などにさらされず安心して休める空
間は，個人が私生活や家庭生活を営む基本的な条件です。

　日本国憲法でもこのような住居は原則として不可侵であると考えられています
（35条）。また，居住および移転の自由を明文化しています（22条1項）。私たちがど
こで居を構えるかは原則として自由であり，その住居は固く守られているのです。
さらに，住居が人間生活の基本的な条件であるとすれば，住居を有することは「健
康で文化的な最低限度の生活を営む権利」（25条1項）であり，住居の提供を国家に
要請するということも考えられるでしょう。現に政府は，低所得者に対する公営住
宅の提供（公営住宅法），住居がない人に対する一次的な宿泊施設の提供（生活困窮者

自立支援法），無料定額宿泊所（社会福祉法）の紹介など様々な支援を行っています。

▶▶2　公園からの撤去と財産権

　このように住居・居住は憲法35条，22条1項，25条から語られることが多く，公園からの撤去に関する事件でも，私が確認できる範囲では，本件のモデルとなった事件（★大阪地判平成20〔2008〕・12・11裁判所HP）以外で財産権（29条）の主張はなされていません。しかし，住居はなにかしらの財産権（所有権や賃借権など）を伴うはずですので，財産権と居住は切っても切れない関係にあります。特に，本件のような野宿生活者にとって，公園上に設置した段ボールハウスという工作物はまさに生存確保手段であり，両者は分けて考えることができないでしょう。段ボールハウスは経済的価値以上のものを有しています。

　ここでは敢えて財産権の話題として考えることで，経済的価値とは異なる財産権の側面を考えてみて欲しいと思います。

▶§2＿財産権の保障

▶▶1　財産権保障の全体像

　歴史的に見ると，財産権は神聖かつ不可侵の権利として理解されていました。しかし，経済的な格差が広がると，そのように国家の干渉から強く保護された財産権の利益を現実に得るのは一定の富裕層（ブルジョワジー）ではないか，と目されるようになります。そこで，国家が一定の介入をすべきであるとされます（社会国家思想）。日本国憲法の定める財産権もそのような歴史的沿革の中で定められた財産権であると理解されています。

　日本国憲法は，「財産権は，これを侵してはならない」（29条1項）とした上で，「私有財産は，正当な補償の下に，これを公共のために用ひることができる」（同条3項）として損失補償について規定しています。これだけをみると，財産権を固く保障し，例外的に財産を収用できるという素直な規定に思われます。

　しかし，憲法は「財産権の内容は，公共の福祉に適合するやうに，法律でこれを定める」（同条2項）としています。1項と合わせて考えると，「憲法が保障する財産権とは法律が定めたものである」，つまり法律がどのような財産権を定めてもそれを憲法が保障するということであって，法律が憲法に反することはありえないように思われるでしょう。

　それでは1項の規定が無意味になってしまいます。そこで，2項は「公共の福

社」の範囲内で財産権の内容を決めることを立法者に認めたものであると理解した上で，①1項が保障した制度の核心を侵害してはならない，②個人が既に現に有する財産的権利を1項は保障しており，それを制約する法律は違憲となりうる可能性があるという2つの限界を設定します。①を**制度保障**，②を**現存保障**といいます。

よって，失った財産的価値の補填をする損失補償も合わせると，29条は①制度保障，②現存保障，③財産価値保障を定めているということになります。

▶▶2　憲法29条の保障内容

【1】　制度保障

一般に，憲法29条1項は**私有財産制**を保障していると理解されています。これは，財産を取得し保持する権利を法制度として保障することです。これをいわゆる「**制度的保障**」（一定の制度によって，その核心または本質的内容を立法による侵害から保護していること）として理解するのであれば，その制度の核心を侵（おか）すことはできない，ということになります。そして，その核心が生産手段の私有制であるとすれば，それを否定する社会主義へ移行するためには憲法改正が必要であると考えられるでしょう。

【2】　現存保障

憲法29条1項は，財産権の内容を形成する法律により私人が現に有する具体的な財産上の権利を保障していると理解されています。これを現存保障といいます。

その保障対象である「財産権」とは，所有権などの物権，債権，知的所有権などの無体財産権，河川利用権などあらゆる財産的価値を有する権利とされています。

また，29条1項は適正手続保障を定めた31条と合わせて，財産権の制限には原則として告知・聴聞（ちょうもん）の機会を与えることが要求されます（最大判昭和37〔1962〕・11・28刑集16巻11号1593頁：**第三者所有物没収事件**）。

【3】　損失補償請求権

日本には損失補償（☞▶§3）に関する一般的な法律はなく，個々の法律に補償規定が存在します（土地収用法71条など）。では補償規定がない場合には泣き寝入りするしかないのでしょうか。学説は，憲法29条3項を根拠として損失補償を請求できるとしています。**河川附近地制限令事件**（★最大判昭和43〔1968〕・11・27刑集22巻12号1402頁）も傍論（ぼうろん）でその余地を認めています。

▶▶3　財産権制約の正当化

【1】　内容形成に対する規律

憲法29条2項は「公共の福祉に適合するやうに」，財産権の内容を定めるとしています。ではいかなる場合であれば財産権の内容を定める法律が「公共の福祉に適

合する」と言えるのでしょうか。その判断基準が問題となります。

　共有森林について持分価額2分の1以下の共有者の分割請求権を否定した森林法の規定が問題となった**森林法事件**（★最大判昭和62〔1987〕・4・22民集41巻3号408頁）は，財産権は多種多様でありその制限の目的も積極的なものから消極的なものまで多岐にわたるとしており，**規制目的二分論**（☞12講）に似たことを述べた上で，広い立法裁量を認め，目的が「公共の福祉」に合致しないことが明らかであるかどうか，手段の必要性・合理性が欠けていることが明らかであるかどうかで判断するとしています。もっとも，実際には手段を厳格に審査し当該規定を違憲としました。

　これについては，規制目的二分論を採用したものと理解する見解もありますが，少なくともそのままの形では採用されていません。1つの説明としては，単独所有という原則へ移行するための分割請求権を否定することは法制度を揺るがす重大な制約であることから厳格に判断したのだというものがあります。

　もっとも，このような森林法事件の判断は明示には受け継がれず，「規制の目的，必要性，内容，その規制によって制限される財産権の種類，性質及び制限の程度等を比較考量して判断すべきものである」と述べた**証券取引事件**（★最判平成14〔2002〕・2・13民集56巻2号331頁）が先例として引用される傾向にあります。

　したがって，判断基準としては様々な要素を総合的に衡量するというものが基本であり，森林法事件のように重大な制約であるといった場合には厳格になるなど事案によって厳格さが変わると考えるのが穏当でしょう。

【2】　既得権の制限に対する規律

　憲法29条2項は財産権の内容を「法律で」定めるとしています。そのため，既にある財産権（既得権）を法律やそれに基づく命令によって制限することが可能です。では，法令以外ではダメなのでしょうか。**奈良県ため池条例事件**（★最判昭和38〔1963〕・6・26刑集17巻5号521頁）はため池の堤とうを使用する財産権をほぼ全面的に禁止する条例を合憲としたため，条例による既得権制限を認めているように思われます。もっとも，同判決は「ため池の破損，決かいの原因となるため池の堤とうの使用行為は……憲法,民法の保障する財産権の行使の埒外(らちがい)にある」と述べており，そもそも財産権として保障されていないとも読めることから，この論点についての一定の結論を示すものではないとも解されています。ともあれ，学説では条例による既得権制限も認められるというのが一般的でしょう。

　では，その制限が許されるかどうか（「公共の福祉に適合する」かどうか）の判断基準はどのようなものでしょうか。最高裁は，国に対して買収対価相当額での農地の売払い請求権があったにもかかわらず特別措置法によってその額が時価の7割相当額に変更されたことについて，「いつたん定められた法律に基づく財産権の性質，その内容を変更する程度，及びこれを変更することによつて保護される公益の性質

などを総合的に勘案し，その変更が当該財産権に対する合理的な制約として容認されるべきものであるかどうかによつて，判断すべきである」とし法律を合憲としています（★最大判昭和53〔1978〕・7・12民集32巻5号946頁）。このような様々な要素を総合的に衡量するという基準が基本となるでしょう。その際の考慮要素としては，その財産権の性質・権利者の期待や信頼が保護されるべき程度・公益の内容や性質などが挙げられると思われます。

▶▶4　財産の非経済的価値

　財産権は必ずしも経済的価値だけに関わるのではなく，その人の生活の在り方といった非経済的価値にも深く関わることは憲法学でも意識されてきました。

　そこで近年議論されているのが，マンション建替えの問題です。マンションや団地については区分所有者などの一定数以上の賛成で建替えをすることが可能です（区分所有法62条1項，70条1項）。最高裁は，建替え反対派は区分所有権などを時価で売渡すこと（法70条4項，法62条5項）により経済的損失の手当がされることも理由の一つとして法70条1項を合憲としています（★最判平成21〔2009〕4・23判時2045号116頁）。しかし，その場所に思い入れがあって住む人にとって，経済的損失の補填で十分でしょうか。財物にまつわるそのような非経済的損失をいかに考慮するかも大切です。

▶§*3*＿　損失補償

▶▶1　損失補償の意義

　損失補償とは，公権力が公共の目的を達成するために私有財産を強制的に利用する場合（例えば，ダム建設）に，その財産所有者が被った損失を補償することです。これは，その財産権の利用によって利益を受ける国民と不利益を被る諸個人との負担は公平であるべきだという観点から，その不利益に対して国庫から補償がなされる，ということです。

▶▶2　補償の要否と「正当な補償」

【1】　補償の要否

　損失補償は①「公共のために用ひる」（憲法29条3項）ための②**特別の犠牲**がある場合に認められます。

　「公共のために用ひる」とは，典型的にはダムや空港の建設のような公共事業の

ための収用のことです。もっとも，政府が買収した農地を小作人に譲渡した農地革命のように，広く社会公共のために行われる事業であれば，直接に利益を得るのが特定の私人であってもよいとされています。

あらゆる収用・制限について損失補償が認められるわけではなく，負担の公平という損失補償の意義の観点から，その人に対する補償が妥当な場合に限られるでしょう。その基準を表すのが「特別の犠牲」という言葉です。「特別の犠牲」の判断については次の2つの考慮要素が挙げられることがあります（警察的作用か積極目的かを挙げる人もいます）。

　　ⅰ）侵害行為の対象が一般人か特定の類型に属する人か

　　ⅱ）受忍限度内かどうか（財産権侵害の強度）

　ⅰ）については，特定の類型に属する人を対象とする場合には補償が認められやすいと考えられていますが，近年では，ⅱ）の要素（実質的要件）を中心に補償の要否を判断すべきだという見解が有力です。とはいえ，補償の要否に関しては，結局のところ，財産権規制の態様・原因・損失の程度・社会通念などを総合して判断することになるでしょう。

【2】「正当な補償」

　憲法29条3項は「正当な補償」を求めていますが，具体的にはどの程度の金額を支払えばいいのでしょうか。

　学説では，客観的な市場価格を全額補償すべきであるという**完全補償説**と合理的に算定される相当額であれば市場価格を下回ってもよいとする**相当補償説**が対立していました。

　判例は，自作農創設特別措置法に関する**農地改革事件**（★最大判昭和28〔1953〕・12・23民集7巻13号1523頁）では「その当時の経済状態において成立することを考えられる価格に基き，合理的に算出された相当な額」とし相当補償説を採用したように読めます。しかしその後，土地収用法（71条）に関する判例（★最判昭和48〔1973〕・10・18民集27巻9号1210頁）が「完全な補償，すなわち，収用の前後を通じて被収用者の財産価値を等しくならしめるような補償をなすべき」と述べたため完全補償説を採用したようにも思われます。ところが，同じく土地収用法（72条）に関する判例（★最判平成14〔2002〕・6・11民集56巻5号958頁）は，昭和28年判決を引用しつつ，「正当な補償」とは「その当時の経済状態において成立すると考えられる価格に基づき合理的に算出された相当な額をいう」として相当補償説のような見解を述べています。これらの判例に対する1つの理解として，完全補償を原則とするものの，市場価格との完全一致が困難な事情がある場合には，補償制度の全体を見て市場価格を下回ることが合理的であればその価格がなお完全補償に当たるとするものもあります（昭和28年判決は戦後のすぐで土地の通常取引を想定しがたい状況があり，平成14年判決

は事業認定の告示による地価の上昇と被収用者の近傍類地取得の可能性が考慮されました）。

　なお，損失補償は財産自体の経済的価値を補償するものですが，土地収用法の工事費用補償（75条）や移転料補償（77条）のように個別法の中には付随する費用の補償を規定するものもあります。しかし，非経済的価値までをも補償すべきかは，議論の余地があります。ちなみに，最高裁は，文化財的価値は補償の対象となりえないとしてます（★最判昭和63〔1988〕・1・21判時1270号67頁）。

▶▶3 国家補償の谷間

　損失補償は国家の適法行為による財産権の損失に対するものであり，違法行為の場合には国家賠償で対応します。そのため，例えば，①行政活動が違法でも過失がなく賠償責任が生じない場合や，②適法な国家活動によって財産権以外の損失が生じた場合のように，いずれの救済も困難な場合が生じます（谷間の問題）。

　②の典型が「予防接種」です。予防接種による副作用が国家賠償制度により救済されない場合，損失補償制度による救済が考えられます。しかし，副作用は生命・身体の不利益であり財産権以外の損失であるため補償制度の外であるように思われるため，谷間の問題が生じるのです。裁判例には生命・身体の不利益に憲法29条3項を適用できるとするものもありましたが（★東京地判昭和59〔1984〕・5・18判時1118号28頁），正当な補償さえすれば生命・身体も収用できるというニュアンスがあるため否定的な見解もあります。

　最高裁は国家賠償法を適用し，予防接種により後遺障害が発生した場合には，原則として，被接種者は禁忌者（予防接種してはいけない者）に該当していたと推定するルールを示しました（★最判平成3〔1991〕・4・19民集45巻4号367頁）。また，東京高裁判決（★東京高判平成4〔1992〕・12・18判時1445号3頁）は，予防接種行政の在り方全体が被害発生をもたらしたとして厚生大臣の過失（組織過失）を認め，国家賠償による救済が定着していきました。

▶§4＿ 段ボールハウスと財産権

▶▶1 撤去の違法性

　公園は私有地と異なり「みんなのもの」です（法律上，公園を自分の場所として占有または利用する場合には許可が必要であり（都市公園法6条），許可のない物については強制的に排除することもできます（法27条1項）。太郎は段ボールハウスによってその土地の一部を自分の場所としているため，「みんなのもの」という公園の在り方からは

外れてしまっています。そのような段ボールハウスは財産権として保障されないと言えるかもしれません（前掲★奈良県ため池条例事件参照）。

　しかし，住宅というのは私たち人間が安心して生活するために必要なものであり，段ボールハウスであれ撤去されてしまったら様々な危険に身をさらしてしまいます。また，段ボールハウスを中心に形成された生活やコミュニティへの愛着もあるかもしれません。それをどのように考えるべきでしょうか。

　確かに「公園内に居住するための段ボールハウス」は保障されないとしても，「段ボールハウス自体」の所有権は当然に太郎にあり，問題は承諾書でその放棄を約束させていることです。その承諾書に署名をしたとしてもなお，その内容が過酷である場合には（それを憲法違反と呼ぶかは難しい問題ですが）無効だ，ということも考えられるでしょう（☞私人間効力〔03講〕）。その際，段ボールハウスという財産の経済的価値だけでなく，その非経済的価値，生存権などの憲法的価値を考慮するかことも認められるかもしれません。ちなみに，政府の提供する住宅支援への斡旋（あっせん）などを行っていたら結論は変わるでしょうか（前掲★大阪地判平成20〔2008〕・12・11では自立支援センターへの入所を勧めていました）。

　また，承諾書を得ているとしても，本人の立ち合いなく撤去しその財産を処分することは正当な手続なのかどうかも検討に値するかもしれません（前掲★大阪地判平成20〔2008〕・12・11では，職員も手伝いながら本人が必要な物を持ち出していました）。

▶▶2　損失補償の可能性

　本件撤去が合法であるとしても，失われた財産に対して保障を求めていくことが（少なくとも29条3項を根拠に）可能かもしれません。特に5年間の暮らしとコミュニティを失うことにも着目すべきでしょうか。しかし，あくまで経済的利益という観点からは，恐らく重大な侵害はなく，損失補償は認められない可能性が高いのではないでしょうか。

　仮に損失補償が認められるとしても，実際に廃棄された物品の経済的価値だけだとあまり大きな額にはならなそうです。移転料も補償されるべきでしょうか。さらには非経済的価値をも補償すべきでしょうか。補償の範囲も考えてみてください。

【大野悠介】

14 講__ 人身の自由 ·····································

❖Topic 14__GPSでアジトをつきとめ，ようやく逮捕した盗賊団のボスが無罪？！
　警察の捜査をかいくぐり，10年間宝石の強奪を繰り返してきた「ドラネコ盗賊団」の
ボスが，やっと逮捕された。ミケと呼ばれる盗賊団の実行部隊の一人が所有する車に，
警察がこっそりとGPS端末を取り付けたことで，ボスのいるアジトの場所が特定できた
のだ。ところが裁判になると，裁判所の許しを得ずに行われたGPS捜査が違法とされ，
GPSの位置情報がなければ逮捕できなかったボスは無罪となってしまった。警察は，ど
うやって盗賊団のアジトを特定したらよかったのだろうか？

▸§1__ 真実はいつもひとつ！でも……

▸▸1　真実を突き止めるためなら，なにをしてもいいのか？

　「恋人が浮気をしているかもしれない」と思ったとき，浮気相手を突き止めるた
めの手段として，どんなことなら許されると思いますか？
　相手のスマートフォンをこっそり見てメッセージのやりとりを確認する，GPSア
プリを隠れてインストールする，探偵を使って尾行する……。「どんな手段を使っ
ても真実を知るためなら許される」と思う人がいれば，「仮に本当に相手が浮気し
ているとしても，やっていいこととやってはいけないことがある」と思う人もいる
かもしれません。
　「どんな手段を使っても真実を知るためなら許される」という考え方は，「真実発
見」を重視している価値観です。浮気の実態を知ることが，至上命題です。一方で，
「やっていいこととやってはいけないことがある」という考え方は，相手の「権利
保障」を意識しています。「スマートフォンの中身はプライベートなものだし，自
分だって見られたくないから，他人のものも見てはいけない」という価値観です。
　実は犯罪の解明においても，「真実発見」と「権利保障」のバランスを保つこと
が大切です。権利を守るために，刑法に触れる行為をしている人が無罪となること
さえあります。人気アニメの決め台詞のとおり「真実はいつもひとつ！」だとして
も，真実を発見するためならなにをしてもいい……というわけではない，というの
が日本国憲法のもとでの刑事手続の大前提です。

▶▶2 なぜ「真実発見がすべて」ではないのか？

　このようにお話すると，「犯罪者が野放しになって治安が悪くなっていいのか」「加害者の人権なんて守らなくていいじゃないか」と疑問を感じる方もいるかもしれません。

　実は同様の考え方に立って，「真実発見」を至上命題とした犯罪の解明や訴追が行われていたことが，歴史上多くありました。しかしこの考え方で国家が活動した結果，真実発見に近づくどころか，思想・宗教弾圧の手段として警察権力が使われたり，差別的思想に基づく警察活動が行われたり……という悲惨な状況が世界各国で起きました。なんの嫌疑もない人も含めて，理由なく捕まえられたり拷問されたり，挙句の果てには死刑に処されたりする状況が発生してしまったのです。

　これは昔話ではありません。2020年，世界的に発展したBlack Lives Matter運動のきっかけとなったのは，アングロサクソン系アメリカ人の警察官が職務の中で，アフリカ系アメリカ人を死に至らしめた複数の事件でした。これらの事件における警察官の行動が，本当に人種差別を背景としているか？という点について，ここで議論することはできません。

　しかし一般的に，権力が強大なものとなると濫用の危険が高まります。特に拳銃や手錠を使ったり人を捕まえたりすること（法学ではこのような物理的な力を使うことを「有形力の行使」といいます）が可能な警察官の権力が強くなりすぎると，不当な理由で生命や身体の安全を脅かされる危険さえあります。「真実発見が何よりも大事」という価値観は，真実発見を任務とする警察官の持つ権力を，過度に強大なものにしてしまいかねないトリガーなのです。このような危険についての現実的なリスクが明らかになったことが，Black Lives Matter運動が世界的な運動に発展した理由の1つといえるでしょう。

　このような危険が現実化しないように，憲法は，捜査活動等の制限規定を設けています。被疑者や被告人の権利を守る憲法上の規定は，総称して「人身の自由」と呼ばれています。

　「警察官になる人たちはいい人に違いないから，そんなきまりはなくていい」と思われるかもしれません。しかし私たち人間は，だれしも弱い存在です。先の質問に「仮に本当に相手が浮気しているとしても，やっていいこととやってはいけないことがある」と答えた人も，実際に自身の恋人が浮気をしている現場を目撃したら「地の果てまで追いかけて復讐してやる！」と怒りが湧いてくるかもしれません。警察官も同じ人間です。感情や一時の利益に揺るがされる弱さがあって当たり前です。また真面目ないい人だからこそ，上司からの職務命令にはどんな命令であろうとも忠実に従うかもしれません。警察官をはじめとした刑事事件に関わる公務員に

とっても，適切なルールがあることは大切なことなのです。

▶§2＿「人身の自由」の基礎

▶▶1　日本国憲法における人身の自由と歴史

日本国憲法の31条から40条までが，「人身の自由」の規定です。基本的人権について定めた第三章は10条から40条なので，約3分の1が人身の自由条項ということになります。どうしてこんなにたくさんの条文が人身の自由の保障に充てられているのでしょうか？

実は大日本帝国憲法においても，人身の自由については定めがありました。具体的には23条が逮捕監禁審問処罰の法定，24条が裁判を受ける権利の保障，25条が住居の不可侵を定めていたのです。しかし，治安維持法に代表される思想を基準として逮捕・捜索を認める法令が制定されることなどにより，結果としてこれらの「人身の自由」条項は骨抜きになってしまいました。

第二次世界大戦後，GHQのもとで新しい憲法がつくられることになったときに主導したのはアメリカです。アメリカは，「国民各自の具体的な権利・義務関係について，自己が適正に代表されていない過程によって拘束的に決定されることは不公正である」とする考え方（佐藤幸治『日本国憲法論（第2版）』成文堂，2020年，584頁）が浸透している国です。主権者たる自分たちが間接的に作っている法律のもとでしか，被疑者・被告人の権利制約はありえないと考えるのです。この考え方を「デュー・プロセス」（due process）といい，法律のもとでの被疑者・被告人の権利の手厚い保障はここから生まれました。

▶▶2　適正手続の保障

日本国憲法において，被疑者・被告人の権利の手厚い保障の中核をなす条文は，憲法31条です。憲法31条は「何人も，法律の定める手続によらなければ，その生命若しくは自由を奪はれ，又はその他の刑罰を科せられない。」と定めています。

一見すれば，裁判を受ける権利（憲法32条）や拷問の禁止（憲法36条）といった定めのように，実際の手続において被疑者や被告人の命を守るルールのほうが大事に思えます。どうして31条が，それほど重要といえるのでしょうか？

他人の生命や財産に危害を加える行為をしたときには，法律のもとで刑罰が科されることになります。刑罰が認められるのは，私たちが暴力や力の強さに支配されることなく，社会の中で安全に生きていくためです。

だからといって，国家権力が好き放題に刑罰を科すことができるとなれば，社会は「権力がすべて」となり，腐敗していきます（本講▶§1▶▶2参照）。憲法31条は，人の生命や自由を奪う行為を法律による場合に限定して認めることで，一方では社会の安全を国家権力によって守りつつ，他方では国家権力が好き勝手に人の生命や自由を奪うことができないようにするための根本的な規定だからこそ，とても重要であるといえます。

　さらにこの規定は，手続が法律によって定められていること（これを「手続の法定」といいます）だけでなく，手続が不正なくきちんと行われることも保障しています（これを「手続の適正」といいます）。

　また手続の法定に対し，実体の法定の中核をなす内容は「**罪刑法定主義**」といわれます。罪刑法定主義は，罪と罰が法律に定められていない限りは罰を受けることはないということを示しています。これも適正手続の保障の内容であると考えられています。なぜなら，手続を法律で定め，その手続をきちんと実行したとしても，その内容が伴っていなければ権利保障の意味がなくなってしまうからです。

▶§3＿ ボスは野放し？　科学技術の捜査への活用

▶▶1　令状主義と強制処分

　「人身の自由」規定についての基本的な考え方をお話したところで，イントロの❖Topic 14を見てみましょう。

　ボスの逮捕により，長きにわたって世間を不安に陥れてきたドラネコ盗賊団を一網打尽にできたはずなのに，どうしてボスは無罪となってしまったのでしょうか？この事案では，実行犯であるミケの車にGPS端末を取り付けることで，ボスのいるアジトの場所を特定しているので，まずはミケに対する捜査について，憲法の視点から考えてみましょう。

　憲法35条は「何人も，その住居，書類及び所持品について，侵入，捜索及び押収を受けることのない権利は，第33条の場合を除いては，正当な理由に基づいて発せられ，且つ捜索する場所及び押収する物を明示する令状がなければ，侵されない」と定めています（ここでいう「第33条」は「何人も，現行犯として逮捕される場合を除いては，権限を有する司法官憲が発し，且つ理由となつてゐる犯罪を明示する令状によらなければ，逮捕されない。」と定めています）。「侵入，捜索及び押収」や「逮捕」は，相手の意思にかかわらず強制的に行われるため，「令状」という裁判所が出す許しが必要であるとする考え方を「**令状主義**」と呼びます。

「令状主義」と似て非なる重要な考え方として，「**強制処分法定主義**」があります。この考え方は，相手の意思にかかわらず強制的に行われる捜査等を「強制処分」，相手の同意を得ることを前提とする捜査等を「任意処分」と分け，前者については法律上の根拠が必要だという考えです。この考えは，先に述べた憲法31条により根拠づけられています（酒巻匡『刑事訴訟法（第 2 版）』有斐閣，2020年，22頁）。

　ミケが盗賊団の一味であるという疑いが持たれている場合，ミケがどんな行動をしているか，またはミケの所有する車がどんな場所へ移動しているのかといったことを警察官が公道で監視すること自体は，「任意処分」としての捜査の一環と理解されることが通常です。外出中に公道でなにをしているのか，ということは，一般的に他人の目にさらされていると考えられるからです。

　ではミケの車にGPSを取り付けることは「強制処分」でしょうか，それとも「任意処分」にあたるのでしょうか。実はこの点については，裁判所ごとに判断が異なってきました。プライバシーを大きく侵害する危険性があるため，強制処分として法律の根拠により令状を取得しなければならず，新たな立法的措置も検討されるべき」という見解もあれば（★名古屋高判平成28〔2016〕・6・29判時2307号129頁参照），「強制処分であるが，従来の「検証」という刑事手続に則って行うことができる。今回の捜査では令状を取得していないので違法」という見解（★大阪地決平成27〔2015〕・6・5判時2288号138頁参照），そして「GPS捜査は任意処分である」という見解（★広島高判平成28〔2016〕・7・21高等裁判所刑事裁判速報集平成28年241頁参照）」もあったのです。

▶▶2　違法収集証拠排除法則

　なぜGPS捜査の性質が「強制処分」か「任意処分」かということが，重要なのでしょうか。

　それは，刑法をはじめとする刑事法に触れる行為を行った人を裁く裁判においては，「法律に違反して集められた証拠は使えない」という原則が用いられるからです。この原則を違法収集証拠排除法則と呼びます。違法収集証拠排除法則により，証拠能力がないとされるのは，「令状主義の精神を没却するような重大な違法があり，これを証拠として許容することが，将来における違法な捜査の抑制の見地からして相当でないと認められる」場合に限られるとされています（★最判昭和53〔1978〕・9・7刑集32巻 6 号1672頁）。重大な違法があったかどうかを判断する基準として，裁判所は「令状主義の精神を没却する」意図が捜査機関にあったかどうかを重視する傾向にありますが，これには学説から異論があるところです。違法収集証拠排除法則は，先に述べた憲法31条の趣旨を貫徹するために，重要な原則です。この原則は，「裁判で証拠として使えるなら，違法な捜査でもやったもん勝ち！」という事態にならないようにすることで，国家権力が濫用されることを防ぐことを目的としてい

るのです。そうであれば，捜査機関の主観的な意図ではなく，客観的な基準で判断されるべきだという批判がなされています。

　刑事訴訟において，裁判所が判決に至るまでの間に使っていい証拠は，原則として当事者（検察官および被告人）から出された証拠です。当事者が出してもいない証拠を，裁判所が勝手に持ってきて使うことはできません。

　しかし当事者が出した証拠であったとしても，証拠として裁判の判断材料とすることが認められないものがあります。法律に違反して集められた証拠であるとか，あるいは裁判の内容と全く関係がない証拠であるとか，そういったものは証拠として用いることができないのです。出された証拠が証拠として使えることを示す力を，「証拠能力」と呼びます。

　「GPS捜査が強制処分にあたるのに，法律の根拠がない」のであれば，GPS捜査を用いて得た証拠には「証拠能力がない」ということになります。一方で「GPS捜査は強制処分にあたるが，法律の根拠がある」のであれば，捜査の実態が適法であれば，この証拠の証拠能力が否定されることにはなりません。また任意処分にあたるとすれば，少なくとも法律の根拠がないことにより「証拠能力がない」と判断されることはありません。

　イントロの❖Topic 14の場合，「GPS捜査で得た証拠がなければボスの居所はわからなかった」からこそボスは無罪と判断されたのですが，判断の前提には「GPS捜査が強制処分か任意処分か」「その処分が適法か違法か」「違法であったとして，違法収集証拠排除法則により証拠能力がないと判断されるべきか」という，少なくとも3つの段階についての判断が存在するのです。

▶▶3　GPS捜査大法廷判決

　上述のように裁判所によって異なる判断がそのままにされていると，警察も困ってしまいます。GPS捜査をしていいのかどうか（適法か違法か），判断できないからです。せっかく逮捕・起訴できたのに，GPS捜査が違法だからという理由で無罪となってしまうことが，捜査機関からすると一番いやなことです。

　この問題に対していったん終止符を打ったのは，平成29年に下された最高裁判所大法廷判決です（★最大判平成29〔2017〕・3・15刑集71巻3号13頁。以下この項においては「大法廷判決」とします）。大法廷判決は，GPS捜査を「個人のプライバシーの侵害を可能とする機器をその所持品に秘かに装着することによって，合理的に推認される個人の意思に反してその私的領域に侵入する捜査手法」と認定し，「個人の意思を制圧して憲法の保障する重要な法的利益を侵害するものとして，刑訴法上，特別の根拠規定がなければ許容されない強制の処分に当たる」とともに「令状がなければ行うことのできない処分」でもあるとし，GPS捜査によって直接得られた証拠の

証拠能力を認めませんでした（ただし，その他の証拠に基づいて，被告人は有罪となりました）。最高裁判所は，憲法35条の「保障対象には，『住居，書類及び所持品』に限らずこれらに準ずる私的領域に『侵入』されることのない権利が含まれる」と考えたのです。

　大法廷判決に従えば，イントロの事案における「警察は，どうやって盗賊団のアジトを特定したらよかったのだろうか？」という問いに対する回答は，「今ある法律の上では，GPS捜査以外の適法な捜査手法を用いて，盗賊団のアジトを特定するしかない」ということになります。ではGPS捜査を行うことは，金輪際許されないのでしょうか？

　結論から言うと，そうではありません。大法廷判決は，現状法律の根拠がなく，令状も取得していないので「GPS捜査は違法」だといっているだけなのです。実際に大法廷判決は「GPS捜査が今後も広く用いられ得る有力な捜査手法であるとすれば，その特質に着目して憲法，刑訴法の諸原則に適合する立法的な措置が講じられることが望ましい」としています。

　▶§2▶▶2で学んだとおり，国家権力の濫用を防ぎつつ，社会の安全を守るという「人身の自由」規定の基本的な考え方を維持するのであれば，従来の捜査では用いられてこなかった科学技術を用いた新しい手法を捜査に取り入れるためには，法律上の根拠を定める必要があるということになります。

　ただし「その法律がどのようなものであるべきか」ということについては，未だに議論の途中です。▶§3▶▶1では「令状」を「裁判所が出す許し」と表現しましたが，実際の令状は書面で発布されるとともに，原則としてその書面を事前に当事者に呈示しなければならないと解されます（刑事訴訟法222条1項・同110条）。しかしGPS捜査の場合に令状の事前呈示をしてしまえば，GPS端末がつけられた車が犯行に使われることは想定できません。実行犯のミケは，必ずや別の車を使ってアジトへ移動するなどの方法をとり，しっぽをつかませないようにするはずです。そうなれば，GPS捜査の意味がなくなってしまうのです。イントロの事案のとおり，GPSを用いることでこれまで暴くことが難しかった重大犯罪を解明し，より安全な社会をつくることができるかもしれないのに，です。

　GPS捜査という手法を活用して社会の安全を守りつつ，何の悪いこともしていない人が（例えば人種や思想，信仰などを基準として）捜査機関にGPSを取り付けられるような事態が起きないよう，そして警察権力があまりにも強大になりすぎないようにするためには，どんな法律をつくったらよいでしょうか？皆さん自身で考えてみてください。

【小西葉子】

第 **3** 章＿＿ 社会権

15 講＿ 生存権 ....

❖Topic15＿生理用品が買えない，それでも「健康で文化的な最低限度の生活」は
保障されているのか？

　新型コロナウィルス感染症の感染拡大に伴いアルバイトによる収入が激減した高校生
や大学生。生活を切り詰める必要に駆られ，何を減らすか？と考えたとき「生理用品」
だったという声が散見されました（朝日新聞2021年3月22日）。生理用品を無料で配布
するなどの支援策を実施する自治体が次第に現れてきたものの，いまなお全国的かつ継
続的な措置は講じられていません。「生理の貧困」現象を憲法が保障する「生存権」から
検討してみましょう。

▶§**1**＿「生理の貧困」というキーワード

▶▶**1** 「生理の貧困（Period Poverty）」とは？

　コロナ禍において感染予防の観点からさまざまな対応策がなされましたが，中で
も，接客を伴う飲食店や娯楽のサービス業の利用制限が徹底され，こうした領域の
経済活動は壊滅的なダメージを被りました。これに伴い多くの人が職を失いました
が，当該業界は女性雇用者が多いため，女性の失業・貧困がとくに目立つことにな
りました。

　もしあなたが同じ状況に陥った場合，お金をやりくりするために何の出費を削り
ますか？外出や娯楽，食費やスマホ代などが浮かぶかもしれません。女性はこれに
加えて「生理用品」を節約することを強いられる可能性があります。「生理の貧困」
とは，こうした経済的困難により生理用品などを十分に購入できない状況を指しま
す。くわえて，生理に関する教育に十分アクセスができない，あるいは保護者のネ
グレクトにより子どもが生理用品を買い与えられない状況なども含む言葉です。

▶▶2 「生理の貧困」をめぐる現状

　大学の学生らが立ち上げた「＃みんなの生理」が日本国内の高校，短期大学，4
年制大学，専門学校等に在籍をしている，過去1年間で生理を経験したことのある
人を対象にアンケート調査を実施しました（2021年2月）。調査結果によれば，過去
1年間に経済的な理由で「生理用品を買うのに苦労した」，「生理用品を交換する頻
度を減らしたことがある」，「生理用品ではないものを使った」と回答した人がそれ
ぞれ20％，37％，27％に及びました。

　さらに，2020年2月以降の生理用品入手について全国の18～49歳の女性3000人
から回答を得た，厚生労働省による「生理の貧困」に関する調査が初めて実施さ
れ，翌月に結果が公表されました（2022年3月）。本調査によれば，入手に苦労した
経験が「よくある」「ときどき」は全体として8.1％。世代別では18-19歳と20代で
1割を超えました。世帯年収別では「収入なし」世帯は13.2％，「100万円未満」で
16.8％，「100-300万円」で11.6％と，とりわけ低所得世帯では切実な問題であるこ
とがわかり，「生理の貧困」が深刻な問題として公的に明るみに出ました。

▶▶3　国や地方公共団体による「生理の貧困」対策

　「生理の貧困」について公的機関は何か措置を講じているのでしょうか。

　2021年3月，東京都豊島区が比較的早い段階で生理用品の無償配布という取り
組みを開始しました。この動きはSNSを通じて注目を集め，短期間で全国に広がり，
2か月後には255の自治体が同様の取り組みを実施，あるいは検討するに至り，同
年7月にはその数は581にまで登りました。

　こうした自治体の動きのほか，「生理の貧困」問題に取り組むさまざまな団体や
個人による主張・提言により，2021年6月，国の重要課題や政策の方向性を示す「経
済財政運営と改革の基本方針（骨太の方針）」に「生理の貧困」への対策が初めて明
記されました。具体的な内容を示した「女性活用・男女共同参画の重要方針2021」
では，「生理の貧困」が**「健康や尊厳に関わる重要な課題」**として位置づけられ，注
目を集めました。

　なお，「生理の貧困」が子どもたちにとっても深刻であるという事態を受け，東
京都は2021年秋に，都立高校や特別支援学校など250以上あるすべての都立学校の
女子トイレに生理用品を設置することを決定し，実行に移されています。

▶§**2**＿ 貧困問題と憲法

▶▶**1**　貧困問題を憲法から考える視点

　「生理の貧困」を含む貧困という社会問題について憲法から考える場合,「**生存権**」について学ぶ必要があります。憲法25条は1項で「すべて国民は,健康で文化的な最低限度の生活を営む権利を有する」,2項で「国は,すべての生活部面について,社会福祉,社会保障及び公衆衛生の向上及び増進に努めなければならない」と定めており,この規定を生存権と呼びます。生存権は生活や生存のために必要な条件を国家に対して請求する権利を指します。他方,政府は,失業や貧困などの弊害から社会的な弱者(失業者や生活困窮者など)を守る義務があると考えられています。

　こうした理解にしたがい,日本国憲法制定後,各種の社会保障や福祉制度が整えられていきました。たとえば生活保護法に基づく生活保護(公的扶助)という制度があります。生活保護法1条にはこの法律が憲法25条の理念に基づくことがはっきり書かれています。また,同法3条は「この法律により保障される最低限度の生活は,健康で文化的な生活水準を維持することができるものでなければならない」として,憲法上の生存権が保障される制度設計を予定しています。

▶▶**2**　社会権としての生存権

【**1**】　社会権の思想①――「消極国家」

　憲法が明文で規定する権利のうち,生存権(25条),教育を受ける権利(26条),勤労権(27条),労働基本権(28条)の4つが社会権として分類されています。これら社会権は第2章で学習した自由権とは性質上区別されていますが,一体,どのような点で両者は異なるのでしょうか。

　歴史的にみると,社会権は自由権より後に生まれた権利です。18世紀ヨーロッパの市民革命以後,保障される人権の内容は自由権が中心となりました。絶対王政や封建制から解放され「自由」となった市民にとって,自分たちの活動する領域に国家が介入することは望ましくありません。したがって,国家の役割は最低限の社会秩序の維持に限定されるべきであるという「**消極国家**」の考え方が主流でした。

　自由権はとりわけ経済的な領域への国家介入を排除する,**経済的自由権**を中心に構成されていました。市民たちの経済活動にはできるだけ規制を行わない,自由放任主義の経済政策が採用されたのです。また,経済活動によって獲得した財の保護も重要視され,「**財産権**」が絶対的な権利として強力に保障されます。

【2】 社会権の思想②──「積極国家」

しかし、「消極国家」は深刻な問題を引き起こします。経済活動の活発化とともに労働・衛生環境の悪化、貧富の格差など、さまざまな社会問題が発生したのです。そして、これらの問題は当時、困窮状態に陥った者の「自己責任」と考えられ、政府の出る幕はないとされていました。したがって、こうした困難な状況に陥っても政府からの援助を要請することができなかったのです。

この悲惨な状況を乗り越えるために「消極国家」という発想は見直しを迫られます。貧困や失業は「自由」の結果生じた自己責任ではなく、社会的な原因で生じるものだという考えが次第に定着したのです。こうして19世紀末、自由な経済活動によって生じた問題に対し、国家が積極的に規制・介入し、改善策を講じるべきであるという「積極国家」の思想が生まれます。

【3】 社会権の登場

国家が市民の活動領域へと介入しかれらの面倒をみるにあたって、これが国家の気まぐれであってはなりません。社会問題への介入は国家に課せられた義務であり、これを請求するのは憲法上の権利である、という考えが次第に定着します。国家に対して社会的・経済的弱者への積極的な配慮を求める権利を、自由権と区別して社会権と呼びます。

日本の場合、日本国憲法が誕生した1947年に初めてこの権利が承認されます。私たちにとって「当たり前」の社会保障や福祉に関する諸制度（保険、年金、雇用、労働災害、介護など）は、こうした歴史的背景のうえに成り立っているのです。

▶§*3*__ 生存権をめぐる憲法上の問題

▶▶*1* 「健康で文化的な最低限度の生活」とは？

ところで、あなたにとって「健康で文化的な最低限度の生活」とは何ですか？美味しくて栄養のあるご飯を毎日食べること、清潔な衣服があることなど日常生活における基礎的な条件に加えて、「大好きな音楽に毎日触れること」、「愛するペットと生活すること」なども考えられますね。「健康」であることや「文化的な生活」を送ることを権利で保障するということは、相対的かつ抽象的であって明確に定義することは極めて難しいことがわかります。

▶▶2 生存権の法的性格

憲法学においては，以下に紹介する学説のなかでこの問題が議論されてきました。

戦後初期に唱えられたのは「**プログラム規定説**」です。憲法25条1項は国家の努力目標を定めた「政治的な宣言」のようなもので，法的な権利とはみなされないとしました。しかし，「生存権」と言いながら「権利ではない」と説明することには多くの批判がありました。

たしかに生存権の内容は抽象的であるためそのままでは裁判規範として機能しないけれども，憲法25条1項を具体化する法律（生活保護法など）があれば，これに基づいて裁判所で争うことができるという「**抽象的権利説**」が続いて登場します。もっとも，裏を返せば生存権を具体化する法律が制定されていなければ裁判所の救済を得られないため，プログラム規定説と大差はないのではないか？という問題があります。

そこで，生存権を具体化する法律が制定されていないこと，それ自体が生存権の侵害であると裁判所に対して主張できるという「**具体的権利説**」が提唱されました。最近では，「文字どおりの意味における具体的権利説」が有力に主張されています。何が「健康で文化的な最低限度の生活」であるか客観的に確定することは可能であり，これを明らかに下回る水準であれば25条1項に基づいて裁判を通じて金銭給付を請求できるという考え方です。

▶▶3 生存権をめぐる裁判での争い

次に，生存権に関する裁判の代表的なものとして，1967年5月24日の**朝日訴訟最高裁判決**（★最大判昭和42〔1967〕・5・24民集21巻5号1043頁）を学びましょう。

原告の朝日茂さんが重い結核のため生活保護法に基づいて生活保護を利用しながら療養所で生活していたところ，当時の厚生大臣が生活扶助（生活費）を月600円に減額する決定を下しました。600円という生活扶助の金額について，当時の費目の一部を例示すれば，肌着であれば2年に1着，パンツは1年に1枚，タオルは1年に2本しか用意することができません。朝日さんはこの基準は憲法の保障する「健康で文化的な最低限度の生活」水準を下回っており，政府による減額決定は憲法違反だと主張し，裁判所に提訴しました。

第一審の東京地裁判決（★東京地裁昭和35〔1960〕・10・19行裁11巻10号2921頁）では，「いわゆるボーダー・ラインに位する人々」の生活実態を基準として生存権の内容が定められるべきではないとし，原告の主張を認めました。これに対し，最高裁は原告死亡により裁判が終了したとしつつ（朝日さんは訴訟の途中で亡くなりました），「なお，念のため」として以下の通り判断します。「健康で文化的な最低限度の生活」は抽

象的であり，その具体的な中身は多数の不確定な要素を総合的に考慮し決定できる
もの。そのため，その中身の決定は厚生大臣に委ねられている。つまり，生存権を
どのように実現するかについて裁判所は一部の例外を除いて口を出せず，立法府や
厚生省（現・厚生労働省）という政治部門に任せるべきだとしたのです。

▶▶4　裁判所の考え方

　生存権が「抽象的」であるために政府（立法府や行政府）の大幅な裁量を尊重し，
介入に消極的である裁判所の態度は基本的にこの後も維持されていきます。

　たとえば，障害年金と児童扶養手当の併給禁止が25条に違反すると主張して争わ
れた**堀木訴訟最高裁判所判決**（★最大判昭和57〔1982〕・7・7民集36巻7号1235頁）では，
やはり「健康で文化的な最低限度の生活」が「きわめて抽象的・相対的な概念」であり，
具体的な立法に際しては「国の財政事情を無視することができず……高度に専門技
術的な考察と……政治判断を必要とする」ため，その決定は立法府に委ねられ，そ
れが「著しく合理性を欠き明らかに裁量の逸脱・濫用と見ざるをえないような場合」
を除き，裁判所の判断の対象にはならないとして原告の主張は退けられました。

▶▶5　最近の動向

　2013年8月から3回に分けて平均6.5%，最大10%，総額670億円におよぶ戦後
最大の生活保護基準の段階的な引き下げが政府により実施されました。これに抗い，
政府の当該措置の違憲・違法性を争う裁判——「いのちのとりで裁判」——が全国
29の都道府県（原告計約9000人）で提起され，争われています。2021年2月22日の
大阪地裁判決は，この一連の裁判で初めて，政府の裁量権に逸脱または濫用がある
と判断し，保護基準の引き下げを違法であると判断した裁判です。憲法25条の審
査（当該措置が25条に違反するか否かという点）にまでは踏み込みませんでしたが，朝
日訴訟の第一審判決以来，約60年ぶりに生活保護基準設定の違法性が認められた
画期的な判決であるといえるでしょう。なお，翌年2022年5月25日の熊本地裁判
決もまた，政府の判断過程に誤りがあったとして，保護基準の引き下げは生活保護
法に反すると認定し，熊本市などの自治体による減額決定を取り消しました。

　他方，その他の裁判ではいずれも政府の側に軍配があがっており，今後の裁判の
経過が注目されます。

▶▶6　生存権保障の可能性

　学説や判例の蓄積はあるものの，「健康で文化的な最低限度の生活」の権利保障
の在り方について明確な回答は出せていません。実際，先述の通り，その「抽象性」
ゆえに裁判所の審査が及ばず，原告の生存権保障や法的な救済が実現しないケース

が多数を占めています。

　たしかに，生活保護などの社会保障・福祉の制度においてはその設計や運用について政治部門による「高度の専門技術的」判断は回避できません。しかし，少なくとも憲法学からは以下のように問題提起ができそうです。生存権が「抽象的」でありその具体化において政治部門への裁量があるといっても，**憲法の最高法規性（98条）**を考慮すれば，それは無制限に許容されるはずがありません。憲法の条文が「抽象的」であるのは最高法規である以上，当然です。その「抽象性」ゆえに，最高規範である憲法の保障する権利が政治的事情によって実現できない，または専門性ゆえに政府の裁量にすべて委ねられるとするのは，憲法の性格をあまりに軽視しているのではないでしょうか。

　朝日訴訟の第一審判決では「健康で文化的な」生活について「国民が単に辛うじて生物としての生存を維持できるという程度のものであるはずはなく，必ずや国民に『人間に値する生存』あるいは『人間としての生活』といい得るものを可能ならしめるような程度のものでなければならない」とし，「特定の国における特定の時点においては一応客観的に決定すべきもの」としています。こうして生存権を具体的に観念できる権利だとしたうえで，当時の時代状況に応じた日用品を具体的にあげながら原告の生活実態を詳細に検討し，大臣の処分では権利として保障されるべき「健康で文化的な生活水準」を維持できないと結論しました。

　生存権は文言としては抽象的かもしれませんが，憲法が保障する権利である以上，一定程度客観的な基準として抽出し，これを請求する者の権利侵害状況，生活実態を正確に認識して個別具体的に判断する必要があります。国民の置かれた生活実態を等閑視し，国家の財政的，政治的な都合を理由に権利の中身を問わないことは，憲法論としては本末転倒であるといえるでしょう。

▶§4＿ 改めて「生理の貧困」を憲法から考える

▶▶1　憲法問題としての「生理の貧困」

　ここで「生理の貧困」問題に立ち返りましょう。「＃みんなの生理」によれば，一度の周期で用いる生理用品代を1000円，初経から閉経までを約38年として試算すると生涯の生理用品代は約45万円。生理に関する健康上の問題を抱えている女性の場合，通院費や薬代などもかさむため総額100万円を超えるという試算もあります。

　検討するべき問題は金銭的負担にとどまりません。何らかの理由で十分な生理用

品にアクセスできない場合，不衛生な代用品を使用することで感染症を引き起こす恐れがあります。あるいは，経血漏れが気になり友人との予定や学校でのイベントをキャンセルせざるを得ない，図書館で座ることができないなどのケースもあります。こうして不衛生な状態を強いられ身を小さくして過ごすことは，時に当事者の自尊心を著しく傷つけるのです。

　朝日訴訟の第一審判決も述べているとおり，すべて人はただ人間として生きていければいい存在ではありません。個人として尊重され，幸福を追求する権利が保障されています(憲法13条)。そして国家にはこれを下支えする義務があるのです。「日用品」である生理用品に誰もが安心してアクセスでき，生理をめぐる過剰な「生きづらさ」を回避できる環境整備を実現する必要があるのではないでしょうか。

▶▶2　政府の役割を考える

　「生理の貧困」が注目された折，SNS上では「スマホ代は支払えるくせに」，「化粧品が買えるなら生理用品も買えるだろう」という意見が飛び交いました。あるいは，公立学校の女子トイレへの生理用品常設については「親の責任感を軽減させる」というコメントが東京都に寄せられています。

　憲法から「生理の貧困」を考えればこうした声に疑問符を付すことができるのではないでしょうか。これまで学んだ通り，「生理の貧困」状態にある人は経済的な困窮に加え，時には不衛生な環境で尊厳を傷つけられる生活を強いられています。こうした問題状況において，検討するべき対象の本質を冷静に見極めつつ，「健康で文化的な最低限度の生活」の実現に資する政策を政府が講じているのか，そうであればその方法や実効性について検証することがまず取り組むべき課題です。

　▶§1で確認したとおり，政府や自治体など公的な機関も「生理の貧困」を問題視し，具体的な策を講じています。こうした支援は「健康で文化的な最低限度の生活」を実現するための公的介入の一例として一定程度評価できるでしょう。他方，実際にこの問題に取り組んでいる地方公共団体は現段階では全体の約33％に過ぎません。また，実施期間も自治体ごとに異なり，「(生理用品が) なくなり次第終了」とした自治体が約39％，あるいは期日が示されていない自治体も少なくないのが現状です。こうした状況を共有・検討し，場当たり的な対応にならないよう，真の解決に向けたあるべき方針を見定める必要があります。

▶▶3　社会全体の問題としての「生理の貧困」

　最後に，「生理の貧困」をコロナ禍という「例外的」，「一過性」の現象であるとみなすことがあってはなりません。実際，「生理の貧困」問題はたしかにコロナ禍で先鋭化し光が当たりましたが，それ以前から存在していました。2019年に「#み

んなの生理」が立ち上がり生理用品を軽減税率の対象にするための署名活動を始めた際には，ほとんど話題にならなかったのです。今後も継続的に取り組むべき重要課題の1つであることを確認する必要があります。

　なお，政府は「生理の貧困」を「経済的な理由で生理用品を購入できない女性や女の子がいる」（男女共同参画局2021年）問題に限定しています。しかし，「生理の貧困」は経済的困窮によってのみもたらされるのではなく，生理をめぐる知識や社会的な理解の「貧困」もその要因として考えられ，より広くこの問題を捉えるべきではないでしょうか。「生理の貧困」は憲法上の権利，そして公的政策の在り方にかかわる以上，生理を経験している人に限定せず社会全体で考えるべき問題であるといえます。いわんや「自己責任」や「親の責任」として一蹴することはあってはならないのです。

【塚林美弥子】

16 講__ 教育を受ける権利 ....

❖Topic 16__突然の一斉休校，子どもたちの「学ぶ権利」は保障されたのか？
　新型コロナウィルス感染症の感染拡大が深刻の一途を辿っていた2020年2月27日，安倍晋三首相（当時）は突然テレビに向かって全国すべての小中高校や特別支援学校への臨時休校を「要請」しました。全国の学校がこれに従ったため，子どもたちは一時的に学びの場を奪われ，自宅での遠隔授業（オンライン教育），自宅学習等を強いられました。学校によってオンライン教育の整備状況にはばらつきがあり，さらにインターネット回線等の環境が整わない家庭では授業にすら参加できず，友だちに会えないことからイライラが募り，勉強に取り組めない子どもも少なくありませんでした。こうした事態において子どもたちに「学ぶ権利」は保障されたのでしょうか？

▶§**1**__「一斉休校」の衝撃

▶▶**1**　経緯

　政府による一斉休校の「要請」は，「子どもたちの健康，安全を第一に考え，多くの子どもたちや教員が日常的に長時間集まることによる感染リスクにあらかじめ備える観点から」なされたもので，これを受け全国の学校はほぼ一斉に休校になりました。

　4月に新学期が始まっても7日に関東圏を中心として緊急事態宣言が発出され，そして16日にはほぼ全国に対象が拡大したため，大多数の学校で休校が継続することになりました。全国の学校に通う児童生徒たちの「教育を受ける権利」の保障・実践が一時的に停止したのです。学校空間において教員や友人と共に学ぶというかけがえのない経験を多くの子どもが得られないという，歴史上ほとんど例をみない異常事態に至りました。

▶▶**2**　影響

　全国一斉休校により終日「ステイホーム」を強いられた結果，子どもたちには多くの制約が課されました。「学校に通う」という基本的な「学び」のチャンス・営みを一時的に失い，運動会や修学旅行などのイベントは軒並み中止。友人とのかか

▶図表16-1　臨時休業中の家庭学習（単位：設置者数）

	回答数	割合
教科書や紙の教材を活用した家庭学習	1,213	100%
テレビ放送を活用した家庭学習	288	24%
教育委員会が独自に作成した授業動画を活用した家庭学習	118	10%
上記以外のデジタル教科書やデジタル教科書を活用した家庭学習	353	29%
同時双方向型のオンライン指導を通じた家庭学習	60	5%
その他	145	12%

出典：文部科学省「新型コロナウイルス感染症対策のための学校の臨時休業に関連した公立学校における学習指導等の取組状況について」（2020年）

わりが希薄になり，また，運動することも激減し，生活リズムが崩れた子どもも少なくありません。栄養バランスのとれた給食も中断したため，一部の子どもにとってそれは健康上のダメージも加わります。

　臨時休校が継続するなか，5月に政府は「新型コロナウィルス感染症の影響を踏まえた学校教育活動等の実施における『学びの保障』の方向性等について」と題する通知を出しました。本通知によれば，臨時休校下でも分散登校などによって学習活動を実施すること，そして個人でもできる学習活動についてはICT（情報通信技術）を活用して授業外で実施すること，そのために学校と家庭のICT環境を整備することなどが掲げられました。デジタル教育やオンライン授業の本格的な導入と実践が政府によって提唱されたのです。

　他方，文部科学省の調査によれば，2020年4月16日時点において臨時休校を実施する公立の小中高校等を設置している自治体のうち，「教育委員会が独自に作成した授業動画を活用した家庭学習」を実施している（またはその見込みがある）学校は10%にとどまり，さらに「同時双方向型のオンライン指導を通じた家庭学習」を実施している（同上）と回答したのはわずか5％にしか及びませんでした（上記▶図表16-1を参照）。

▶▶3　憲法から考える

　少なくとも2020年4月中旬の時点では，同時双方向型のオンライン教育の実施率は極めて低く，自治体間（学校間）においても格差が生じていたことがわかります。また，仮にこの格差が解消されたとしても，つまりすべての学校がオンライン教育を実現できたとしても各家庭にパソコンやWi-Fi等のオンライン環境が整備されていなければ，子どもたちはこうした学習にアクセスすることができません。

また，紙の教材を用いた家庭学習を課された場合，集中して勉強をする物理的な環境を整えられない子どもにとってそれは学びへの大きな障害となり得ます。たとえば兄弟姉妹が多い，あるいは一人部屋を有さない子どもにとっては，自宅で自主的に学ぶということはいくら教材が提供されたとしても事実上不可能に近いでしょう。

　憲法は26条1項で「教育を受ける権利」を保障しています。コロナ禍では多くの子どもが上記のような事情により長期間「教育を受ける」ことがかないませんでした。こうした状況は，子どもたちの憲法上の権利の侵害として検討する余地があります。

▶§2＿「教育を受ける権利」とは？

▶▶1　「義務」としての教育から「権利」としての教育へ

　以上の問題を考えるために，憲法上の「教育を受ける権利」について学びます。小中学校が退屈，時には苦痛と感じられた人にとって，通学して学習に取り組むというのは日常的な「義務」として感じられたかもしれません。しかし，「教育を受ける」ことは私たち国民の権利として憲法により保障されているということをまずは確認しましょう。

　歴史的に紐をとくと，第2次世界大戦以前，つまり日本国憲法の制定までは，教育の問題は「**教育勅語**」(1890年) という「天皇の言明」に基づくものとされ，立派な臣民（天皇の民）を「育てる」ことにその主眼が置かれていました。1886年の小学校令に従い，教育を受けることは兵役や納税に並んで「臣民」の国家に対する義務であり，文字通りの「強制教育」(compulsory education) でした。昭和初期の日本軍国主義において，学校は子どもたちを戦場に送り出すための場として機能していたのです。

　他方，日本国憲法は13条で私たちが「個人」として尊重され，そして26条で教育を受けることが権利であることを明らかにし，こうした戦前の発想および実践との絶縁を明らかにしました。また，教育を受ける権利の実質的保障に資する**教育基本法**が1947年に制定され，教育をめぐる法令や運用の解釈・実践の基準として位置づけられました。教育基本法1条が教育の基本的な目的を「人格の完成」に据えていることからもわかるように，人間が独立した人格を持ち，自らの人生を描いて切り開くような存在に成長・発達していくためには，教育を受けることは不可欠であるという考えが共有され，憲法上の権利として保障されるに至ったのです。

▶▶2 教育を受ける権利の性格

憲法26条は，国民が，合理的な教育制度や設備を通じて適切な教育の場や条件を提供・整備することを国家に対して求める権利であると解され，社会権としての性格を持つものとして位置づけられます。教育が各個人の権利である以上，これを実現・保障するために国家が教育にまつわる権限や義務を有するということを意味するのです。最高裁も「この規定は，福祉国家の理念に基づき，国が積極的に教育に関する諸施設を設けて国民の利用に供する義務を負うことを明らかに」しているものと判断しています（★最大判昭和51〔1976〕・5・21刑集30巻5号615頁：**旭川学テ事件判決**）。

教育を受ける権利をめぐる憲法学説は以下の通りです。日本国憲法が制定された当初，注目を集めたのは教育を受ける権利を人間的存在にかかわる権利としてとらえ，その具体的内容を，当事者の資力にかかわらず等しく教育を受けることができるよう，就学援助などの経済的な配慮を国家に求める権利であるという「生存権説」でした。

1960年代頃になると，26条にそうした側面があることを認めつつ，教育を「受ける権利を子どもが教育を通じて学習し，成長・発達する権利であると理解する学習権説」が有力になります。この考え方は今もなお強い支持を得ており，判例も国民が固有の学習権を有するという観念が26条の背後に存在していることを認めています（前出・旭川学テ事件最高裁判決）。

ただし，生存権説も学習権説もどちらか一方を採用すると他方が排除されてしまうような排他的な関係にあるのでなく，両者は一体的に把握することが可能であり，またそうするべきであるという主張も一般的です。昨今の「子どもの貧困」をめぐる問題状況をみると，生存権説の意義も失われていないように思われます。

▶§3__ 義務教育とは何か？

▶▶1 教育を受けさせる義務

憲法26条2項は「すべて国民は，法律の定めるところにより，その保護する子女に普通教育を受けさせる義務を負う」と定めています。これは，1項で教育を受ける権利を保障したこととの関係で，この子どもの権利の保障・実現を親などの保護者が邪魔してはいけない，あるいは充足をさせるための義務が生じる，ということを意味しています。つまり，義務教育というのは子どもが「教育を受ける義務」

ではなく，保護者に対して「教育を受けさせる義務」を課しているのです。

　こうした憲法上の規定や考え方を受けて，学校教育法17条1項は「保護者は，子の満6歳に達した日の翌日以後における最初の学年の初めから，満12歳に達した日の属する学年の終わりまで，これを小学校，義務教育学校の前期又は特別支援学校の小学部に就学させる義務を負う」と定め，「教育を受けさせる義務」が法的な義務であることを明言しています。「病弱，発育不完全，その他やむを得ない事由のため，就学困難と認められる場合」（同18条）を除き，小学校・中学校の義務教育の段階は学校に通わせないと保護者が罰金に処される場合もあります。

▶▶2　親の教育の自由

　憲法において「親の教育権」，「親の教育の自由」などの規定は見当たりません。しかし，学校に通うことによってのみ子どもへのあらゆる「教育」が実施・実現されるべきだ，という考えも不自然です。当然ながら子どもは「学校以外の場所」でもさまざまな学びや経験をし，自己の成長・発展に強い影響を受けます。なかでも重要な役割を担うのが親（保護者）であり，民法においても親は「……子の利益のために子の監護及び教育をする権利を有し，義務を負う」（民法820条）と定められています。たしかに憲法上の規定はありませんが，子どもの教育を受ける権利をより手厚く保障するために，子どもを育てる過程にかかわる一主体として国に邪魔されることなく自らの判断によって子を教育する自由や権利が，親に対して認められて当然であると一般的に理解されています。憲法は親の教育の自由を明文で保障してはいないものの，これを制約しているわけでもないのです。

　なお，1948年世界人権宣言は26条1項で「教育を受ける権利」を保障し，3項で「親は，子に与える教育の種類を選択する優先的権利を有する」と規定しています。子どもが学齢期であったとしても教育に関する親の権利が承認されており，親の教育の自由は国際的なスタンダードとして承認されているといえるでしょう。

▶§4＿ 義務教育の無償性

▶▶1　「無償」の範囲について

　憲法26条2項は「義務教育は，これを無償とする」と定めています。育った家庭環境や親の経済的な事情によることなく，すべての子どもに対して平等に教育を受ける権利と機会が保障されていなければなりません。そのため，憲法により義務教育過程が無償であることが保障されているのです（義務教育の無償性）。したがって，

義務教育の段階で公立の学校に通う場合，授業料の負担はありません。タダということです。この費用は国や地方公共団体の責任によって税金から支出されています。

　問題となるのは「無償」の範囲です。これについては，一方で，授業料に加え，給食費や修学旅行費，その他あらゆる学用品など義務教育の段階で必要になる費用の一切を国が保障するべき無償の対象であるとする考え方があります（**就学必需費無償説**）。他方，これらはすべて親の負担であり，公立学校の授業料のみが無償の対象であるとする立場があります（**授業料無償説**）。前者の立場は教育法学の有力な見解であり，後者は憲法学と最高裁判決（★最大判昭和39〔1964〕・2・26民集18巻2号343頁）の立場です。

　なお，2018年時点で公立小学校において子どもの教育にかかる費用（学校給食費，学校外活動費などを含む学習費）は，年間平均32万円程度，中学校では平均48万円程度に及んでいます。この費用は基本的には親の負担であるとされていますが，十分に工面ができる家庭は必ずしも多くありません。たしかに授業料の負担はないものの，こうした支出を各家庭に強いる公教育が本当に「無償」であるのかは疑問が残ります。

▶▶2　就学援助

　学校教育法19条は「経済的理由によって，就学困難と認められる学齢児童又は学齢生徒の保護者に対しては，市町村は，必要な援助を与えなければならない」と定めており，これに基づいて「**就学援助**」という制度が存在します。世帯の収入状況など一定の条件を満たした場合，自治体によって学用品，通学用品，修学旅行費などが援助される仕組みです。実際の学校現場はこうした支援を通じて，一定程度親の経済的負担をカバーしているのです。

　ただし，自治体によって基準や対象品目にばらつきがあるなど，就学援助には多くの問題が指摘されています。また，例えば修学旅行費の援助において純粋に交通費や宿泊費などしか支給されないため，実際に子どもたちが修学旅行先でお土産を購入したり，自由時間に友人と過ごすお金が工面できず参加を断念するケースもあり，より手厚い支援がなされるべきではないか，という意見もあります。

▶▶3　義務教育段階以外の学校への拡大

　義務教育の段階での無償を憲法は定めているものの，それ以外，たとえば高等学校については，憲法上の保障が直接には及んでいません。他方，日本の高校への進学率は98％を超えており，高校が子どもにとって大学等への進学や就労など，次に進むための重要なステップであること，そしてより広範な専門的知識，他者とのつながりの確保の可能性が含まれていることなどを考慮すれば，子どもたちにとっ

て高校進学とそこでの学びや体験は極めて重要な役割を果たすものといえます。

この点，2010年度より「公立高等学校に係る授業料の不徴収及び高等学校等就学支援金の支給に関する法律」に基づき，**公立高校の授業料無償化**が初めてはかられました。さらに，2012年には，社会権規約13条2項2（b）及び（c）（中等・高等教育の漸進的無償化）への留保を日本政府が撤回したことにより，無償化の高等教育への漸進的な導入義務が課せられることになり，「教育の無償性」は大きく前進することになったのです。なお，2014年度からは同法の改正により公立高校の授業料不徴収が就学支援金に一本化されるとともに，所得制限が導入されました。現在，「高等学校等就学支援金の支給に関する法律」により，私立高校も全日制の場合は一定の条件を満たした場合に最大で年間約39万円が支給されることになり，実質的な無償化がはかられています。

▶§**5**＿ オンライン教育

▶▶**1**　オンライン教育と教育を受ける権利の実現

2019年12月，小中学校の児童生徒1人につき1台の端末配備と，高速大容量の通信ネットワークの一体的整備を内容とする「**GIGAスクール構想**」が文部省から発表されました。当初，「1人1台端末」は2023年度までに整備を完了する予定でしたが，新型コロナウィルス感染症の感染拡大を契機に，その実現は2020年度に前倒しになりました。また，これと並行して紙媒体の教科書にかえて**デジタル教科書**の導入が提唱され，ICT機器（及びこれを利用するための環境整備）は「教育を受ける権利」の実現にとって必須のものとなりつつあります。本講の冒頭で示した「一斉休校」およびオンライン教育の不徹底によって子どもたちが直面した困難は，その必要性をより明るみにしました。こうした状況においては，子どもたちの学びへのアクセスに欠かせない媒体となりつつある以上，ICT機器等の子どもたちへの現物給付もまた，憲法26条2項が保障する「義務教育の無償」に含まれ得ると考えられます。

▶▶**2**　対面授業等の学校空間での教育

オンライン教育により多くの子どもがさまざまな困難に直面したことを確認しましたが，他方で，こうした形態の授業・学習を歓迎する声もあがりました。というのも，対人関係や集団生活が不得手であるなどの理由で学校に通えない子ども（不登校児童生徒）が授業に参加できるようになる，あるいは自身の理解度に応じてペー

スを調整して学習ができるなど，さまざまな有益性もまた得られたのです。学校以外の空間での学びが保障され，子どもの成長・発達に資するのであれば，オンライン教育のこうした側面は歓迎されるものでしょう。

　他方，学校空間は教員による専門的な知識の伝達に加え，大勢の子どもが集まって一日の大半の時間を共に過ごし，交流や学び合いを可能にする，極めて貴重な「居場所」でもあります。子どもは教員など親以外の大人たちに見守られ，あるいは他の児童生徒と励まし合うことによって自己を形成するのです。その意味で，学校空間で学ぶことの価値はやはり強調するべきでしょう。また，貧困やネグレクトなど家庭が問題を抱えている子どもへの対応が迫られているところ，学校空間はこうした子どもを「発見」し，場合によっては専門家につなげるような機能も有しています。

　一斉休校の「要請」によりオンライン教育の重要性・有用性，その整備拡充の必要性が自覚され，政府主導で進められてきました。コロナ禍の収束が確定しえない今日，こうした動きは国家的課題として今後も重要な位置をしめるものです。しかし，学校空間での学びが持つ固有の価値に改めて目を向ければ，長期間の休校やオンライン一辺倒の教育が展開された場合，子どもたちから学びとこれを通じた成長発展の重要な契機を奪うことになりかねず，教育を受ける権利に大きな打撃を与え得ることも同時に確認しなければなりません。

【塚林美弥子】

17 講__労働権 ....

❖Topic 17__仕事も恋もがんばりたい！──とあるアイドルの奮闘

　わたし，花子っていいます。19歳です。HANA っていう名前でアイドルしてるのですが，実は，事務所（X芸能プロダクション）から損害賠償を払えって言われて困ってます。事務所との契約（専属マネジメント契約）で恋愛が禁止されていて，それを破ったときには損害賠償を求めますって書いてあるんですが，ファンクラブ会員の太郎と付き合ってるのがスクープされてしまい……。アイドルっていう夢を小さな頃から応援してくれたのが幼馴染の太郎なんです。アイドルを続けるには太郎と別れないといけないのでしょうか……。

　その太郎も警察官の仕事が忙しいみたいで目に見えてやつれていて心配です。公務員だとストライキとか難しいって聞きましたが，どうにかならないのでしょうか……。

▶§1__労働法の意義と憲法

▶▶1　労働法の意義

　アイドルか太郎かの二択を迫られてしまった花子について，労働者（これも様々な意味があります）という立場から考えてみましょう。事務所が選ぶ立場でありアイドル志望者は選ばれる立場であるとすると，恋愛禁止が嫌でも夢のために契約するかもしれません。契約時に「両方ともちゃんとしたい！」と言えず，その後に仕事か恋かで悩むかもしれません。これは雇用者に強く出られない労働者の状況と似ています。労働者は基本的に弱い立場であり，そのため憲法は労働者の権利を定め，労働法という分野が確立しています。

　労働者はなぜ弱い立場なのでしょうか。人は食べなければ生きていけません。土地があれば作物を植えて収穫できるでしょう。道具があれば動物を狩れるかもしれません。では，それらを持たない人はどうすればいいでしょうか。最後に残されるのは「労働力」であり，それを提供して対価を得るしかありません。

　しかし，生活のための最後の手段だからこそ足元を見られてしまう可能性があります。いかに劣悪な労働条件でも無一文よりはマシだと「労働力」を他人（使用者）に委ねて使わせてしまうかもしれません。実際には生活がかかっていて選択の余地

がなかったとしても，「あなたが自分で決めたことだ」と言われてしまうでしょう。

　労働法はこのような状況から生じる様々な問題に対処すべく誕生しました。それは**契約自由の原則**などを基礎とする**近代市民法**の修正です。近代市民法からすれば労働関係も対等な当事者間での契約であり，劣悪な労働条件の下で労働者が酷使されても，自由な意思に基づく契約の結果として認められうるのです。労働法は契約自由の原則を修正し，労働条件の最低基準を法定することによって，このような状況を打破しようとする法です。

▸▸2　労働法と憲法

　現実は労働者と使用者（会社）が対等な立場で交渉しているとは限りません。そこで「労働力」取引の現場や労働の現場に国家が介入することが求められます。こうして，国家に介入を求める社会権の性格を（も）有する権利として労働権が憲法に取り入れられました。

　もともと労働権は，18世紀において労働する自由として語られていました。他方で，乞食や貧民という社会問題は当時から存在し，フランスやドイツでは公的救済として国家が仕事を提供することについて議論されました。その流れの中で現在のような労働権を導入した先駆的な憲法が1919年の**ワイマール憲法**です。日本国憲法も試案段階ではワイマール憲法と似た条項がありましたが，紆余曲折を経て現在の27条・28条に落ち着きました。

　こうして労働者の経済的劣位に着目し生存権に関わるものとして労働法が語られてきましたが，近年では，労働者個人の人格的自律や自己決定といった憲法13条の保障する価値に着目して語る**労働人権法**が提唱されています。

▸§2__ 勤労の権利・義務と労働基本権

▸▸1　勤労の権利と義務（憲法27条1項）

　憲法27条1項は「すべて国民は，勤労の権利を有し，義務を負ふ。」とし，国民の勤労の権利と勤労の義務を定めています。

　勤労の権利は，①国家に対して就職の機会の提供を要求し，②就職できない場合にはそれに代わる適切な措置をとることを要求する権利とされています。このうち①の**労働市場整備義務**に対応するものとして職業安定法や障害者雇用促進法などが，②の**失業援助義務**に対応するものとして雇用保険法などが制定されています。

　勤労の権利は元々は国家などの他者からの妨害を排除するという自由権でした

が，現在では根底に生存権（25条）がある社会権の一種とする理解が通説的です。しかし，両方の側面を有していると考えてもよいでしょう。

　なお，勤労の義務は強制労働を認めるということではなく，働く能力のある者は勤労によって生活を維持すべきであり，意欲のない者のために国家が施策を講ずる必要はないことを示しているとされます。失業保険の失業認定において求職活動を確認する（雇用保険法15条5項）など，そのような理解が反映されている法律があります。

▶▶2　勤労条件の法制化（憲法27条2項・3項）

　憲法27条2項は「賃金，就業時間，休息その他の勤労条件に関する基準は，法律でこれを定める。」とし，同条3項は「児童は，これを酷使してはならない。」と定めています。これは近代市民法の諸原則を修正することを国家に要請するものです。本条をうけて制定された代表的な法律が**労働基準法**です。本条との関係では，賃金（労基法28条），就業時間（法32条），休息（法34条1項），児童（法第6章）の定めがあります。

　労働する中で誰でも遭遇しうるものとして，セクシャル・ハラスメントなどの様々なハラスメントがあります。また近年では，学生が劣悪な労働環境でのアルバイトを強いられるブラックバイトが問題視されています。このように，雇用関係について紛争が生じた場合，行政の窓口としては各都道府県の労働局や**労働基準監督署**に置かれた**総合労働相談コーナー**があります。また日本司法支援センターや自治体が開催する無料相談会などで弁護士に相談するのもいいでしょう。司法的手続としては，通常の訴訟のほか，裁判官1名と労働関係専門家2名からなる労働審判委員会による**労働審判**があります。

　労働環境の改善は，国家が民間企業を規律するという手段だけではありません。例えば，人事院は国家公務員について不妊治療と仕事の両立を支援するため年間最長10日間の有給休暇制度（出生サポート休暇）を2022年4月に導入しました。この制度は民間企業にも例が少なく，国家が率先して導入することで社会全体に広げる狙いがあるとされています。

▶▶3　労働基本権（憲法28条）

【1】　労働基本権の保障

　憲法28条は「勤労者の団結する権利及び団体交渉その他の団体行動をする権利は，これを保障する。」とし，**団結権・団体交渉権・団体行動権（争議権）**のいわゆる**労働基本権**を定め，**労働組合法**によって具体化されています。これらは経済的弱者である勤労者（労働者）が団結し労働条件の交渉に集団で臨むことによって，使用

者と実質的に対等な立場を確保するための諸権利です。労働基本権に反する立法や行政措置は違憲・無効であり，団結・団体交渉・団体行動は一定の限界を超えない限り民事上および刑事上の責任を問われません（労組法1条2項・8条）。

団結権とは，労働組合を組織する労働者の権利です。労働組合には企業や職種の枠を超えた産業別組合もありますが，日本の大多数は企業の従業員で組織される企業別組合です。

労働者は集団であることによって使用者と対等になると考えられますので，団結を促し維持するために必要かつ合理的な範囲で，労働組合に対して組合員の行動を統制する統制権が認められます（★最大判昭和43〔1968〕12・4刑集22巻13号1425頁：**三井美唄炭鉱労組事件**）。統制権行使の合法性判断の際には，労働組合からの脱退が事実上困難であることや組合員の権利を考慮する必要があります。判例では，独自に市議会議員に立候補しようとした組合員に対する統制処分を立候補の自由の重要性を加味して違法としたもの（前掲・三井美唄炭鉱労組事件），組合出身議員の所属政党に寄付するための資金（政治意識昂揚資金）の徴収を組合員の政治的自由を加味して違法としたもの（★最判昭和50〔1975〕11・28民集29巻10号1698頁：**国労広島地本事件**）があります。

加入・脱退の自由（労組法21条1項）との関係で，採用後一定期間内に労働組合に加入しない者などを解雇する労使間の協定（ユニオン・ショップ協定）が問題となった事件があります。最高裁は，このような強制も団結権により有効とする一方，当該組合以外の労働組合に加入している者などに対する使用者の解雇義務を定めた部分は民法90条に反し無効としました（★最判平成元〔1989〕12・14民集43巻12号2051頁）。

団体交渉権とは，労働者の団体が使用者と労働条件について交渉する権利のことです。使用者には，労働条件などの団体交渉事項について正当な理由なく団体交渉を拒んではならないという義務（**団体交渉応諾義務**）があります（労組法7条2号）。また，団体交渉権の内容として，労使間の合意内容を書面として双方に適用する**労働協約締結権**があります。

団体行動権（争議権）とは，労働者の団体が労働条件に関する交渉を有利に進めるために，争議などの団体行動をする権利のことです。争議には例えば，①ストライキ（同盟罷業。労働力の提供を拒否する），②サボタージュ（怠業。故意に労働能率を下げる），③ピケッティング（ストライキへの協力を呼びかけ労働者などの立入りなどを阻止する），④職場占拠（職場を占拠することで，団結を維持したり使用者による操業を阻止する），⑤ボイコット（不買運動。使用者の製品の不買を顧客や公衆に訴える）があります。なお，労働組合が使用者の指揮命令権を排除して企業の経営を行う「生産管理」は違法です（★最大判昭和25〔1950〕11・15刑集4巻11号2257頁）。

【2】 不当労働行為とその救済

労働基本権への妨害を**不当労働行為**といい，例えば，①**不利益取扱い**（組合活動などを理由とした解雇などの不利益な取扱い），②**団体交渉拒否**（正当な理由のない団体交渉の拒否），③**支配介入**（組合の結成・運営に対する支配・介入）があります（労組法7条）。

不当労働行為に対しては，**労働委員会**に不当労働行為の救済を申し立てることができます（裁判所に訴えることも可能）。労働委員会は労働者委員・使用者委員・公益委員からなる機関で，不当労働行為の類型に対応して，原職復帰命令，賃金遡及払い命令，誠実交渉命令，支配介入行為禁止命令，**ポスト・ノーティス命令**（不当労働行為を陳謝する文書の掲示など）などの救済命令を出します（労組法27条の12）。なお，ポスト・ノーティス命令については，思想・良心の自由（19条）に反しないかが問題となりますが，判例はこれを合憲としています（★最判平成2〔1990〕・3・6判時1357号144頁）。

▶ §**3**＿ 公務員と労働基本権

▶▶**1** 現行制度

憲法28条の「勤労者」とは広く労働力を提供して対価を得て生活する者とされています。これは，労組法上の「労働者」（労組法3条）とほぼ同義でしょう。

太郎さんのような公務員も「勤労者」です（特に，★最大判昭和41〔1966〕10・26刑集20巻8号901頁：**全逓東京中郵事件**）。そのため原則として労働基本権が保障されます。しかし，例えば，銀行強盗が立てこもったのに警察がストライキで来なかったらどうでしょうか。公務員の職務は私たちの生活に多大な影響を与えます。そこで，公務員の労働基本権は①公共の福祉のための奉仕者であること（憲法15条2項），②公務員については勤務条件法定主義（同73条4号など）や③議会による財政のコントロール（財政民主主義）の要請（同83条）があり団体交渉と相いれないことを理由に制約されると論じられます。

現行制度では▶図表17-1のように制限されています。「非現業公務員」とは国家公務員・地方公務員，「現業公務員」には昔の三公社（国鉄など）五現業（郵政事業など），今だと行政執行法人職員（国立公文書館・造幣局など）のほか，ここでは地方公営企業（水道事業など）等職員を含めています。太郎さんは警察職員ですね。

▸図表17-1　公務員の労働基本権

	警察職員，消防職員，自衛隊員など	非現業公務員	現業公務員
団結権	×	○	○
団体交渉権	×	△ （労働協約締結権×）	○
争議権	×	×	×

参照：荒木尚志『労働法〔第4版〕』（有斐閣，2020年）28頁。

▶▶2　判例の展開

　公務員の労働基本権の制限について判例は当初，「全体の奉仕者」（憲法15条2項）を理由として合憲としました（★最大判昭和28〔1953〕4・8刑集7巻4号775頁：**政令201号事件**）。

　その後，現業国家公務員の争議行為に対する「全体の奉仕者」を理由とした全面禁止を否定し禁止を制限した事件（全逓東京中郵事件）があり，労働基本権保護の傾向が見られました。例えば，非現業地方公務員の争議行為を無罪とした事件（★最大判昭和44〔1969〕4・2刑集23巻5号305頁：**都教組事件**）や非現業国家公務員の争議行為を無罪とした事件（★最大判昭和44〔1969〕・4・2刑集23巻5号685頁：**全司法仙台事件**）です。都教組事件は，禁止される争議行為も刑事罰の対象となるあおり行為なども両方ともに違法性が強いものに限られるとした「**二重のしぼり**」で有名です。

　しかし，この流れは**全農林警職法事件**（★最大判昭和48〔1973〕4・25刑集27巻4号547頁）によって覆されます。同事件は，初期と比べて具体的に判断するものの，非現業国家公務員に関する争議行為の一律かつ全面禁止を合憲とし，「二重のしぼり」は明確性を欠くとして判例変更しました。この判決の趣旨に従い，**岩手教組学テ事件**（★最大判昭和48〔1973〕・4・25刑集30巻5号1178頁）が都教組事件を，**全逓名古屋中郵事件**（★最大判昭和52〔1977〕・5・4刑集31巻3号182頁）が全逓東京中郵事件の判断を覆したとされています。

　なお，この合憲判断では労働基本権制約の代償措置として，政治的に独立した機関であり国家公務員の人事を判断する**人事院**が存在していることが考慮されています。ちなみに，国家公務員の給与については民間準拠を基本として人事院が国会・内閣に対して勧告を出し（**人事院勧告**），それを受けて，内閣の閣議決定を経た上で国会が内閣提出法案を基に法律で給与を決定することが一般的です。あくまで勧告ですので，それに従う法的義務はないのですが，基本的にはそれを尊重しています。

▶§**4**＿ アイドルの恋愛禁止と憲法

▶▶**1** 労組法や労基法の観点から

　まず，アイドルが「勤労者」であれば憲法上の労働基本権は保障されます。この場合，恋愛禁止条項について団体を結成し企業や世間に訴えかけることも考えられます。なお，アイドルが労組法上の「労働者」でありその団体が労働組合として認められるとは断定できません。ちなみに，プロ野球選手の労働組合としてプロ野球選手会が，音楽家の個人加盟による労働組合として日本音楽家ユニオンがあります。

　しかし，それは遠回りでしょう。では，直接に恋愛禁止条項は労基法違反で無効だと言えるでしょうか。しかし，キャバクラ従業員の私的交際禁止に関する判決（★大阪地判令和2〔2020〕10・19判タ1485号185頁）は交際禁止自体は公序良俗違反（民法90条）とし労基法違反とは少なくとも明言していません。（やや曖昧なところもありますが）労基法違反の主張が少なくとも明確にはなかったこともあるでしょうが，労基法にピッタリくる条文がないことのあらわれとも考えられます。

　また，そもそもアイドルは必ずしも労基法上の「労働者」ではありません。労基法上の「労働者」（労基法9条）とされるには，①使用者の指揮監督下で労働し，②労務対償性のある報酬を受け取っていること（使用従属性）が必要です。一般に，アイドルと事務所との契約は，事務所がとってきた仕事をアイドルに依頼して行ってもらうという業務委託契約であり，アイドルには必ずしも使用従属性はありません。もっとも，事務所の指示に従わざるを得ない状況であるなど使用従属性が認められ労基法上の「労働者」とされる場合もあります（★東京地判平成25〔2013〕・3・8労判1075号77頁）。

▶▶**2** （労働）人権法の観点から

　それでは恋愛禁止条項の問題は勤労者（労働者）であることとは関係なく，憲法の定める労働者の権利とは関係ない問題なのでしょうか。そうとも限りません。

　女性のみ結婚を退職事由とした労働契約が性差別であり婚姻の自由を不当に制約する労働条件を定めたものとして無効とした判決（★東京地判昭和41〔1966〕・12・20判時467号26頁）では，「正義衡平に従つた労働条件の下で人たるに値する家族生活を維持発展させることは人間の幸福の一つである」とし，先の労働条件が「公の秩序」（民法90条）違反であるとしています。そこでは憲法13条や25条などに加えて27条

も持ち出されています。とすれば，単なる幸福追求権ではない，いわば "労働しながらの幸福追求権"，ワークライフバランスの権利のようなものが憲法27条との合わせ技で導き出せるかもしれません。その場合，勤労者（労働者）が関わる契約については，"労働しながらの幸福追求権"を守るため，公序良俗違反（民法90条）の判断の際に，憲法で勤労者（労働者）の権利が保障された背景（交渉力格差など）も加味し「正義衡平に従った労働条件」かどうかを考えることが求められそうです（私人間効力については，☞03講）。

　では，恋愛禁止条項はどうでしょうか。仕事（ワーク）も恋（ライフ）も頑張りたい花子の願いは叶うでしょうか。ある判決（★東京地判平成27〔2015〕・9・18判時2310号126頁）は，恋愛禁止条項違反を理由に債務不履行責任が生じると述べているため，恋愛禁止条項の効力を認めていると思われます。他方，本件のモデルである判決（★東京地判平成28〔2016〕・1・18判時2316号63頁）では，アイドルのイメージを維持するための恋愛禁止も一定の合理性があると認めます。しかし，憲法の条文は明示しなかったものの「幸福を追求する自由の一内容をなす」異性との交際を妨げられない自由を考慮し，損害賠償請求ができる場合を "意図的に恋愛関係を公開したなど事務所に対する害意がアイドルに認められる場合" に限定し，その事案では損害賠償を認めませんでした。いずれにせよ，裁判所はアイドルの恋愛禁止条項の効力を明示に否定はしていないようです。

　アイドルの自由な恋愛に救いはないのでしょうか。先のキャバクラ従業員についての令和2年判決では，真摯な交際も禁止対象であったことや高額な違約金（200万円）を定めていたことから，労働者の自由や意思への介入が著しいため公序良俗違反だとしています。この判示は救いになりそうです。とはいえ恋愛禁止条項の一切が無効だと断定はできないでしょう。例えば，交際相手を限定する（例えば，ファンクラブ会員との交際のみ禁止する）といった規定や，真摯な交際（真摯な交際とは何かは別として）であれば認めるといった規定の場合はどうなるでしょうか。

　そのような規定内容に加えて，アイドルという職業の特殊性も考慮すべきでしょう。例えば，平成28年判決も述べるように，アイドル（芸能タレント）は「他では得難い特殊な地位」ゆえに魅力のある職業です。他に代え難く，（広く活躍できる事務所のポストであればあるほど特に）希少であるがゆえに，私生活を犠牲にする契約を結んでしてしまう可能性が一般的な職業よりも高いかもしれません。他方で，アイドルのイメージの維持もあるでしょうし，嫌なら他の事務所に行けばいいということも言えそうです。

　以上の点を踏まえて，アイドルの恋愛禁止を労働者という点から眺めてみてください。

【大野悠介】

第**4**章＿＿ 参政権と請求権

18 講＿ 参政権 ....

❖Topic 18＿選挙権と被選挙権の年齢が違うのはなぜ？

　2015年の公職選挙法改正で選挙権年齢が18歳に引き下げられました。次の選挙の候補者を調べてみても，投票したいと思う人が見当たらないし，政策も上の世代に向けたものばかり。もっと若い候補者がいればいいのに……。

　かつてアメリカで18歳の市長が誕生したように，選挙権と被選挙権の年齢が同じであれば若い政治家が増えるかもしれない。被選挙権の年齢を高く設定していることは，参政権の制限にあたるでしょうか。

▶§**1**＿ 選挙権

▶▶**1**　18歳選挙権へ

　第二次世界大戦後 (1945年)，日本で初めての普通選挙が実施されました。1925年以来の「男子25歳」から拡大され，「満20歳以上の男女」に参政権が認められるようになりました。そして2015年の公職選挙法改正により，選挙権が「満18歳以上」と引き下げられ，70年ぶりに選挙権の要件が変更されました。これによって，この年に18，19歳になった約240万人が新たに有権者となりました。他国の選挙権年齢は，18歳以上が166か国，17歳以上が4か国，最も低い16歳以上が7か国となっており，日本もこのボリュームゾーンに加わることになりました（那須俊貴「主要国における被選挙権年齢」レファレンス833号57-74頁〔国立国会図書館調査及び立法考査局，2020〕）。最近では，台湾が2022年3月に選挙権年齢を18歳に引き下げました。

　これまでに2016年，2019年および2022年の参議院選挙，2017年，2021年の衆議院総選挙と5回の国政選挙が行われました。特に2016年の参院選では，初めての18歳選挙権ということもあり，高校での主権者教育の実施や投票所を大学に設置するなど，若年層の投票を呼び掛ける動きが選挙前から各地で盛り上がりをみせていました。有権者が増えたことにより投票率の向上が期待されていましたが，実際

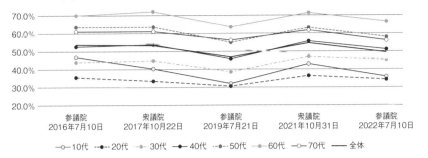

▶図表18-1　18歳選挙権になって以降の国政選挙（年代別投票率の推移）

—○— 10代　--●-- 20代　---●--- 30代　—●— 40代　--●-- 50代　—●— 60代　—○— 70代　—— 全体

（出典）年代別投票率推移は総務省HPより作成

▶図表18-2　18歳選挙権になって以降の国政選挙　世代別平均投票率
（2016参院選，2017衆院選，2019参院選，2021衆院選，2022年参院選）

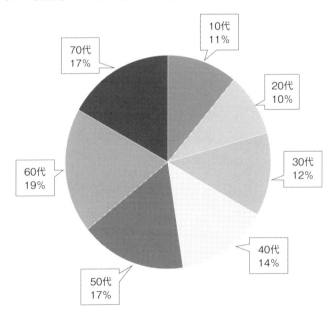

（出典）総務省HPより作成

の投票率は，18歳が51.28％，19歳が42.30％で10代平均では46.78％となり，全体平均の54.70％より低い数値となりました。続く2021年の衆院選でなんとか持ち直しましたが，2022年の参院選では再び下がり，依然として他の年代よりも投票率

が低い水準で推移していることがわかります。18，19歳の投票率が全体投票率を上回ったのは，東京（57.84％）と神奈川（54.70％）だけでした。

▶▶2　「選挙に行かないなら強制投票制にすればよい」

　せっかく選挙権年齢を引き下げたのに，権利を放棄するかのように選挙に行かない若者がいるなら，全有権者に対して**強制投票制（義務投票制）**を導入してはどうでしょうか。海外では，27か国が強制投票制を導入しており，そのうち11か国が罰則規定を置いています。有名な例として，オーストラリアでは，投票に行かずその理由の弁明もしない有権者には罰金刑を用意しており，強制投票制は下院選挙の高い投票率（90％台）を維持することに貢献しています。では，日本の低い投票率をなんとかするためにこの強制投票制を導入するのはどうでしょうか。

　日本における選挙権は，憲法15条「**国民固有の権利**」として保障されています。この選挙権の法的性質の理解については，主に**権利説**と**二元説**が有力とされています。権利説では，選挙権を主権の行使として考えるため（権利一元説，主権的権利説），投票に行かないことも当然そこに含まれる自由であり，投票の強制・義務化は否定されます。二元説では，選挙権に権利と公務の両方の性質を認めるため，強制投票制導入の手がかりになるかもしれません。しかし，権利の側面も無視できないとなると，「制裁」となる罰則規定を設ける制度は違憲の可能性も出てきそうです。

▶▶3　現在の選挙制度

　選挙権の法的性質について，権利の側面が重要であることは上で見た通りです。その権利性を守るために，「**選挙の五原則**」といわれるものがあります。①**普通選挙**（憲法44条但書）②**平等選挙**（14条：政治的価値における平等），③**自由選挙**，④**秘密選挙**（15条4項），⑤**直接選挙**がこれにあたります。この五原則および憲法の各条項をうけて，公職選挙法で選挙制度を設計しています。衆議院は**小選挙区比例代表並立制**（任期4年・解散あり　☞解散権については，**23講**），参議院は選挙区制と比例代表制（任期6年，3年ごとに半数改選・解散無し）でそれぞれ選挙が行われます。選挙権年齢の引き下げや選挙区割りの変更は，この公職選挙法の改正によって行われています。法律の制定・改廃は国会だけが行うことができるため，ここでは公職選挙法の改正に関して国会に裁量があることになります。

　平等選挙原則については，有権者人口の多い選挙区と少ない選挙区の間での「**一票の較差**」が問題化され，何度も訴訟が提起されています。今までの判例では，衆院選における最大較差1対4.99（1976年），1対4.40（1985年）で違憲判決，新しいものでは1対2.129（2015年）で違憲状態判決が出ています。いずれの判決でも，「選挙やり直し」を命じたことはありません。参院選では違憲判決は一度もなく，1対

4.77（2014年）でも違憲状態判決にとどまっています。衆議院と参議院で一票の較差を認める程度が異なる理由としては，選挙制度が異なること，参議院の地域代表性などの特殊性があるからだと説明されています。しかし，国民の選挙権や投票行為それ自体はどの選挙でも同じであるのですから，いくら裁量があるとはいえ，どの選挙制度・選挙区で投票しても1人1票が実現できるような法改正を行う責務を国会は負っているのではないでしょうか。

　ちなみに，先述の強制投票制を導入するとなれば，自由選挙だけでなく秘密選挙の原則も脅かされる（誰が投票していないか調査される）ことになるため，この点においても今の日本で実現するのは困難であるといえます。選挙五原則を守りながら投票率を上げ，若者がより政治参加しやすくするためには，何が障害となっているのかを考えてみましょう。

▶▶4　若者が選挙に行かなかった理由

　2016年の参院選後，18〜20歳を対象とした総務省の調査によると，投票に行かなかった理由として最も多かった回答は「今住んでいる市区町村で投票できなかった」（21.7％）というものでした。これは，就職や進学をきっかけに地元を離れている若者のなかで，住民票を実際の居住地に移さず，実家に置いたままにしている場合に投票ができなかったというケースです。また，新しい居住地に住民票を移したとしても，手続から3か月経過しないと投票ができなかった例もありました。

　公職選挙法21条1項では，選挙人名簿の被登録資格が定められており，当該市町村の区域内に住所を有する年齢満18歳以上の日本国民であることに加えて，住民票が作成されてから引き続き3か月以上登録市町村等の住民基本台帳に記録されている者であることが要件となっています。たとえば，2016年の参院選では，進学に伴い実家に住民票を残したまま転居していた学生について，居住実態がないと判断した72市町村が不在者投票を受理しなかったと毎日新聞が報じました（2017年3月13日記事）。全国民が選挙権を行使する国政選挙において，自治体（選挙管理委員会）によって対応が異なるのは，選挙権行使について不平等を招くことになりかねません。これについて裁判所はどう考えているかというと，1954年の最高裁判決（★最大判昭和29〔1954〕・10・20民集8巻10号1907頁）や，2002年の広島高裁松江支部判決（★広島高判平成14〔2002〕・12・20裁判所web）では，残念ながら下宿生の住民票の住所を実家のままにしておくことが認められていません。これ以降の選挙でも，下宿生の不在者投票を受理するかどうかは，各自治体に設置される選挙管理委員会の判断に委ねられています。

　このように，選挙権年齢を引き下げて有権者層が拡大されたからといって，すぐに投票率が上がるわけではなく，若年層ならではの問題が残されたままになってい

▶図表18-3　2016年参院選で投票しなかった理由

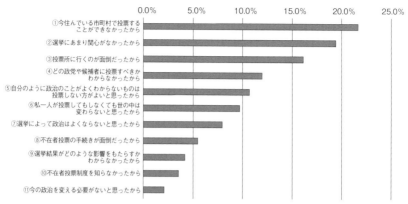

①今住んでいる市町村で投票する
ことができなかったから
②選挙にあまり関心がなかったから
③投票所に行くのが面倒だったから
④どの政党や候補者に投票すべきか
わからなかったから
⑤自分のように政治のことがよくわからないものは
投票しない方がよいと思ったから
⑥私一人が投票してもしなくても世の中は
変わらないと思ったから
⑦選挙によって政治はよくならないと思ったから
⑧不在者投票の手続きが面倒だったから
⑨選挙結果がどのような影響をもたらすか
わからなかったから
⑩不在者投票制度を知らなかったから
⑪今の政治を変える必要がないと思ったから

総務省「18歳選挙権に関する意識調査」（2016年12月26日）より作成

▶▶5　「どの政党や候補者に投票すべきか」わからない有権者

　また，先程の総務省の調査によると，上記の理由に次ぐものとして，「選挙にあまり関心がなかった」（19.4％），「投票に行くのが面倒だった」（16.1％）があります。このような「政治的無関心」が若年層の特徴であることが指摘され始めたのは，1980年代からですが，選挙年齢を引き下げても劇的な改善は見られませんでした。

　選挙権を持っていて投票する機会があるにもかかわらず，選挙に行かない若年層の有権者は，積極的に選挙に行かない場合を除き，選挙に行った方が良いとは思いながらも，投票をしないという選択をしているのかもしれません。アンケートのなかでも，4番目に回答の多かった「どの政党や候補者に投票すべきかわからなかった」（11.9％）という意見に着目し，被選挙権について考えてみたいと思います。

▶§2__被選挙権

▶▶1　被選挙権

　選挙権が18歳となる時期に前後して，国民投票法の年齢規定も18歳とされ，また民法上の成人年齢もこれらに合わせて18歳になりました。しかし今回の改正では，被選挙権の年齢は触れられることなく維持されました。選挙権が20歳だった頃から，被選挙権は25歳（衆議院議員，地方議会議員，市町村長）と30歳（参議院議員，地方公共団体の長）ですので，日本では選挙権と被選挙権の年齢をあえて区別してい

ることがわかります。この理由は，選ぶ側（選挙権）よりも，選ばれる側（被選挙権）の方が年齢・経験ともに成熟していることが政治家という職務上要請されているからだと説明されてきました。近年では，日本企業も年功序列・終身雇用制を維持できなくなってきており，若くても実力のある人材を評価する方針に転換する企業も増えています。年齢を重ねているからといって，成熟した優秀な政治家となるかどうかは分からないのではないでしょうか。

　また，被選挙権には上限年齢（いわゆる定年）がなく，日本では政治家が高齢化していることも話題になっています。2021年衆院選の最年少当選が29歳（立憲民主党の馬場雄基議員），最年長が82歳（自民党の二階俊博議員）で，平均年齢は55.5歳でした。この選挙前には，自民党内で比例代表候補の「73歳定年制」が提案されましたが，結局採用されませんでした。海外では，2017年にニュージーランドで37歳のアーダーン首相，2019年にはフィンランドで34歳のマリン首相という若い（しかも女性の）リーダーが誕生しました。ともに，選挙権・被選挙権が18歳から得られる国ですが，日本でも被選挙権の年齢を下げれば，若い政治家が増えるのでしょうか。

▶▶2　選挙権と被選挙権年齢の関係

　現在，日本と同じく選挙権を18歳以上としている国のうち，被選挙権も18歳としているのは60か国，被選挙権年齢をさらに高く設定している国が106か国となっており，選挙権と被選挙権に差を設けている国が多数派です（那須俊貴「諸外国の選挙権年齢及び被選挙権年齢」レファレンス2015年12月号）。日本の憲法学における被選挙権は，「選出される権利」ではないと説明されてきました。しかし，立候補していない国民が，選挙人団（有権者）によって一方的に選出されることは現在の選挙制度では想定しておらず，むしろ有権者は限られた立候補者のなかから自分の投票先を選んでいます。

　被選挙権の年齢制限についての裁判はあまり多くありません。国政選挙に関しては，2017年参院選の選挙無効訴訟において，被選挙権年齢の制限について，特に衆議院との5歳差を設けて20代の立候補を排除している点について争われました。裁判所は，衆議院と参議院の被選挙権年齢の差について，この違憲の訴えについて判断をしませんでした（★最判平成29〔2017〕・10・31判タ1445号70頁）。地方選挙については，2019年の鎌ヶ谷市長選，2020年の印西市長選においてそれぞれ公職選挙法の定める被選挙権年齢（満25歳以上）に達していないとして立候補届が受理されなかった原告が，被選挙権の制限について争いましたが，裁判所は立候補の自由の不当な制限ではないとして，訴えを退けました。

▶▶3 「投票先がない」問題は解決できるか？

　立候補者がいない選挙は成立せず，「投票したい」と思う候補者がいなければ，投票行動が鈍ってしまうのは仕方ないでしょう。そのため，選挙それ自体に興味がない人だけでなく，良いと思う立候補者がいない場合や，上述のアンケート結果のような「誰に入れたらいいかわからない」という場合には，投票を棄権してしまうことにつながってしまいます。

　憲法43条では，国会議員は「全国民の代表」であるとされています。私たちが，選挙を通じて政治的意思決定をするためには，選ばれた候補者は有権者の「社会学的代表」であり，有権者と選ばれた議員が類似していること，多様な国民の意見を国会で反映されることが重要であるとされています。今の18，19歳の有権者は，25歳または30歳以上の候補者から投票先を選択しなければならないという点において，少なくとも類似するような「自分と同じ世代」の投票先を見つけることはできません。また，ジェネレーションギャップやゆとり／さとり／Ｚ世代などと表されるような，年代による価値観の違いが頻繁に指摘されるなか，「自分と似ている価値観」を年の離れた候補者に見い出すことは難しいでしょう。選挙権と被選挙権の年齢を合わせることは，候補者の被選挙権を保障する側面だけでなく，有権者の投票行動をより充実させる側面もあるといえます。

▶▶4 年齢以外の制約

　選挙に立候補するためには，年齢以外にもいくつか条件が課せられています。これらは公職選挙法により規制されているもので，立候補の自由がないことを前提に，この規制は不合理なものではないとされています。

　国政選挙・地方選挙に共通するものとして，**選挙供託制度**があります。公選法92条で選挙に立候補する際に**供託金**をおさめることになっており，選挙において一定の得票率がなかった候補者は，この供託金を没収されることが同法93条に規定されています。この供託金は，衆議院小選挙区や参議院選挙区で300万円，最も安い町村議会選挙でも15万円と高額になり，実際に選挙活動にかかる費用とは別に，候補者にとって重い負担となっています。この制度は選挙の公平性の担保や，泡まつ候補排除のためだと説明されていますが，供託金を支出できない人は立候補できず，お金のある人だけが立候補することができるという不平等を生んでいると指摘されています。しかし，この公選法92条が2020年に改正され，この供託制度から除外されていた町村議会選挙もついに供託制度が開始されることになりました。学説の批判に逆行する改正であり，被選挙権の制限が強まっている傾向が分かります。

　その他，当選後の副業禁止や地方公共団体の長の多選制限などがありますが，近

年大きく報道されたのは地方選における住居制限についてです。地方議会選挙に立候補する場合には，3か月以上居住している場所で立候補届を出すことになっていますが，スーパークレイジー君として当選した西本誠氏が選挙管理委員会から居住実態がなかったと判断・提訴され，裁判を経て選挙無効となりました。

　もし，被選挙権の年齢を引き下げたとしても，10代の候補者にとって特に供託金などは過剰な負担となり，候補者が現れないかもしれません。しかし，2013年からインターネットでの選挙運動が解禁となり，街頭演説や挨拶回りを中心とする「どぶ板選挙」も変化する時期がきています。2020年のつくば市議会選で当選した川久保皆実議員は，ごみ拾いとSNSでの選挙運動のみで当選したことが話題となりました。また，冒頭の❖Topic 18で紹介したアメリカで2005年にミシガン州ヒルズデール市の最年少市長となったマイケル・セッションズさんは，アルバイト資金の700ドルで選挙運動をしました。この際，住宅を1軒ずつ回る戸別訪問を行ったようですが，日本ではこの戸別訪問は禁止されています。この規制を合憲とする理由として，戸別訪問が不正行為の温床となるなどの弊害や（戸別訪問弊害論・★最大判昭和44〔1969〕・4・23刑集23巻4号235頁），戸別訪問の規制によって得られる利益がはるかに大きいこと（★最判昭和56〔1981〕・6・15刑集35巻4号205頁）などがありますが，学説からの批判も根強くあります。

　このような，選挙運動方法の見直し・解禁によっても，立候補する人の層に変化が出たり，数が増えたりして選挙が盛り上がる可能性があります。

▶▶5　候補者の多様性へ

　国政選挙・地方選挙にかかわらずタレント候補や他分野で活躍した知名度の高い候補が選挙に出るという話題は，全国的なニュースでも取り上げられ話題になります。2005年の小泉劇場と呼ばれた熱狂的な衆院選の投票率は，現行の選挙制度で最高の67.51％でした。とくに選挙区選挙における有権者の投票行動は，政策の魅力だけでなく，候補者自身の魅力に左右される傾向が強くなります。

　2019年参院選では，れいわ新選組のALSを患っている舩後靖彦議員と重度障害を持つ木村英子議員が当選し，車いすで国会に登庁する様子が注目されました。また，アメリカでは性的少数者であることを公表しながら当選する候補者が2020年に334名いました。候補者の属性が多様化することで，有権者が容易に投票先を見つけることができるようになり，その結果多様な意見が国会で反映されることが期待できます。そのためにはまず，被選挙権年齢の引き下げや立候補制限の緩和等により，若年層が投票したいと思えるような近い年代・似たような価値観の候補を増やすための議論が必要な時期なのかもしれません。

【鎌塚有貴】

19 講＿ 国務請求権 ....

❖Topic 19＿わたしの想いよ，国に届け！

　マサミさんとカオルさんは中学校の頃からの大の仲良し。春から同じ大学に通っています。18歳になり，婚姻もできる年齢になりましたが，2人は同じ性別の人間。日本では同性の婚姻が認められていません。最初は，2人で一緒に生活できればいいと，同棲生活を続けていました。法学部に入り勉強していくなかで，法律上の婚姻をしていないといろいろなデメリットがあることを学び，やはり同性婚を認めてほしいと思うようになりました。マサミさんの親戚に国会議員がいましたが，話をしても真面目に聞いてくれませんでした。マサミさんたちは，オフィス・アワーで憲法の先生に相談しに行ったら，「君たち，とりあえず婚姻届を出しに行ってみたら？」と促されて，役所に出しに行くと，やはり受理されませんでした。「どうしたら，わたしたちの想いが政治家に届くのだろう」と悩み，再び憲法の先生に相談しに行きました。そこで，先生は「〇〇をしてみたら？」と言いました。先生はどんなことを提案したのでしょう。

▶§**1**＿「国務請求権」とは何か？

▶▶**1**　国務請求権とはどのような権利であるか

　❖Topic 19のように，マサミさんたちは，国に同性婚を法制化してほしいという願いをもっています。もちろん，これまでの講で扱ってきた表現の自由で広く世の中にアピールすることや，参政権として，選挙の際に，同性婚を主張する候補者を支持し，あるいは，自ら立候補して政策を実現することもあり得るでしょう。しかし，より直接的に国などに働きかける方法はないでしょうか。そこで，本講で取り上げる権利は国務請求権という権利です。この権利はこれまで扱ってきた権利とどのような違いがあるのでしょうか。これまで学んだ人権を分類してみましょう。

　憲法で保障されている諸権利は，それらが保障されている個人や国民と憲法の名宛人（そのルールが向けられている対象，ルールを守るべき主体）となっている国家との関係性に従って，①**国家からの自由**，②**国家への自由**，③**国家による自由**に分類されることがあります。近代の立憲主義では，国家の不作為を内容とする自由権（①国家からの自由）と国家の政治に国民が関与・参加をするための参政権（②国家への自

由）が重要視されてきましたが，20世紀以降の現代では，個人が自らの利益のために国家の作為や積極的な給付を求める権利（③国家による自由）が登場しました。そのような権利に該当するものが，実質的な平等を確保するために保障され，生存権を代表とする社会権です（☞15講参照）。

本講で扱う**国務請求権**は，国家に一定の作為を求める権利です。これも，個人と国家の関係に着目すれば，③の国家による自由に分類されるとされています。国務請求権に該当する権利は，市民が公権力に意見を伝える**請願権**（16条），公権力の不法行為に対して損害賠償を求める**国家賠償請求権**（17条）をはじめ，裁判を受ける権利（32条）や刑事補償請求権（40条）の4つがあるとされています。これらは，歴史の新しい社会権とは異なり，古くから観念されてきた権利もあれば，現代的な権利も含まれています。

▶▶2　裁判を受ける権利

本講では，請願権と国家賠償請求権の2つを中心に詳しく見ていくことになりますが，他の権利についてもここで見ていきましょう。

憲法32条で「何人も，裁判所において裁判を受ける権利を奪はれない」と定めるように，裁判を受ける権利が保障されています。似たような規定があることに気づきませんか？　憲法37条1項は「すべて刑事事件においては，被告人は，公平な裁判所の迅速な公開裁判を受ける権利を有する」と定めているように，刑事裁判に関して特に公平で迅速な公開の裁判を求めています。では32条の「裁判を受ける権利」はどのように位置づけるべきでしょうか。

日本の裁判は大きくわけて民事訴訟・刑事訴訟に分かれます。行政を相手とする行政事件訴訟は民事訴訟の手続規定を多く利用することから，民事訴訟に分類しましょう。民事訴訟や行政事件訴訟は，当事者が訴えを提起することではじまります。訴えを提起する者を原告，訴えられた者を被告といいます。このとき，裁判を受ける権利は，裁判官に「裁判の拒否」を禁じ，適法に提起された事件の処理を求める請求権的な権利としてみることができます（なお，司法権の範囲および限界については☞25講参照）。

これに対して刑事訴訟は市民が提起するものではなく，原則的に検察官が公訴提起を行いますので，刑事訴訟において，裁判を受ける権利にどのような意義があるのでしょうか。それは，裁判で有罪判決を受けなければ刑罰が科されることはない（裁判なくして刑罰なし）という自由の保障に意義があります。刑事手続においては，適正手続を定めた31条と合わせ，32条・37条により手厚い保障があることがわかります。

▶▶*3* 刑事補償請求権

　刑事訴訟によって被告人が有罪か無罪かの判断が行われますが，刑事訴訟の前の捜査段階から，犯罪を行ったと疑うべき相当の理由のある者に対して身体拘束を行うことがあります。捜査段階では有罪とも無罪とも確定し得ないために，結果として無罪判決を得た者を身体拘束していたとしてもそれ自体違法とはいえず国家賠償請求権の対象にはなりません。無実の者への身体拘束自体を適法としながら，身体拘束という犠牲を受けた者が，公平の観点から事後的に金銭による補償を求める権利，それが刑事補償請求権であり，憲法40条は「何人も，抑留又は拘禁された後，無罪の裁判を受けたときは，法律の定めるところにより，国にその補償を求めることができる」と定めています。

　これを具体化した法律が刑事補償法です。抑留・拘禁に対する金額は日数に応じ，1日1000円〜1万2500円以下の金額から裁判所が「一切の事情を考慮」して決めることになっています（同法4条1項）。同条では死刑執行，財産刑の場合も算定方法も規定されています。

　憲法40条および刑事補償法は不起訴処分の場合を規定していません。被疑事実が明白にもかかわらず起訴便宜主義により訴追をしない起訴猶予の場合は補償がありませんが，嫌疑不十分等による不起訴処分の場合は，法務省の定める被疑者補償規程により「その者が罪を犯さなかつたと認めるに足りる十分な事由があるとき」に同程度の補償をすべきことになっています。

▶§ *2*　請願権（憲法16条）

▶▶*1*　憲法16条と請願制度

　さて，最初の❖Topic 19に戻ってみましょう。同性婚を制度として認めるには法改正が必要ですので，選挙で選ばれた国会議員の仕事です。しかし，選挙の争点は多種多様なものがあり，多くの有権者がマイノリティの権利や同性婚に関心を向けて投票することを期待することは難しいでしょう。選挙を中心とした民主主義的プロセスも自ずと限界があります。それでは，選挙というルート以外に何か政治部門にアプローチする方法はないでしょうか。

　ここで請願権について注目してみましょう。憲法16条は「何人も，損害の救済，公務員の罷免，法律，命令又は規則の制定，廃止又は改正その他の事項に関し，平穏に請願する権利を有し，何人も，かかる請願をしたためにいかなる差別待遇も受

けない」と定めています。なお，請願権は，代議制民主主義が根付く君主制の時代にも存在していた権利です。明治憲法30条でも「日本臣民ハ相当ノ敬礼ヲ守リ別ニ定ムル所ノ規程ニ従ヒ請願ヲ為スコトヲ得」と請願権が認められました。

　現行の憲法16条の制定を受けて，一般的な請願について定めた**請願法**が定められています。請願には請願者の氏名（法人の名称）および住所または居所を記載すべきこと（2条），提出先は所管する官公庁（天皇の場合は内閣）に提出すべきこと（3条1項）等の請願の方式について定めています。なお，国会の各議院への請願手続は国会法第9章（79条〜82条）および衆議院規則171〜180条，参議院規則162〜172条に定めがあります。また，普通地方公共団体の議会への請願は地方自治法109条，124条および125条の定めがあります。裁判所に対する請願，特に個別事件に対する請願が可能かどうかについて論争がありますが，禁止されないことは概ね認められており，裁判所法に請願受理手続は存在しませんが，法務省に提出することで請願内容が伝達される実務がとられています。

▶▶2　請願権の内容

　憲法16条を読むと，請願の対象には，①損害の救済，②公務員の罷免，③法律，命令または規則の制定，廃止または改正，④その他の事項と広範に及ぶことがわかります。

　また「平穏に請願をする」という文言は，暴力行使や脅迫威嚇を用いた請願は別として，請願運動や大衆デモ等の手段を封じる趣旨と解してはならないと理解されています。

　請願権行使の効果として，求めることができるのはどのような手続でしょうか。通説では公の機関に対する希望の陳述に過ぎないとして，ただその受理を求める権利として理解されています。請願法5条も「この法律に適合する請願は，官公署において，これを受理し誠実に処理しなければならない」として，誠実処理義務までを権利行使の効果として予定しています。

　では，実際に議会への請願は，どのような処理がなされているのでしょうか。議会への請願は地方議会も含め議員の紹介を必要としています（国会法79条，地方自治法124条）。衆議院を例にすると，議長が提出のあった請願文書表を作成し委員に配布し（衆議院規則174条），同時に各委員会に付託します（同175条）。各委員会は請願を議会に付す必要があるかどうか，付議を要する場合は採択すべきかどうかを判断して議院に報告します（同178条）。参議院も同様の流れとなっています。議決した請願のうち，内閣において措置することが適当と認められたものは内閣に送付され，その処理経過が内閣から議院に報告されます（国会法81条）。

▸▸3　請願権のもつ可能性？

▸§1▸▸1では請願権を国務請求権の1つとして紹介しましたが，実は論者によってその法的性格の捉え方は異なります。

まず，請願をなすことを妨げられず，請願の提出によって差別的待遇を受けないという意味で，請願権の法的性質を自由権として捉える見解があります。この背景には，議会制度や裁判制度，とくに行政救済法の発展により政治への関与や権利救済が制度化されたことにより，もともとの請願権のもつ受益権的な意義や性格が弱くなったという認識があります。

つぎに，「請願の受理」を国務として請求するという側面に着目すれば，国務請求権としての性格をもつことになります。ただこのように理解する見解であっても，請願には，代議制民主主義の欠陥を補完する直接民主主義的な機能があることも認めています。もっとも，権利としてはあくまで「受理」にとどまるということです。

他方で，議会制度に対する欠陥や不信から，選挙による参政権を補充する権利として，請願権を参政権として位置づけ，誠実処理義務を超えて，内容審査義務，さらには，回答・報告・通知義務を請願権行使の効果として要求する見解もあります。

請願権の意義は歴史的に相対的であり，その時代の憲政の状況や法制度全体との関係からその重要度も変わるでしょう。現代の行政活動においてはオンブズマン制度といった司法によらない苦情救済制度や行政手続法による意見公募手続の導入，地方自治においては住民の直接請求が導入されています。選挙以外で市民が公権力にアプローチする手段が拡充されています。

もっとも，現に請願が無用のものになったわけではなく，現在も国会等には請願が提出され，その処理状況につき，各議院がWeb上で公表しています。例えば，選択的夫婦別姓制度導入の民法改正についての請願が，第208回国会（令和4年1月～）に提出されています。同性婚については，東京都が同性パートナーシップ制度創設の請願を2021年に採択しています。請願の中には選挙の争点になりにくいものの少数者にとって重要な問題が提起されています。社会に存在する諸問題を発見する端緒として請願は重要といえるでしょう。

▸§3＿国家賠償請求権（憲法17条）

▸▸1　国家賠償請求権の位置づけ

マサミさんたちが他にできることは何でしょうか。マサミさんたちは婚姻届を役

所に受理されませんでした。その不受理が憲法24条1項の婚姻の自由を侵害する違法なものであれば、どうでしょうか。ここで考えられるのが裁判所に国家賠償請求訴訟を提起することです。ここでは国家賠償請求権について見てみましょう。

　歴史的に国家賠償は当然の制度とはされておらず、君主や国家が責任を追わない**国家無答責の原則**が長きにわたり存在し、国家の行為で権利侵害を受けても、責任を負うのは公務員個人であり、公権力として責任を負うことはありませんでした。そうなると、加害公務員が特定できなければ、泣き寝入りせざるを得ません。19世紀以降にフランスやドイツで国家の賠償責任を認めるようになり、各国に波及していきました。日本では、明治憲法に規定がなく、行政裁判法によって行政裁判所が損害賠償請求訴訟を受理できませんでした（16条）が、一般法である民法の不法行為を適用して限定的に責任を認めていました。戦後は憲法17条で憲法上の権利として国家賠償請求権を認めたうえで、全6条からなる**国家賠償法**を定め、国家賠償請求訴訟が広く提起されるようになりました。

　憲法17条には「公務員の不法行為」とあります。不法行為といえば、法学をかじったことのある人であれば民法709条（「故意又は過失によって他人の権利又は法律上保護される利益を侵害した者は、これによって生じた損害を賠償する責任を負う」）の規定を知っていることでしょう。そのため、国家賠償法は民法の不法行為法の特別法と位置づけられています。

　公務員の不法行為の要件として国家賠償法1条1項は「国又は公共団体の公権力の行使に当る公務員が、その職務を行うについて、故意又は過失によつて違法に他人に損害を加えたときは、国又は公共団体が、これを賠償する責に任ずる」と定めています。個々の要件の解釈の説明については行政法の教科書に譲りますが、責任主体が行為者の公務員ではなく、その公務員が属する国または地方公共団体となっており、そのため国家賠償請求訴訟の被告も国または地方公共団体になります。加害公務員を請求先にしていないのはなぜでしょうか。それは、原告にとって加害公務員の特定が困難であることが挙げられます。もっとも、同2項は「前項の場合において、公務員に故意又は重大な過失があつたときは、国又は公共団体は、その公務員に対して求償権を有する」と定めて、故意または重過失の場合に加害公務員への賠償額の償還請求が可能となっています。

　なお、財産権の講（☞13講）で言及のあった「損失補償」は、適法な国家行為により特別の犠牲を受けた者に衡平の観点から認められる補償制度であり、違法な公権力行使に基づく国家賠償とは異なる制度です。

▶▶2　国家賠償請求権の制約

　この国家賠償請求権との関係で、国の賠償責任を限定した規定が違憲（法令違憲）

とされた例があります。それが**郵便法事件**です（★最大判平成14〔2002〕9・11民集56巻7号1439頁）。

　郵政民営化の前，つまり国が郵政事業を行っていた当時の郵便法では，書留郵便物につき，郵便業務従業者の故意または重過失による損害について，特別送達郵便物につき，郵便業務従業者の故意・過失による損害についての「国の賠償責任」を免除・制限する定めが置かれていました。書留郵便物は引受から配達までの記録が行われ，利用者にとっては，郵便物が適正かつ確実に配達されることが期待されています。また，特別送達は，民事訴訟法上の書類の送達手段の1つとなっており，郵便業務従業者が実施機関となり（現行民事訴訟法101条2項），国民の権利を実現する手続の進行に不可欠なものとして確実な送達が期待されています。このような郵便物につき，国の賠償責任を制限することが憲法17条に違反しないのでしょうか。最高裁判所は，他の法令審査と同様に，目的・手段審査によって審査しました。

　最高裁判所は郵便法の目的は「郵便の役務をなるべく安い料金で，あまねく，公平に提供することによって，公共の福祉を増進すること」（1条）にあり，限られた人員と費用の制約のなかで民法や国家賠償法の規定に従った処理をした場合に，金銭負担が多額になり，また，個々の主張に対応し，損害の事実や損害額の確定に多くの労力・費用を要することになると，料金の値上げにつながり，同法1条の目的の達成が害されるとして，損害賠償の対象・範囲を限定する目的を正当としました。しかし，その手段として，上述のような書留郵便物について郵便業務従事者の故意または重大な過失によって損害が生じた場合，さらに，特別送達郵便物について，郵便業務従事者の軽過失による不法行為に基づき損害が生じた場合に，損害賠償責任を免除または制限する規定に合理性があるとは認め難いとして，「憲法17条が立法府に付与した裁量の範囲を逸脱したもの」とし，当該規定部分につき違憲・無効と判断しました。

▶▶3　憲法訴訟と国家賠償請求権

　この国家賠償請求権と憲法訴訟は深い関わりがあります。詳しくは違憲審査制の章を見てみましょう（☞27講）。国会議員も憲法17条の「公務員」に含まれると解釈されており，国会議員の権能である議決権を行使して成立する**立法行為**（憲法上定めるべき法律を制定せず，あるいは制定した法律が不十分であるという**立法不作為**も含む）も「公務員の不法行為」にあたる可能性があります。そのために，憲法訴訟において国家賠償訴訟として提起されることも多いです。

　ところが，法令が違憲かどうかの問題と，立法行為が国家賠償法上の「違法」性を認定できるかどうかは区別すべき問題とされ，後者の認定をするためには高いハードルがあるというのが判例の立場です。

国会が**在宅投票制度**を廃止した立法行為およびそれを復活させないという立法不作為を違憲・違法であると主張して国家賠償を求めた事件で，最高裁判所は「国会議員の立法行為は，立法の内容が憲法の一義的な文言に違反しているにもかかわらず国会があえて当該立法を行うというごとき，容易に想定し難いような例外的な場合でない限り，国会賠償法1条1項の規定の適用上，違法の評価を受けないものといわなければならない」としました（★最大判昭和60〔1985〕・11・21民集39巻7号1512頁：**在宅投票制度事件**）。その前提として国会議員は議会制民主主義のもとで政治的責任を負うが，個々の国民の権利との関係で法的義務を負わないという理解があります。

　ところがその後の最高裁は，法令違憲判決を出した**在外邦人選挙権訴訟**（★最大判平成17〔2005〕・9・14民集59巻7号2087頁）や**再婚禁止期間違憲訴訟**（★最大判平成27〔2015〕・12・16民集69巻8号2427頁）でこのような定式を限定していきました。再婚禁止期間違憲判決では，「法律の規定が憲法上保障され又は保護されている権利利益を合理的な理由なく制約するものとして憲法の規定に違反するものであることが明白であるにもかかわらず，国会が正当な理由なく長期にわたってその改廃等の立法措置を怠る場合などにおいて」，その立法不作為を国家賠償法1条1項上の違法と評価されることを示しました。判決では在宅投票制度事件を引用していますが，実質的に国家賠償を認める可能性を拡げたと理解されています。

　このように見ていくと，法律の違憲を主張し，国家賠償を求めることには高いハードルがありますが，在外邦人選挙権訴訟は過失が認められ賠償が認められましたし，再婚禁止期間違憲訴訟は，賠償は認められなくても，法令の違憲判断によって法改正が実現しています。

　❖Topic 19でマサミさんが憲法の先生から提案されたのは，請願によって同性婚実現の法改正を国会に求めることなのか，憲法訴訟を起こして司法の判断を委ねることなのか。みなさんはどちらの方法が良いと思いますか？

【橋爪英輔】

統治機構

▶コラム❹_　憲法の定める統治機構のあらまし

　憲法の中身として，①一国の政治理念として統治の基本を示すこと，②国家権力を制限して市民の権利・自由を保障すること，の２つが重要です。日本国憲法では②については，「国民の権利及び義務」が三章にまとめられて規定されているのに対し，①については四章以降に規定されています。

　それでは，日本国憲法の統治の基本原理は何でしょうか？　一般に，**国民主権**と権力分立といわれます。まず，国民主権とは，国民が国の政治のあり方を最終的に決める力を持つことです。日本国憲法では一章にその規定がみられますが，さらに，国会や内閣，憲法改正の制度等に関連しています。次に，権力分立ですが，この言葉は，国家権力の諸作用を区分して異なる機関に配分することを一般的に意味しますが，日本国憲法で直接は用いられていません。しかし，日本国憲法の４章から６章は，各章の最初の条文で，国会の立法権（41条），内閣の行政権（65条）そして，裁判所の司法権（76条）という異なる作用を異なる機関に帰属させており，権力分立制を採用していることがわかります。ここで注意が必要なのは，権力分立が各作用の関係を独立・対等に扱う訳ではないことです。司法権を持つ裁判所は国会や内閣から強く独立しているのに対して，国会と内閣の関係は議院内閣制のもと，国会による内閣の民主的統制と内閣の議会の解散等から緊密な関係といえます。

　さらに，この２つの基本原理は次のような関係をもっています。すなわち，それぞれの統治機構は，何らかの形で主権者である国民と結びついています。その結びつきがはっきりとしているのが，選挙制度と代表制です。まず，国民は選挙を通じて，国民の代表者である衆議院議員と参議院議員を選びます。次に，内閣の長である内閣総理大臣は国民の代表者からなる国会の議決で指名します。また，司法権に関しては，司法の最終審である最高裁判所の裁判官は，国民審査によって罷免をすることが可能であり，国民の民主的統制が図られています。

　現代の憲法の難しい問題として，裁判所が国民の自由や権利を保障する役割の重要性が高まっている一方で，国民に直接選ばれたわけではない裁判所が，国民の代表者が採択した法律を違憲審査制によって無効とすることは，国民主権の考え方に反しないのか，という問題を指摘できます。

【田中将人】

20 講＿ 国会議員の特権 ....

❖Topic 20＿国会議員なら何をしてもいいの？

　国会議員が汚職や選挙違反をしてもすぐに逮捕されなかったり，国会内のヤジや記者会見で不適切な発言をしても処罰されないのはどうしてだろう。国会で居眠りをしている議員もいるらしい。国民の税金で高い給料をもらっておきながら，きちんと仕事をしない議員に対して，憲法は何の規定も置いていないの？

▶§**1**＿ 不逮捕特権

▶▶**1**　国会議員がすぐに逮捕されない理由

　私たちが選挙を通じて選んだ議員は，国民代表として私たちの意見を国会で反映させることを職務としています。憲法では，41条で国会が国の唯一の立法機関であることを定めており，国全体のルールである法律を制定しています。国会議員に選出されたら，衆議院は任期4年（解散あり），参議院は任期6年の間職務にあたることになり，この間の給与（歳費）は国庫から支払われることになっています（49条）。

　国会議員は，身分が脅かされることによって職務に影響が出ないように，国会の会期中は逮捕されないこと，もし会期前に逮捕されていても所属している議院の要求があれば釈放しなければならないこととされています（憲法50条）。これを「**議員の不逮捕特権**」といいます。この規定は，三権分立のうち，国会以外の他の2つの権力である行政権（警察・検察）と司法権が国会の運営を妨害する目的で議員の身柄拘束をさせないようにすることが目的です。この不逮捕特権と**会期中の逮捕許諾権**は，衆参両議院が自主的な運営を行うための**議院自律権**の1つとして理解されています。そのため，国会議員になれば何をしても罪にならない・逮捕されないという趣旨ではなく，会期中であったとしても議院の許諾があれば身柄拘束・逮捕をすることができますし，国会法33条では院外での現行犯逮捕を不逮捕特権の例外と

しています。

▶▶2　逮捕許諾請求

　会期中に議員を逮捕しようとする場合，内閣に対する逮捕許諾についての要求書を受けて，該当する議員が所属している議院に対して許諾請求を行うことになっています（国会法34条）。古くは1947年の汚職事件「炭鉱国管疑獄」で田中角栄議員（当時）が逮捕された例をはじめ，過去に衆参両院に出された逮捕許諾申請のほとんどが許可されています（拒否されたのは4件のみ）。また，逮捕許諾請求への回答として勾留期日の指定を付けた「期限付逮捕許諾」が許されるかどうかが争われた事件では，裁判所は「逮捕を許諾しながらその期間を制限するがごときは逮捕許諾権の本質を無視した不法な措置」であると判断しました（★東京地判昭和29〔1954〕3・6判時22号3頁：**国会議員の期限付逮捕許諾**）。

　近年では，2019年にカジノを含む統合型リゾート施設（IR）事業の参入をめぐる汚職事件で，当時現役の衆院議員であった秋元司議員が会期中を避けた時期に逮捕されました（のちに有罪）。2020年には前年の参院選における公職選挙法違反の容疑で，河合克行衆院議員（当時）と妻の案里参院議員（当時）が，国会閉会の翌日に逮捕されました。両者は会期中から任意聴取を受けていましたが，実際に逮捕されたのは会期終了翌日でした。会期中には登庁していないにもかかわらず，歳費・ボーナスが支給されていたことも批判されていましたが，汚職や選挙犯罪のような重大な政治犯罪では，慎重な捜査と確実な証拠がないと起訴できません。確実に逮捕・起訴するために検察が会期中を避けるという最近の傾向は，議院の逮捕許諾権が強力に守られている証左でしょうか。

▶§**2**＿　免責特権

▶▶1　なぜ議員は言いたい放題なのか

　国会での審議においては，議員が自分自身の発言すべてに責任を持ち慎重な議論が行われることが理想的ですが，思想の異なる議員たちが時には失言を恐れず発言できるようにしておくほうが，自由闊達な討論が行われるようになります。このように，議員としての職務を行ううえでの発言について，刑事上および民事上の法的な責任を負わせないという規定が憲法51条に置かれています。これを，**免責特権**といいます。たとえば，議員同士で議論がエスカレートし，激しい罵り合いになった際，一方の議員が相手議員に対してひどく侮辱的な発言をしたとしても，侮辱罪や名誉

毀損罪で有罪になることはありません。また，侮辱された議員が不法行為だとして民事上の訴えを起こしても，賠償する責任は負わなくてよいということになります。国会議員の発言によって私人の名誉が毀損されたことに対する国家賠償を求める訴訟では，第一審で憲法51条の趣旨を「議員の議会内における言論に基づく一切の法的責任を免除したもの」とし，最高裁はこれに言及しなかったものの，原告の上告を棄却しました（★最判平成9（1997）9・9民集51巻8号3850頁：**病院長自殺事件**）。

▶▶2 「ヤジは国会の華」？

昔から「ヤジは国会の華」と言われているように，与野党が対決する場面や，議論が過熱した際には野次が飛ばされることは国会審議の慣習として存在しています。しかし，たとえ院内での自由な発言が憲法で保障されているからといって，意図的に相手を貶める表現を使ったり，女性議員に対するセクハラ発言をしても良いということにはならないでしょう。2018年には，当時首相だった安倍晋三議員が，質問中の野党議員に対して「意味のない質問だ」という野次を飛ばしたことで謝罪を求められるなど問題化されました。安倍元首相の在籍期間中の明らかな野次は7年8か月で112回と報道されましたが（朝日新聞記事2021年4月14日付），当然いずれの野次についても法的な責任には問われていません。

▶▶3 「政治的責任」は問われる

2018年6月15日の衆議院厚生労働委員会において，健康増進法改正案の受動喫煙対策について参考人として出席した肺がん患者に対して，「いい加減にしろ」と野次を飛ばしたことについては，発言者が特定され，謝罪をしています。また，2020年1月22日の衆議院代表質問中，選択的夫婦別姓についての発言に対して「それなら結婚しなくていい」という野次が飛びましたが，発言者を特定しない形で与野党合意がなされています。実際には，周囲にもたくさん議員がいる中での野次ですから，誰がどんな内容の野次を飛ばしたかを特定することは可能であるはずです。国会の華となるであろう野次は，議論に必要かつ適切な発言のみであり，国民代表としての自覚を忘れた発言は，倫理的または政治的な責任として撤回・謝罪すべきだと考えられます。

政治的責任の最たるものは，「議員辞職」ですが，現在まで野次の内容が直接の原因となって辞職した議員はいません。また，入閣し大臣職に就いている場合には「辞任」・「更迭」という責任の取り方があります。2018年1月23日に沖縄県渡名喜村で米軍ヘリが不時着した問題について，国会内で「何人死んだんだ」と野次を飛ばした松本文明氏（当時内閣副大臣）がその後の批判を受け，副大臣を辞任しました。しかし，大臣・副大臣職を辞任したとしても，議員辞職をしない限りは議員として

の身分はそのまま残ります。政治的責任を問う場合，大臣を辞めるだけで済む程度なのかという批判もあり得ますが，次の選挙の際に落選させることが有権者にできる政治責任の取らせ方だといえます。

▶▶4　国会内の騒動

　2000年には，当時衆議院議員だった松浪健四郎氏が民主党議員の野次に怒り，その議員に向かって壇上からコップの水をぶちまけたことがありました。この事件で発言された野次は，当初松浪氏の容姿に対する「ちょんまげ野郎！」という野次だと報道されましたが，本当に怒ったのは「扇千景（保守党党首）と何回やった」という非常に下品な発言に対するものだと本人が後に語っています（産経新聞記事2019年1月29日付）。この際議場が大荒れしたことで，松浪氏が議長から「退場処分」，衆議院懲罰委員会から25日間の「登院停止処分」が下されました。

　免責特権は，このような「水かけ」や暴力，乱闘にも当てはまるのでしょうか。第1次国会乱闘事件では，憲法51条の免責特権の対象となる行為について，「同条に列挙された演説，討論または表決等の本来の行為そのものに限定せらるべきものではなく，議員の国会における意見の表明とみられる行為にまで拡大されるべき」であり，「職務遂行に附随した行為」にまで及ぶ可能性を示しました（★東京地判昭和37〔1962〕・1・22判時297号7頁：**第1次国会乱闘事件**）。

　2015年に安保関連法案が採決された際には，与野党議員がもみ合いになっている姿が中継されたり，2017年改正組織的犯罪処罰法（いわゆる共謀罪法案）の強行採決中の牛歩戦術など，国会議員は発言だけでなく様々な方法で自らの考えを表出しています。重要法案の審議の時には特におもしろい場面が見られるかもしれません。

▶§3＿議院自律権

▶▶1　院内の秩序維持

　これまで見たように，国会議員の不逮捕特権や，議員活動にともなう免責特権があると，職務中なら何をしてもよい，またはどんなひどいことを言っても処罰されないということになるでしょうか。本来は国会の健全な運営のために用意されている特権を悪用し，下品な野次や議院内での粗暴な行動すべてに免責を与えてしまうことは本末転倒でしょう。そのような議員に対して，何の処罰もできないとなると，国会の品位が落ちる一方で，審議どころではなくなってしまいます。そうした問題が生じた際，各議院が懲罰権を行使するために，憲法58条2項は，**議院規則制定権**

と懲罰権の規定を置いています。55条の議院の資格争訟裁判，58条1項の役員選任権とあわせて，これらを議院自律権と呼んでいます。

▶▶2 議院規則制定権

憲法は，両議院に対して議事進行その他の手続と内部規律に関する規則の制定権を与えています。これは，衆議院・参議院がそれぞれ独立して自律的な運営が行われることを意味しています。つまり，衆議院が参議院に対して規則を押し付けることもなく，またその逆もないということです。上で紹介した議院警察権や懲罰権は，国会法でも同様の規定を置いています。この場合，①議院規則が優先するという見解（**規則優位説**）と，②法律が優先するという見解（**法律優位説**）があります。一般的な法律の効力でいえば，法律優位説をとることが自然ですが，法律の制定時には衆議院の優越があり，参議院に対して不利な内容を押し付けることも可能になってしまいます。議院規則制定権が憲法上特別に与えられている権能だと考えると，規則優位説のほうが説得的でしょう。

▶▶3 議院警察権

院外の現行犯や，会期外の逮捕についてはすでに述べたとおりですが，院内の現行犯について憲法は規定を置いていません。そのため，議院自律権および国会法114条以下の規定による議院警察権で院内の治安維持を行うこととされています。各議院の議長は，必要となる警察官の派出を要求し，警察官にたいして指揮する権限が与えられています（115条）。議員が紀律を乱す場合には，議長の権限でこれを正すことが規定されており（116条），また議員だけでなく，もし国会審議中などに暴力行為をはたらく者（傍聴人）が出た場合には，議長が退席を命じるなどの措置をとることができます（118条）。ただし，明らかな現行犯であったとしても，議長が命じない限りは逮捕できないと解されています。これらの規定は衆参両院の議院規則にも同様の条項が置かれています。

▶▶4 懲罰権

憲法58条2項，国会法121条以下では，懲罰に関する規定が置かれており，①公開議場における戒告，②公開議場における陳謝，③一定期間の登院停止，④除名の4種が定められています。また，衆参両院の議院規則においても懲罰権が定められています。

この中で最も重い除名処分は，過去2例となっており，1950年には小川友三氏（元参院議員）が委員会と本会議とで異なる表決をしたことに加え，「極めてまじめさを欠く発言」が原因で処分されました。1951年には川上貫一氏（元衆院議員）は，連

合国軍総司令部（GHQ）による占領政策を批判する代表質問の内容が捏造と判断されたことが原因でした。最近では，北方領土をめぐる「戦争発言」で日本維新の会を除名された丸山穂高衆院議員(当時)に対して，2019年6月6日の衆院本会議で「糾弾決議」が可決されました。ただし，この糾弾決議や辞職勧告決議には，法的拘束力はありません。

▶▶5　居眠り・不真面目議員は処分対象になるのか

　両院の議院規則には，「秩序」（衆院），「紀律」（参院）として議員が守るべきルールが定められており，両者はほぼ同じ内容です。たとえば，「議員は，議院の品位を重んじなければならない。」（衆院規則211条, 参院規則207条）は全く同じ表記ですが，「議場に入る者は，帽子，外とう，えり巻，かさ，つえの類を着用又は携帯してはならない。但し，病気その他の理由によつて議長の許可を得たときは，この限りでない。」（衆院規則213条），「場に入る者は，帽子，外とう，えり巻，かさ，つえの類を着用又は携帯してはならない。但し，病気その他の理由によつて議長の許可を得たときは，この限りでない。」（参院規則209条）のように，やや表記が異なる場合もありますが，内容は同じです。ちなみに，2014年にアントニオ猪木氏が参院議員になった際，トレードマークの闘魂マフラーが規則違反とされ話題になったのは，この規則によるものです。

　先述の野次については，「議事中は濫りに発言し又は騒いで他人の演説を妨げてはならない。」（衆院規則216条），「何人も，議事中，濫りに発言し又は騒いで，他人の発言を妨げてはならない。」（参院規則212条）に該当する場合，懲罰対象となる可能性がありますが，居眠りや態度の悪い議員は規則違反になるでしょうか。「議院の品位」を乱したと解釈することも可能ですが，懲罰権濫用になってしまうかもしれません。居眠りや不真面目な議員を厳正に処罰することは，現時点では難しいでしょう。

▶▶6　地方議会は監視がすごい！

　国会議員は憲法で特権や議院の自律権が保障されていますが，地方議会には似たような規定はありません。憲法の第8章には地方自治に関する条項が置かれていますが，地方議会の議員になっても「特権」は与えられないのでしょうか。地方議会については，地方自治法で詳細が定められています。129条では議場の秩序維持，132条では言論の品位，133条では侮辱に対する措置が規定され，134条以下に懲罰規定が置かれています。国会議員と比べて特権ではありませんが，議事に必要な限りにおいて自由な発言が保障されていると考えられています。

　2000年代ごろからは，議会の中継を見た県民から議員の私語，居眠り，鼻ほじ

りなどに関する苦情が寄せられるなど，地方議会議員に対する市民の目が厳しくなってきています。市民の有志からなる「議会ウォッチング」をする団体が各地で結成され，市議会の傍聴を通じて通信簿を付けるなどして「監視」を行い，議員の態度が改善されるなど，一定の成果が出ているようです。居眠りやゲーム，遅刻・早退など，地方議会だけでなく国会議員にもこれからはこのような監視が必要になってしまうのでしょうか。

【鎌塚有貴】

21 講＿ 国会と召集 ·······································

❖Topic 21＿国会が開かない！

　ニュースを見ていたら，「衆院総議員数の４分の１を上回る野党議員が名を連ね，憲法53条に基づく臨時国会の召集要求書を政府に提出」「政府・与党は，野党の要求を拒否する方針」と報じられていた。憲法53条には，「いづれかの議院の総議員の四分の一以上の要求があれば，内閣は，その召集を決定しなければならない」と書いてある。政府による臨時会の召集拒否は，憲法に違反しないのだろうか。

▶§**1**＿ 国会の地位と権能

▶▶**1**　国権の最高機関

　憲法41条前段は，国会を「国権の最高機関」と位置づけています。「国権」とは，国家権力，国家の統治権をさし，９条の「国権の発動たる戦争」にいう「国権」と同じと解されています。日本国憲法は，「国権」を，立法権，行政権および司法権に分割し，それぞれ国会，内閣，裁判所に帰属させていますので，国会が「国権の最高機関」であることを，**権力分立**（☞**コラム❹**）との関係でどう捉えればよいのかが問題となります。

　「国権の最高機関」を文字通りに捉え，国会は他の機関に優位し，国権を統括する機関である，と解する見解（**統括機関説**）がありますが，権力分立を基本原理とする日本国憲法の下では，国会を法的な意味で「最高機関」と解することはできません。通説は，「最高機関」とは，主権を有する日本国民の政治的代表としての国会議員によって構成される国会に与えられた美称であり，政治的にもっとも重要な意味を持つ機関であるということを示すものである，と考えます（**政治的美称説**）。もっとも，憲法が行政の監督（66条３項・67条・69条・72条），外交・財政の統制（73条３号，７条）等の権限を国会に認めているにもかかわらず，国会の地位ないし役割を狭く解する傾向を導く政治的美称説には批判も根強く，国会の統制機関としての側面を重視し，国政全般の遂行について最高の責任を負うことを意味する，との見解（**最高責任地位説**）も有力です。

▶▶2　国の唯一の立法機関

　次に,「唯一の立法機関」の意味が問題となります。ここにいう「立法」とは,
実質的意味の立法すなわち特定の内容・性質を有する法規範の定立（実質的意味の
立法）,と解されます。国法の一形式としての「法律」の定立（形式的意味の立法）と
解すると,憲法41条は,「国会は,法律を制定する機関である。その法律とは国会
の制定する法である」を意味することになり,トートロジーに陥るうえ,行政機関
などの他の機関が,法律以外の形式で,国民の権利義務に関わるルールを制定する
ことを認めることになりかねないからです。

　では,「唯一の」とは,どういう意味でしょうか。この文言からは,**国会中心立
法の原則**と**国会単独立法の原則**の2つが導かれます。前者は,国会だけが実質的意
味の立法を行うことができることを意味します。ただし,議院による議院規則の制
定（憲法58条2項）,内閣による政令の制定（73条6号）,最高裁判所による最高裁判
所規則の制定（77条）,地方公共団体による条例の制定（94条）は,いずれも憲法が
認めた例外として憲法41条違反にはならないとされます。後者は,立法過程にお
いて他の国家機関の関与を受けず国会だけで立法を行うことができることを意味し
ます。この原則の例外としては,住民投票を必要とする一の地方公共団体のみに関
わる特別法の制定（95条）が挙げられます。さらに,内閣による法律案の提出につ
いても,国会単独立法の原則との関係で問題となりますが,内閣が国会に提出する
「議案」（72条）に法律案が含まれる,とする見解が多数を占めています。

▶ §2__ 国会の活動

▶▶1　会期制

　「国会が開かない」とはどういうことでしょう？「国会」とは,日本国憲法が設
置する議会のことですが,議会は,1年中常に活動しているわけではありません。
近代的な議会制の典型とされるイギリスの議会は,当初は,国王の諮問機関として
随時召集され,議事が終了すれば閉会していました。日本でも,大日本帝国憲法下
の帝国議会は,3か月の「**会期**」（議会が活動能力を有する期間）が定められており（大
日本帝国憲法42条）,統治権を総攬する天皇によって召集されていました（同7条）。
このように,議会が一定の限られた期間のみ活動能力を有する制度を**会期制**といい
ます。日本国憲法では,大日本帝国憲法のように,会期制を明示しているわけでは
ありませんが,**常会**（憲法52条）,**臨時会**（53条）,**特別会**（54条1項）を区別したうえ

でそれぞれ別に召集の規定をおいており，さらに，「国会の**会期中**」，「**会期前**」といった文言も見られることから（50条），現行憲法も，会期制を前提としていると解されています。国会法では，「会期中に議決に至らなかつた案件は，後会に継続しない」（国会68条）と規定し，**会期不継続の原則**を明示しています。これは，会期制の下では，異なる会期間において議会の意思の継続がないこと，すなわち，議会は会期ごとに独立・別個の存在であり，前会の意思は後会を拘束しないことを表しています。

　会期制と会期不継続の原則を採用することにより，与党・政府側は，常に国会で質疑が行われることのデメリットを回避することができ，野党側は，議案を廃案に追い込むことができます。もっとも，会期概念があることで，与党は，議案を強行採決に持ち込むことができるとも考えられますし，議決に至らない法案等が廃案になるのはコストの観点からは望ましくないとも考えられます。そこで，会期不継続の原則を廃止し，選挙から選挙までの間（立法期ないし選挙期）は，案件を継続すべき，との主張もあります。

▶▶2　会期の種類

【1】　常会

　憲法52条は，「国会の常会は，毎年1回これを召集する」と定め，**常会**について規定しています。通常国会とも呼ばれ，主に，予算案（60条）や法律案（59条）について審議・議決しています。憲法は，常会について52条の1か条しか置いていませんが，国会法では，「常会の会期は，150日間とする」（国会10条）と定められており，会期制の採用が明示されています。常会は，毎年1月中に召集され（国会2条），両議院一致の議決で，一回に限り延長することができます（国会12条）。会期の延長については，**衆議院の優越**が認められています（国会13条）。

【2】　臨時会

　臨時会とは，臨時の必要がある場合に召集される会期で，臨時国会とも称されます。憲法53条は，臨時会が召集される場合として，2通りを予定しています。1つは，内閣がその自由な裁量的判断に基づき召集を決定する場合です（憲法53条前段）。国会の召集は，天皇の**国事行為**（7条2号）（☞**01**講）として規定されています。国事行為は，「内閣の助言と承認により」行われますので，国会の召集についての実質的決定権が内閣にあることの根拠を憲法7条2号に求める見解によれば，憲法53条前段は国会の会期について臨時会の制度を認めたこと自体にある，とされます。これに対して，7条の規定から内閣の実質的決定権を導くことはできないとする見解によれば，53条は，内閣に臨時会召集の実質的根拠を付与する根拠規定ということになります。いずれにしても，内閣は，国務を総理し行政権を行使する上において必要と認めるときは，内閣の決定で臨時会を召集することができます。もう1

つは，「いづれかの議院の総議員の四分の一以上の要求」を受けて，内閣が召集を決定する場合です（憲法53条後段）。議員による臨時会の召集要求とそれを受けた内閣による召集決定については，本講の❖Topic 21にも関するテーマですので，後ほど詳述しましょう（☞▶§**3**）。

さらに，国会法に基づく臨時会の召集があります。衆議院議員の任期満了による総選挙が行われた場合または参議院議員の通常選挙が行われた場合は，その任期が始まる日から30日以内に臨時会が召集されます（国会2条の3）。

なお，臨時会の会期の日数については，憲法にも国会法にも定めはなく，召集日に両議院一致の議決で決めます（国会11条）。最長は，第113回国会の163日，最短は衆議院の解散を行うために召集された第105回，第137回，第194回国会の1日です。第194回国会（平成29年9月28日召集，同日会期終了）に関しては，那覇地裁，岡山地裁および東京地裁に，憲法53条違反を主張する訴えが提起されていますので，▶§**3**
▶▶**2**【**2**】で紹介します。臨時会の会期の延長は，両議院一致の議決で，2回を限度として延長することができます（国会12条）。会期の延長については，衆議院の優越が認められています（国会13条）。

【**3**】　特別会

特別会とは，衆議院が解散されて総選挙が行われた場合に，その選挙の日から30日以内に召集される会期で，特別国会とも呼ばれます。「常会」と「臨時会」は，日本国憲法にその名称が規定されているのに対し，「特別会」という用語は規定されていません。大日本帝国憲法下で，衆議院の解散・総選挙後に召集される会期を「特別会」と称していたことを継承し，国会法で，「特別会」の文言を用いています。会期の延長は，臨時会の場合と同様です（国会12条・13条）。

▶§**3**　国会の召集

▶▶**1**　議員の召集要求権

【**1**】　召集

議員を一定期日に集会させ，会期を開始して国会の活動を始動させる行為を，**召集**といいます。「召集の当日から」（国会14条），会期が起算されます。

国会がその活動を開始する方法には，①法定期日に議員が集会する**定時的集会制**，②国会の議決により議員が自主的に集会する**自律的集会制**，③国会以外の国家機関の召集行為により集会する**他律的集会制**があります。日本国憲法は，「内閣の助言と承認により」，天皇の国事行為として国会が召集されることとしており（憲法7条

2号），他律的集会制を原則としていると解されます。もっとも，臨時会の召集については，議員に召集要求権を認めています（憲法53条，国会3条）ので，他律的集会制と自律的集会制の混合形体ともいわれます。

【2】 召集要求権

臨時会の召集要求は，「いづれかの議院の総議員の4分の1以上」の議員が連名で，議長を経由して内閣に臨時会召集要求書を提出することにより行います（国会3条）。要求書は，議長から即日内閣に送付されることになっており（衆議院先例20），議員からの要求にもかかわらず内閣が召集を決定しない場合は，審議すべき議案と召集期日を明示した臨時会要求補充書が提出されることがあります。

内閣が行政権の行使について国会に対して負う責任（憲法66条3項）を，国会における審議を通じて全うさせるには，野党の果たす役割が重要です。「4分の1以上」という数は，国会における一定数以上の少数派にも，召集を要求する実質的な権限を認めることにより，議会の内閣に対する監視・統制機能を実効的に機能させようとする趣旨を反映させたものと解されます。

なお，「総議員」の意味については，議員定数の総数か現にその任にある議員の総数かについて見解が分かれています。実務上は，明治憲法時代から，両院ともに，法定議員数とするのが確立した先例となっていますが，学説では，欠員の議員が一定の意見に基づいて一定の態度をとったのと同様に扱われるのは不合理であることから，現在議員数とする見解が多数です。

▶▶2 内閣の召集決定義務

【1】 召集決定義務の法的性質

召集要求を受けた内閣は，召集決定の法的義務を負うのでしょうか。学説においては，内閣による召集決定は，法的義務であり，政治的な要請にとどまるものではない，とする見解が有力です。つまり，内閣に拒否権はないと考えられます。

では，内閣は，いつまでに召集すれば，法的義務を果たしたことになるのでしょうか。憲法53条後段は，召集時期については何ら規定をおいていません。そこで，①臨時会召集要求書に，臨時会の召集期日が指定されている場合に，内閣がその指定された期日に拘束されるかどうか，②召集期日の指定がない場合は，召集要求から何日以内に召集しなければならないか，③召集要求から相当の期間内に常会または特別会が召集されることになっている場合にも内閣は臨時会を召集しなければならないか，④召集された臨時会がすぐに閉会となり実質的な審議が尽くされなかった場合はどうか，といった問題が提起されます。

議員が臨時会の召集を要求した最初の例は，1948（昭23）年7月27日，民主自由党の議員130名が芦田内閣に対して行ったものです。内閣が，これに応じなかった

ため，9月11日に，期日を指定したうえで召集要求補充書が提出されました。これ
に対して，内閣は，「召集要求書の希望する期日に考慮を加えたうえ，諸般の条件
を勘案して合理的に判断し，最も適当と認める召集時期を決定すべき」という立場
を示しました。学説においては，期日の指定に拘束力を認める見解とそれを否定す
る見解がありますが，両者は実質的には大きな差異はなく，国会を召集する法的義
務が内閣にあることを前提に，内閣は，召集手続に必要な期間，召集要求の趣旨を
考慮し，社会通念に照らして合理的な期間内に国会を召集しなければならない，と
解されます。

　このことは，召集期日の指定がない場合も同様です。53条前段と後段を区別し，
後段において議員に召集要求権を認めたのは，国会の内閣に対する監視・統制を実
効的に機能させることにあります。このような53条後段の趣旨に鑑みれば，召集
要求がなされた場合には，内閣には前段で規定するような広い裁量的判断権は認め
られないことになります。したがって，召集期日の指定がなくても，内閣は，合理
的期間内に国会を召集する客観的義務を負うと考えられます。

　合理的期間の具体的な日数について，後述する**憲法53条違憲国家賠償事件**では，
衆議院解散による総選挙後の特別会の召集は，選挙の日から30日以内（憲法54条1
項），衆議院の任期満了による総選挙及び参議院の通常選挙後の国会召集は，任期
開始日30日以内（国会2条の3）とされていること対比すると，国会議員名簿を新
たに整備するといった事務を要しない臨時会の召集は，30日よりも短い期間で召
集手続を完了できることは明らかであるとして，長くとも20日と主張しています。
本件に関して，元最高裁判事・浜田邦夫弁護士が裁判所に提出した意見書において
は，「原則30日以内で，天変地異など臨時会を開催するのが困難な社会情勢でも最
長45日以内には召集され国会が開催されなければならない」との見解が示されて
います。また，安倍政権が2012年に発表した「日本国憲法改正草案」は，「いずれ
かの議院の総議員の四分の一以上の要求があったときは，要求があった日から二十
日以内に臨時国会が召集されなければならない」（草案53条後段）としています。

　なお，召集要求を行った日または召集要求書に指定された期日よりも大幅に遅れ
て召集決定がなされた場合には，内閣が，独自の立場から臨時会の必要性を判断し
たものと評価でき，このような場合は，もはや召集期日の問題ではなく，召集要求
を拒否したものとして憲法53条後段に違反すると考えられます。

　他方で，臨時会召集要求から相当の期間内に常会または特別会が召集されること
になっている場合は，必ずしも臨時会を召集する必要はありません。臨時会召集要
求の目的は，国会における審議の機会を確保することであり，会期の種類が何であ
れ，国会が召集されれば，召集要求の目的が達成されるからです。このような観点
からは，臨時会を召集しても，実質的な審議時間を確保することなく閉会となるよ

うな場合には，召集要求の目的が達成されたとはいえないでしょう。

【2】　憲法53条違憲国家賠償請求事件

　内閣が，召集を拒否した場合や適切な期日に臨時会を召集しなかった場合，内閣に対してどのような責任追及が可能でしょうか。かつては，内閣が召集決定義務に違反しても義務の履行を強制する法的手段がない以上，内閣に生ずるのはもっぱら政治的責任である，と解されていました。「義務の履行を強制する法的手段がない」とは，履行を強制する明文の根拠がない場合だけではなく，裁判所による法的救済が見込めない場合も含みます。裁判所は，「法律上の争訟」（裁3条1項）（☞**25講**）を裁判する機関ですので，臨時会の召集拒否ないし合理的期間を徒過した召集決定が国民の権利義務ないし法律関係の存否に直接関係しないと判断される場合には，召集決定義務違反には司法審査が及びません。さらに，法律上の争訟に該当したとしても，それが直接国家統治の基本に関する高度に政治性のある**国家行為**（統治行為）（☞**25講**「司法権の限界」）に該当する場合には，やはり司法審査権が及ばないと考えられています。

　内閣による臨時会召集決定の憲法適合性に司法審査権が及ぶかどうか，という点に言及した，近年の裁判例をご紹介しましょう。

　2017（平成29）年1月20日に召集された第193回通常国会の会期中に大きく取り沙汰された問題として，森友学園・加計学園問題がありました。ニュースや新聞等でも連日報道されていましたので，ご存知の方も多いでしょう。両学園問題についての審理途中の同年6月18日に，常会の会期が終了したため，同月22日，国会会期中には両学園問題について十分な審議が尽くされず，国民に広がる政治不信を解消するためには，国会が国民の負託に応え，疑惑の真相解決に取り組むことが不可欠であるとして，衆議院議員120名（総議員数475名）と参議院議員72名（総議員数242名）がそれぞれ連名で，安倍内閣に対し，臨時会召集要求を行いました（憲53条，国会3条）。要求書を受領した内閣は，およそ3か月後の同年9月28日に臨時会を召集したものの，その冒頭において衆議院を解散したため，参議院は同時に閉会となり（憲法54条2項本文），臨時会においては実質的な審議は行われませんでした。

　そこで，国会議員らが，内閣は合理的な期間内に臨時会を召集すべき義務があるのにこれを怠り，その結果，臨時会において国会議員としての権能を行使する機会を奪われたなどと主張して，国会賠償法1条1項に基づいて，国に対し，損害賠償を請求する訴えを，那覇，岡山および東京の3つの地裁にそれぞれ提起しました。請求はいずれの裁判所においても棄却されましたが，訴えそのものは適法とされましたので，「法律上の争訟」にはあたるとされたものです。

　国家賠償を求める訴えに関しては，①内閣による臨時会の召集の決定が憲法53条後段に違反するかの法的判断につき，裁判所の司法審査権が及ぶかどうか，②本

件召集要求に基づく内閣の召集決定が，本件召集要求をした個々の国会議員との関係において，違法（国賠法1条1項）と評価されるかが，主な争点となりました。いずれの裁判所も，司法審査の対象になるとしながらも，国賠法上の違法を認めませんでしたが，那覇地裁と岡山地裁が，憲法53条後段に基づく内閣の臨時会の召集について，「単なる政治的義務」ではなく，「憲法上明文をもって規定された法的義務」と解されること，召集要求がされた後，「合理的期間内に臨時会を召集する」法的義務があること，を明言した点は注目されます。

▶▶3　内閣の臨時会召集拒否問題を考える

　最後に，本章の❖Topic 21である臨時会召集拒否について考えてみましょう。▶§3▶▶2で確認したように，憲法53条後段の召集決定義務は法的義務と解されています。したがって，議員から召集要求を受けた内閣は，臨時会召集を拒否することはできないと考えられます。もっとも，時間的に接近したタイミングで，常会ないし特別会が予定されている場合は，国会における審議の機会は確保されていますので，臨時会召集を拒否したとしても，憲法53条後段の召集決定義務に違反したとはいえないでしょう。内閣の召集義務違反について検討する際には，臨時会召集要求権を議員に認めた憲法53条後段の趣旨や議会の役割に遡って検討する必要があります。例えば，フランス憲法24条1項は，国会の任務として，法律の表決に加え，政府の行動の統制と公的政策の評価を明記しています。日本国憲法は，国会の役割として，行政の監視・統制を直接的には規定していませんが，議院内閣制の下，国会に行政の活動を監視・統制する役割があることは明らかです。議員の臨時会召集要求権および内閣の臨時会召集義務について検討する際には，国会の立法機関としての側面だけではなく，統制機関としての側面にも着目することが大事です。

【小川有希子】

22 講__ 内閣の法案提出権 ....

❖Topic 22__まるで，内閣が「立法」をしているみたい？！

　未曽有の大災害に直面し，国の行政を担う内閣は，一刻も早く災害で苦しむ人々を助けるために，その任務を専門とする新たな行政機関を作る必要があると考えた。そこで，内閣が，災害からの復興を任務とする「復興庁」を新しく設置するための法案を国会に提出したところ，その法案は，国会の審議を通過し，法律として成立することになった。

　このように内閣が提出した法案が，法律として成立するのは珍しいことではない。いや，それどころか，ニュースでは，「今国会で内閣が提出した法案は，すべて成立する見通しになった」，「内閣提出法案の97パーセントが成立した」という話をよく耳にするので，どうやら内閣が法案を提出しさえすれば，それはほとんど「法律」になるみたいだ。しかも近年に成立した法律の全体を見渡すと，なんと約7～8割もの法律が，内閣が提出した法案によるものとなっている。

　私たちは，中学校の授業で「三権分立」という言葉を習うときに，国会が法律を作り（立法），内閣が法律で定められたことを実行し（行政），裁判所が法律に従い裁判する（司法）と教わった。でも実際には，法律を作る場面で中心的な役割を果たしているのは国会ではなく内閣のように見える。これっておかしくないのだろうか。

▸§**1**__ 内閣の法案提出権の問題点

▸▸**1**　立法権と行政権の役割分担

　日本には，様々な法律があります。例えば，契約をした際に，契約の当事者がどのような権利を持ち義務を負うのか，不注意で人に損害を与えた場合に被害者がどのような権利を加害者に対して持つのか等の私人間の関係について定める民法や，人が犯罪をした際にどのような刑罰を国家から科せられるのかについて定める刑法が有名です。その他に，教育，街づくり，環境保全，防災，ごみの処理，社会保障など，私たちの日常生活全般に関わる国や地方公共団体の行政活動を定める行政法

があります。ちなみに、「民法」や「刑法」という名前の法律はありますが、「行政法」という名前の法律はありません。様々な行政活動に関わる法律をまとめて行政法と呼びます。

これらの私たちの日常生活に不可欠な法律は、すべて、国民によって選ばれた代表者が、国会で作ることになっています。憲法では、国会が「唯一の立法機関」として、法律を作る権限である**立法権**を持つとされています（41条）。こうして国民の権利義務に関する法律が全て国会によって作られるとされることによって、国民が望んだ場合以外は自由を制限されにくいようになっています。

内閣は、行政活動を行う最高機関として、国会によって作られた法律を執行する役割を担っています（憲法65条、73条）。このことをもって、内閣が**行政権**を持つと表現されます。例えば、公営住宅法という行政法の一種について考えると、住居に困窮する国民のために国会で公営住宅法が成立すると、この法律に従って、行政の最高機関である内閣は、この問題を管轄する国土交通大臣や国土交通省を通じて、国として地方公共団体を支援し、公営住宅の供給を促すことになります。このように、内閣が法律を執行するという役割を果しており、そのことが憲法に定められているわけです。

▶▶2　内閣による法案提出の実態と問題の所在

国会が法律を作るなら、読者の皆さんは、国会議員が法案を作成してそれが国会に提出・可決され、法律になっているとイメージするかもしれません。しかし、実際に成立している多くの法律は、内閣によってその法案が作成され、国会に提案されて成立したものです（**閣法**）。民法や刑事訴訟法の改正法など、法律のほとんどは、内閣が法案を提出して成立させたものであり、議員が法案を提出して成立した法律（**議員立法**と呼びます）はむしろ稀です。近年に成立した法律の全体を見渡しても、議員立法は約2割にとどまります。

これではまるで、国会が「唯一の立法機関」であるはずなのに、内閣が「立法」をしているようにも見えます。そうなると、この状況は国会を「国の唯一の立法機関」と定める憲法41条に違反しているように見えます。

本講では、そのような状況を**議院内閣制**という観点から問題ないと説明してみます。国会と内閣の関係について、日本の憲法では、内閣は国会（特に衆議院）の信任（支持）が得られなければ辞任しなければならないとされています（憲法69条）。内閣の負う、国会と意見が一致しないときには辞任をしなければならないという責任は「**政治責任**」と呼ばれます。これは、損害賠償責任などの民事責任や、刑罰を課せられる刑事責任といった法的責任とは異なるものです。このように、内閣が国会に対して政治責任を負うという仕組みが議院内閣制です。このことは、裏を返せば、内閣

が国会の意見と一致している限りは，内閣は一定の権限を有していることも意味しています。

このような議院内閣制からすると，内閣が立法をしているかのような状況は許されるのでしょうか。

▶§2__ 内閣の法案提出権についての憲法学の一般的な考え方

議院内閣制について説明する前に，内閣の法案提出権について憲法学では一般的にどのように説明されているかを先に示しておきましょう。

憲法の体系書では内閣の法案提出は違憲ではないとされています。その理由としては，①内閣総理大臣の権限を定める72条に，「内閣総理大臣は，内閣を代表して議案を国会に提出し，一般国務および外交関係について国会に報告し，並びに行政各部を指揮監督する」とあり，この「議案」に法案も含まれると解されること，②議院内閣制の下では国会と内閣の協働が要請されることや，③国会は内閣提出法案を自由に修正・否決することができることが挙げられます。また，これを受けて，「内閣主導型の政党政治の発達と行政権の肥大化により，重要法案のほとんどすべてを内閣提出法案が占める傾向が顕著である。議員または委員会が作成する法律案を俗に議員立法と言う（その法律案が成立した場合の法律のことを議員立法と言う場合もある）。議員立法の強化が望まれている」（芦部信喜著，高橋和之補訂『憲法〔第7版〕』岩波書店，2019年，309頁）とされています。

ここには，内閣提出法案は違憲とならないことや，それと同時に，内閣主導型の政党政治が発達し行政権が拡大していることが述べられています。これらのことと議院内閣制とはどのような関わりがあり，内閣の法案提出権とどのようにつながるのでしょうか。また，議員立法が望まれるとはどういったことなのでしょうか。これらを説明するため，議院内閣制がどのように生み出され，どのような役割を担っているのかについて考えていきましょう。

▶§3__ 議院内閣制の歴史的な変遷

▶▶1　議院内閣制の歴史を辿る意味

では，まず「議院内閣制」がどのような仕組みなのかについて，考えて行きましょう。ここでは，日本の制度からは少し離れて考えたいと思います。日本の制度は，

明治期にはドイツを参考にしていましたが，戦後にはイギリスやフランスと同様の議院内閣制を採用しているとされています（宮沢俊義）。そのため，イギリスやフランスの議論が参考になります。次に，その仕組みの中で国会や内閣にはどのような役割が期待されているのかを歴史を踏まえて考えることで，内閣に法案を作ることが予定されているか否かを考えたいと思います。なお，以下では，議院内閣制一般について考えるために，国会と言わずに議会ということとします。

▶▶2　議院内閣制の変遷と議会の役割

　法律を作る立法権や法律を執行する行政権（ここでは立法権と行政権を併せて統治権と呼びます）をどの国家機関が担うのかについては，歴史的に変遷があります。まず，当初は，君主が統治するための全権を掌握していました（**絶対君主制**）。次に，君主は「憲法の制約を受けながら」統治するようになります（**立憲君主制**）。そうして，最後に，現代では君主は統治をしなくなり，議会と内閣が統治を担う現在の状況に至りました。

　立憲君主制では，君主が，法律を作りそれを執行するという統治権を有していました。このとき，議会の役割は，国民の権利が侵害されないように君主に対して異議を唱えることによって国民の自由を保障することです。君主を前にして議会が異議を唱えるという，この対抗関係は「権力分立」の1つの現れです。

　立憲君主制の時代から時が流れ現代になると，多くの国では，君主がいないか，君主がいたとしても統治に積極的な役割を果たさなくなりました。そういう国々では，議会が，従前に君主が担っていた統治の役割を引き受け，従前に自らが担っていた自由を保障するという役割と両立させることが求められることになります。

▶▶3　現代の議院内閣制における内閣と議会

　議会が統治をするためには，政策を実現するための法案を作り，その法律を執行する必要があります。議会にはたくさんの議員がいて，実効的に統治するに際しては，様々な困難に直面します。

　まず，議会が，政策を実現するための法案を作ると，議会の場で議員全員がじっくり話し合わなければなりません。また，十分な調査を行う必要があります。さらには，その政策が，過去の法律と一貫している必要があります。矛盾した法律が存在すると，法律を執行する際に一貫した行政ができなくなりますし，問題が生じた際に一貫した裁判を行うこともできません。例えば，「いつどこに遊びに行くか」決めるような場面を想像してみてください。大学や高校の学年全員で話し合って決めると，なかなかじっくり話し合えず，納得した結論を出すのに苦労するかもしれません。

そこで，議会は内閣を生み出して統治の役割を任せるのだと説明されることがあります。この説明によれば，内閣は政策を実現するための法案を作りそれを執行するところまでを担当します。ここでの内閣の役割は，議会が言うことを全面的に聞くことではありません。議会の言うことを全面的に聞いてしまうと，結局，先に述べた議会が政策立案をする際の問題と同じ問題に直面することになります。他方で，議会の言うことを全く聞かないわけでもありません。内閣はあくまでも議会が統治を行うために作られた機関だからです。この趣旨の現れとして，内閣の政策が議会の賛成を得られない場合，内閣は辞職し責任をとらなければなりません（政治責任）。

　現代においては，教育，街づくり，環境保全，防災，ごみの処理，社会保障など，私たちの生活は行政活動によって支えられ，それらを組織的に行うための行政機関が必要となっています。このように，行政は日常に大きな役割を果たしています。内閣は，これらの行政活動について，各分野を統括する行政機関・官僚組織とコミュニケーションを図り，内閣の中で検討を行い，官僚組織の専門性を活用して，過去の法律と矛盾することのない形で，政策を立案しそれを執行します。それも，議会の賛成を得られる範囲で，です。これを可能にするのが議院内閣制なのです。

　ここでの議会の役割は，統治を行うための内閣を作り出し，その内閣が作った政策（法案）を議会の意見との不一致が生じないように見張り（「統制する」と表現されます），意見の不一致がある場合にはその政治責任を追及して辞任させるということになります。このような議会の役割をうまく果たさせるためには，内閣の政策（法案）に対して「議会の意見と違う！」と言えるほどに，議会の意見がまとまっている必要があります。議会の意見が一枚岩になっていないと，内閣を見張ることはできないからです。そうなると，議会のメンバーを選ぶ手続は，一枚岩となっている議会多数派を選ぶことができるようなものでなければなりません。そこで，重要になってくるのが「選挙制度」と「**政党**」です（もう1つ重要な仕組みに「解散」があります。解散については，☞**23講**）。

　選挙制度に関しては，一枚岩となっている議会多数派を作り出すためには**小選挙区制**が望ましいと言われることがあります。小選挙区制とは各選挙区で一人しか当選しない仕組みです。小選挙区制は，支持者の多い大規模政党に有利とされ，議会内に議会多数派と議会少数派の2大陣営を生み出しやすいとされています。また，政党とは，政権を獲得し共通の政策を実現することを目的とする集団のことです。現代においては，周知のように，多くの議員が政党に属し，多くの立候補者が政党の後援を受けて立候補を行っています。政党があることによって，有権者は，個別の政策について熟知していなくても，政党を選択することで一定の傾向をもつ政策パッケージを選択することになり，それによって自分の意思を政治に反映させることができます。政党は，一般的に，党の政策をまとめるために，党の執行部などの

意思決定機関を有していますから，政権を獲得したときには，党の執行部を中心に
スムーズに内閣を作ることが可能となります。

　他方で，小選挙区制と比べると，**比例代表制**は，一枚岩となる議会多数派を作り
出しにくくなります。比例代表制とは，各政党の得票数に比例して，各政党の候補
者が議席を獲得する仕組みです。そのため，支持者の比較的少ない小規模政党であっ
ても，議会に様々な政党の議員を送り出すことができるようになるため，議会に，
多様な声を反映させることができる反面，一枚岩となる議会多数派を作り出しにく
くなります。したがって，比例代表制は，多様な国民の意見を集めて君主の統治に
対して異議を唱えることが議会に求められる君主制時代の選挙制度としてはよいの
ですが，議会が多数派を構成して一枚岩となり内閣を監視しなければならない現代
においては難点を有しています。

　こうして，小選挙区制と，有権者による政党・政策選択を通じて，議会の中で議
会多数派が構成されやすくなり，これにより，議会は，内閣をスムーズに作り出す
ことができるのと同時に，内閣に対して政治責任を追及ことができるようになりま
す。これによって，議会は，現代において果たすべき役割である，統治と自由の保
障を両立させることができると説明されます。

▶§4__ 議院内閣制と内閣の法案提出権・議員立法

　▶§3での説明は，現代の議院内閣制の意味について考える説明の１つですが，
このように考えると▶§2での一般的な説明もより具体的に理解ができます。▶§3
のように考えると，現代では，内閣は議会から統治を任され，内閣は政策を実現す
るための法案を作りそれを執行するところまでを担当するので，内閣が法案を提出
することは議院内閣制にとって不可欠なものとなります。そのため，議会による統
制が前提ですが，内閣の法案提出を違憲にしてはなりません。

　では，議会が法案を作る**議員立法**についてはどのように考えればよいでしょうか。
▶§3の説明では，議会が政策を立案し法案を作ることには様々な困難が伴うとい
うことでした。しかし，困難を乗り越えさえすればそのメリットを活かすことがで
きます。現代ではその困難を乗り越えるための制度も備わっています。例えば，議
員立法の支援を行うために，日本の衆議院や参議院には**法制局**と呼ばれる機関があ
ります。法制局では，従前の法律と矛盾しないように専門的な調査をした上で法案
を作成するだけでなく，国会審議，成立・公布までのプロセス全般にかけて専門的
な支援を行っています（詳しくは，衆議院法制局または参議院法制局のホームページをご
覧ください）。また，実際の議員立法の立案に際しては，与野党に十分に根回しを行

いながら法案が作成されるという指摘もあり，粘り強く話し合いがもたれることによって，多人数間での話し合いができているようです。

このようにして困難を乗り越えることができるようになった現代においては，議員の個々人のアイデアを活かすことができる議員立法には，当初の政策課題の実現に縛られている内閣には目の行き届かないような，新しい価値観を実現することや，喫緊の社会問題へ対応をすること，さらには少数者の権利を実現すること等が期待されます。例えば，「公営住宅法」「空家等対策の推進に関する特別措置法」「ストーカー規制法」「いじめ防止対策推進法」「子供の貧困対策の推進に関する法律」「水循環基本法の一部を改正する法律」「生殖補助医療法」「労働者協同組合法」などの新しい社会問題に対応するための重要な法律が議員立法として成立しています。その他にも，「女性参画」「先住民族の権利」の実現を目指すような法案が議会から提出されることも期待されるところです。

このように，議院内閣制を議会によって統治と自由の保障を両立させるための仕組みだとすると，統治に関する法律の作成は内閣が得意とし，自由の保障に関する法律は議員立法が得意とするという風に整理できるかもしれません。このように，議院内閣制のもとでは，内閣提出法案による法律と議員立法とがいずれも不可欠な役割を果たしています。

▶§5__ 残された問題

いずれにせよ内閣の法案提出権は違憲とすべきではありません。しかし，イントロの❖Topic 22で紹介したように多くの法律が内閣提出法案によるのが現状だとすると，内閣ばかりが法案を提出することによって内閣の独善的な法案ばかりが法律になってしまう可能性があるのではないでしょうか。また，議院内閣制では，国会議員が法案を提出したとしても，内閣を作り出している国会の多数派が承認しなければ法律として成立しません。結局，議会多数派が賛成する法案しか可決されないのだとしたら，問題が残されているようにも思います。

では，議会多数派が形成されないような選挙の仕組みにしたほうがよいのでしょうか。例えば，比例代表制では，支持者の比較的少ない小規模政党であっても議会に議員を送り出すことができるようになり，議会に多様な声を反映させることができます。しかし▶§3で述べたように，君主が統治しなくなった現代においては，議会や内閣を通じて統治がなされなければならないということも考慮しなければなりません。議会で多数派を形成できなければ，議会による内閣を活用した統治や内閣に対する統制が機能不全に陥ってしまうかもしれません。実際，第一次世界大戦

と第二次世界大戦の間の期間（戦間期）において，比例代表制が採用されていたドイツでは議会多数派が形成されず議会・内閣が機能しなかったことによって独裁が求められたとする分析もあります（さらに，独裁が戦争につながりうることは歴史が示しています）。

　したがって，現代の議院内閣制で求められている統治の役割を果たすことができるという条件を備えた上で，議会の構成メンバーをより多様化していく方向性が模索される必要があります。また，少数者の権利保護を可能にするには，議員立法のほかに，衆議院の行き過ぎを抑制する立場にある参議院の役割，少数者の権利を積極的に保護する裁判所の役割が，現代において重要になっていきます。

　さらに，議会多数派によって内閣が形成されるという仕組みを改善することによって独善的な政策が生じないように考えて行くということも考えられます。政権交代が定期的に起こるような状況では，議会多数派も少数派も，国民の過半数の支持を得て政権を獲得するために中道の政策を実現しようとします。これによって極端な政策によって人権が侵害される事態を回避することが考えられます。アメリカ，イギリス，フランス，ドイツなどの世界の主要な国々でも定期的な政権交代が行われており（単独政党による長期政権の維持は回避されており），このような国々では，「統治」と「人権保障」が両立しているといえます。

　そうなると政権交代が生じるような仕組みがより重要になります。それに関連する仕組みとしては，**解散**があります。そのような解散の役割ついては，☞**23**講で述べられています。

【兵田愛子】

23 講＿ 内閣の衆議院解散権 ．．．．．．．．．．．．．．．．．．．．．．．．．．

❖Topic 23＿内閣は好きな時に衆議院を解散してもいいの？！

　昨日から世間は騒然としていた。それまで「解散はしない」と言っていた内閣総理大臣が，「民意を問う」として突如衆議院の解散を決めたからだ。ニュースの有識者は，政権与党が選挙に勝つための準備を整え，満を持して解散を宣言したのだと説明している。しかし，これではまるで解散が政治ゲームの道具のようではないか。解散は，内閣総理大臣が，自分にとって最も有利なタイミングで，自由にして実施して良いのだろうか。それに騙し討ちで敵陣にろくな準備もさせないまま政治ゲームに勝ったとして，それが民意を問うたことになるのだろうか。SNS上で俄に活気づく政策提言のつぶやきをぼんやりと眺めながら，私はそう思うのだった。

▶ § 1 ＿ 日本における解散の仕組み

▶▶ 1　内閣の不信任と解散

　私たちの日常生活に不可欠な法律は，国民によって選ばれた代表者が国会で作ります（憲法41条）。また，内閣は，行政活動を行う最高機関として，国会によって作られた法律を執行する役割を担っています（憲法65条，73条）。もっとも，**22講**で見たように，実際には内閣がほとんどの法案を提出しています。その際，内閣は，自身の政策を実現するため，法案の作成から法律の執行まで，国会，とりわけ衆議院の多数派から賛同を得る必要があります。もしその賛同が得られなければ衆議院によって内閣不信任決議案が提出され可決されてしまうでしょう。

　この場合，内閣は，10日以内に衆議院を**解散**するか，**政治責任**を果たして辞任しなければなりません（憲法69条）。内閣は，衆議院を解散したければ天皇に助言と承認を行い，それに基づいて天皇は衆議院を解散します（7条3号）。このように天皇が行うことのできる行為のことを国事行為と呼びます（天皇の国事行為について☞01講）。その際に，衆議院議長が天皇の解散詔書を読み上げ，それに応じて衆議院議員たちが起立して万歳三唱をします（失職するのに万歳というのは少し不思議ですね）。これが日本での解散の光景です。その後，解散の日から40日以内に衆議院議員の総選挙が行われ，選挙の日から30日以内に国会が召集されます（54条1項）。その総

選挙後初の国会の召集によって，内閣は総辞職することになります（70条）。

▶▶2　不信任以外での解散

　もっとも，戦後，現在の憲法が施行されたときから2022年までに内閣不信任決議案が可決されたのは4回しかありません。議院内閣制では，衆議院の多数派政党の党首が内閣総理大臣となって内閣を組織するのが通例であることから，衆議院が内閣を不信任とすることがほとんどないのだと思われます。

　このように内閣の不信任をきっかけとした衆議院の解散はまれですが，興味深いことに，内閣は不信任がなくても衆議院を解散しています。衆議院はこれまで25回解散されましたが，そのうち，21回は不信任なく解散されています。こうした解散の実態をみると，実は，不信任がないまま解散される方が主流といっても過言ではありません。不信任がなく解散される場合は，内閣は内閣や衆議院の多数派の属する政権与党にとって一番よいタイミングを見計らって，衆議院を解散することになります。例えば，内閣と対立する与党内の議員や野党に選挙の準備をさせないようなタイミングです。また，内閣の支持が安定しており国民に政策の可否を求める必要がない場合は，解散の好機となります。このようなときには国民に不満がありませんから，総選挙で勝利できる可能性が高く政権を維持したまま任期を引き延ばすことができるからです。逆に，内閣の政策が国民に評判が芳しくなく，選挙をすると政権が交代してしまうなら，解散は見送った方がよいということになるでしょう。

▶▶3　69条解散と7条解散

　では，解散の憲法上の根拠はどこにあるのでしょうか。不信任による解散については，憲法69条が衆議院で内閣不信任決議案を可決した場合に解散がなされることを示していますので，それが根拠となります。問題は，それ以外の解散の憲法上の根拠です。

　実務では，内閣が不信任とされていない場合以外にも内閣は自由に解散する権限を有するとされており，その根拠は憲法7条にあるとされています。7条は「天皇は，内閣の助言と承認により，国民のために，左の国事に関する行為を行ふ」とし，その3号は「衆議院を解散すること」としています。この規定から，内閣が助言と承認をすれば内閣はいつでも衆議院を解散できると考えるわけです。

　実は，25回のすべての解散において7条が根拠として持ち出されています。内閣不信任決議案の可決に対して対抗的になされた4回の解散の事例においても，69条が根拠とされたのは最初の1回（1948年吉田茂内閣）だけであり（このときも7条が併せて根拠とされました），あとのものは7条が根拠とされています（大石眞『憲

法概論Ⅰ』有斐閣，2021年，XX頁図表2）。内閣不信任があったとしても，内閣として
は，69条を根拠とした内閣が政治責任を追及されるような解散ではなく，7条を根
拠とした内閣の裁量による解散なのだということになるでしょう。

▶§**2**＿解散権についての学説状況

▶▶**1**　責任本質説と均衡本質説

　内閣が解散権を有しているのか，その憲法上の根拠はどこにあるのかについて，
学説では，どのような要素が伴ったら議院内閣制なのか，言い換えると，議院内閣
制の本質とは何か，という出発点から議論がなされています。

　第1に，責任本質説は，内閣が議会の完全ないいなりにはならないが，最終的に，
議会から反対されたら責任をとって辞めなければならないような仕組みなら，議院
内閣制だと考えます。このように，議会の意見との一致を求められる内閣の責任を
政治責任と呼びます。責任本質説は，一方で，内閣の解散権は憲法が定める69条の
場合に限定されるべきという理解に繋がります。議院内閣制において議会が内閣の
責任を追及できるのは議会が内閣に優位しているからこそであって，劣位にある内
閣から議会に物申す（例えば解散によって）ことをしてよいはずはなく，内閣は憲法
が定める69条の場合以外には解散権を認められないというわけです。他方で，責
任本質説は，内閣の解散権は69条の場合以外にも容認される余地があるという理
解にも繋がります。世界には解散権が存在しない議院内閣制もある（第三共和政期
のフランスでは解散権が死文化していました）から，憲法が議院内閣制を採用している
からといって，そこから解散権のあり方が決まるわけではなく，そうなると，解散
権の行使のあり方は，選挙の際に国民に判断してもらうしかない（国民の判断の結果，
内閣の解散権は69条の場面以外にも容認され得る）というわけです。

　第2に，均衡本質説という考え方は，責任本質説と同じく，内閣は議会から独立
して政策を実行し議会に対して責任を負うことを出発点としますが，内閣の議会に
対する独立性を確実にするために，内閣と議会が対峙して均衡することができるよ
うに内閣が解散権を有すると考えます。均衡本質説は，内閣が，69条の場合を超
えて，自由な解散権を有することを認める方向に傾きます。

▶▶**2**　憲法69条非限定説と解散権の制限

　現在の学説では，解散を69条の場合に限定しない見解（69条非限定説）が主流です。
69条以外の憲法上の根拠としては，7条か制度かということになります。実務で

は7条を根拠として解散されていることは述べました。制度が根拠であるというのは，議院内閣制なのだからこうならざるを得ないと考えるということです。そうなると，議院内閣制の本質をどのように考えるかで結論が異なることになります。とはいえ，現在の責任本質説・均衡本質説いずれに立っても，解散の根拠を69条に限定する見解以外は，自由な解散を認めることになると考えられます。

このように，現状では解散を69条非限定説が主流ですが，多くの憲法学者は，解散権を内閣の自由に任せることは問題だとも考えているようです。例えば，芦部信喜は，「解散は，憲法六九条の場合を除けば，①衆議院で内閣の重要案件（法律案，予算等）が否決され，または審議未了になった場合，②政界再編成等により内閣の性格が基本的に変わった場合，③総選挙の争点でなかった新しい重大な政治的課題（立法，条約締結等）に対処する場合，④内閣が基本政策を根本的に変更する場合，⑤議員の任期満了時期が接近している場合，などに限られると解すべきであり，内閣の一方的な都合や党利党略で行われる解散は，不当である。」（芦部信喜（高橋和之補訂）『憲法〔第7版〕』（岩波書店，2019年）346頁）とし，69条の場合を超える解散については，違憲にはならないけれども，不当なものがあると考えているようです。

▶§3＿ 議院内閣制における解散の意義・役割から考える

▶▶1　議院内閣制の課題

ここまで解散権の憲法上の根拠やその限界について，議院内閣制の本質論からの説明を紹介しました。ここでは，内閣による解散が，議院内閣制の実現しようとする課題を，手段としてどのように解決するものなのかについて考えたいと思います。そのように考えることで，その課題解決のための手段としての解散が必要かどうか，必要としてどの程度必要かが決まるからです。

議院内閣制では，内閣は議会から独立して政策立案をし，議会の意見に全面的に従うことは求められていません（☞22講）。とはいえ，内閣は，議会の意見と一致しなければ最終的に不信任決議によって政治責任を追及され，辞任をすることになります。

他方で，議会が内閣を作り意見が一致しない場合に内閣を辞任させるためには，その前提として議会の意見がまとまっている必要があります。そのために，議会多数派を形成するための選挙制度や政党が必要となります。これらの仕組みによって，選挙を通じて議会多数派が形成され，その支持のもとで内閣を形成し，内閣を監視することができそうです。

しかし，これでもまだ不十分です。選挙前には，選挙に当選するために政党が掲げた政策の下にまとまっていた多数派の議員たちも，選挙が終わると，任期中の身分が確保されていることに安心してしまいバラバラになってしまう可能性があります。バラバラになってしまった議員たちは，自らが掲げた政策を実現しようとする内閣に対しても，翻って不信任を連発してしまうこともあります。かつてフランスで，このことが問題となり，議会が機能不全に陥りました。このように，選挙が終わった後でも，選挙前のように，議員たちを自分たちが掲げた政策実現のためにまとめることが議院内閣制の課題となります。

▶▶2 解散の意義・役割

そこで必要になるのが，内閣の（対議会）解散権です。内閣によって議会が解散され総選挙がされる仕組みの場合，議会多数派は自らが行動する際に常に解散がなされた後の総選挙での再当選まで見越しておく必要があるでしょう。そのため議会多数派は，慎重に，国民の意見を見極めて，仮に総選挙が生じた場合に内閣より自分たちが支持されるのかを考えながら，自らの行動を律するようになります。こうして，解散の脅しがあることで，議員達は，選挙前と同じく，選挙後もバラバラにならずにまとまり，また，安易な不信任決議を控えるようになります。

他方で，そのような仕組みの下では，内閣も，解散すると総選挙となりその政策の是非が問われることになるから，国民の様子を窺うようになり，結果，自信を持って国民の支持する政策を立案実行できるようになります。

このように，解散権がうまく機能していれば，議会は国民の様子を窺いながら不信任決議を行い，内閣は国民の様子を窺いながら自らの政策を立案し，また，解散を行うようになります。こうして，解散（権）があることによって，自然と，議会と内閣の政策が国民の意に沿うようなものになり，民意の下に議会多数派と内閣は与党としてのまとまりを形成することができるようになります。近時の学説の中には，このようなメカニズムを指摘しつつ，国民の意思を反映し民主主義を実現するという観点から解散権を積極的に認める見解もあります。

▶▶3 解散権の限界

では，内閣の解散権は自由に行使されてよいのでしょうか。

議院内閣制は，議会によって統治と自由の保障を両立させようとする仕組みです。その仕組みの中で与党（議会多数派や内閣）によって独善的な政策が生じないようにするには，定期的に政権交代が起こる必要があります（☞コラム❹）。というのも，政権交代が定期的に起こるような状況では，与党（議会多数派や内閣）も野党（少数派）も，国民の過半数の支持を得て政権を獲得するために中道の政策を実現しようとす

ると考えられるからです。これによって，極端な政策によって人権が侵害される事態が回避されていると考えることができます。

　とすると，内閣の解散権は，①国民の意思を反映するという先ほど述べた解散の趣旨に反してはならないということに加え，②解散権が自由に行使されることで政権交代が妨げられてはならない，ということが言えそうです。

　ここでは2つに分けて解散権行使の問題を考えてみましょう。1つは，解散がなされるべきではない場合に解散権が行使されてしまうという問題，もう1つが，解散がなされるべき場合に解散権が行使されないという問題です。

　まず，解散がなされるべきではない場合に解散権が行使されてしまうという問題について考えてみましょう。例えば，内閣の支持率が高く，特に新しい争点もないのに，内閣や政権与党の維持のためだけに解散権が行使されることは，趣旨に照らしても政権交代が妨げられるという点からも認められるべきではありません。また，そういった場合に解散がされることによって，選挙疲れが引き起こされて，議会に対する信頼が失われてしまいます。このことによって，過去のドイツでは，議会が機能しなくなってしまい，独裁が求められたとする分析もあります（さらに，独裁が戦争につながりうることは歴史が示しています）。

　では，解散がなされるべき場合に解散権が行使されないという問題に関してはどうでしょうか。社会の変化によって，内閣の政策の意味が変わってしまった場合や，内閣が政策を変更するような場合，政策的な新しい争点が登場した場合，支持率の低迷など何らかの兆しによって世論の変化が明らかになった場合，また，衆議院の行き過ぎを抑制する立場にある参議院により内閣に対する問責決議（憲法66条3項）が可決された場合には，一度，国民の判断を仰ぐために，積極的に解散をなすべきことが求められるでしょう。この場合支持率が低迷しており解散すると不利になるという理由で解散しないということは認められるべきではないでしょう。

　また，いずれの場合においても，不意打ち的な解散のやり方は政権交代が妨げられるので認められません。日本で言えば，吉田茂首相によるいわゆる「抜き打ち解散」（1952年）や，「解散は考えていない」と繰り返し発言し野党を油断させ与党の有利なタイミングで解散するという中曽根康弘首相によるいわゆる「死んだふり解散」（1986年）のような解散権の行使は認められるべきではない，ということになるでしょう。

▶▶4　残された課題

　このような議院内閣制の趣旨から考えると，解散ができる場合を憲法69条の場合に限定することは，議会がバラバラになることを防ぐこともできず，新しい争点が生じた場合にも解散することができないことになりますので，解散の範囲が狭すぎ

ることになります。この点で，イギリスの議会任期固定法の趨勢には興味深いものがあります。議会任期固定法は，与党の党利党略的な解散を制限することを趣旨として2011年に制定され，それによって内閣の解散権が制限されました。この法律では，一定期間ごとに総選挙が実施されることを定めると同時に，解散ができる場合を，内閣不信任の場合と，それ以外の場合として，下院の総議員の3の2の特別多数決による場合としました。つまり解散が議会の主導による場合に限定されるということですから，日本でいう69条限定説に近いものと見ることもできるでしょう。しかし，議会任期固定法は，それによってEU離脱という新たな政策課題への対応のために解散が求められていたにもかかわらず，議会が解散を主導しなかったため必要な解散が阻害されたとして，2022年に廃止されました。この出来事は，解散を69条の場合に限定するということでは必要な場合に対応できず不都合が生じうることを示しているとも理解できるでしょう。

　他方で，まったくの無制限だというのも解散権の範囲が広すぎ，国民の意思を反映するという議院内閣制における解散の趣旨や，政権交代が妨げられてはならないという観点からその範囲を限定すべきであると考えられます。そう考えると，解散がなされる場合に不信任の場合以外でも認めつつ，議院内閣制の趣旨を突き詰めていくことによって，義務づけていくのがよいかもしれません。69条の定める不信任の場合を超えてどの範囲で，どのように解散権を制限していくかについては，今後も検討されていく必要があります。

　もっとも，69条の場合に限定されないという立場をとりながら，解散することや解散しないことを違憲とし解散権を制限するという見解を進めていくうえでは1つ問題があります。

　学説では，解散を69条の場合に限定しないという立場に立てば，解散権の行使は政治に委ねられることになります。また，判例でも，吉田茂首相が1952年に69条の内閣不信任によらずに解散したことによって議員の身分を失ったとして，苫米地議員が歳費の支払いを求めて訴えた事案に関して，「高度に政治性のある国家行為」は「裁判所の審査権の外にあり，その判断は主権者たる国民に対して政治責任を負うところの政府，国会等の政治部門の判断に委され，最終的には国民の政治判断に委ねられている」とした上で，衆議院の解散は高度に政治性のある行為であるから裁判所の審査権の外にあるとしています（★最判昭和35〔1960〕6・8民集14巻7号1206頁：**苫米地事件**）。すなわち，学説や判例によれば，解散をなすか否かの判断は政治に任せられ，解散すべきではない場合で解散をしたとしても，解散すべき場合で解散をしなかったとしても，違憲とはならず国民の政治的な判断に委ねられることになります。

　しかし，このように解散の問題を政治の問題として扱うことによって，実務の自

由な解散が容認され政権交代が阻害されてきました。確かに，議院内閣制のあるべき姿が定まっていないこと，仮に民意を反映すべく解散すべき場合がありその場合では積極的に解散をなすべきとして，その場合とは具体的にどのような場合かが判断できないということ，仮に違憲だとしても，すでに解散総選挙がなされ次の内閣が成立している段階でどのように扱ったらよいのかという問題が生じることが，その背景にあるのかもしれません。しかし，安易に政治の問題とせず，議院内閣制はどうあるべきかを突き詰めて考えた上で，解散の問題を憲法の俎上に載せて，どのように規制していくのかを論じることも重要です。

▶§**4**＿内閣は好きな時に議会を解散してもいいの？

以上を踏まえて本講導入の❖Topic 23の問題について考えてみましょう。不意打ち的な解散のやり方では，どのような政策とどのような政策との選択を国民に問うているのかわからず，ただ政権交代を妨げるためだけの解散になっていますので認められるべきではないでしょう。

【兵田愛子】

24 講__ 条例制定権の意義と限界 ....

❖Topic 24__県の条例次第で，自由の範囲が決まってもいいの？

　このたび，世界各国の大統領や首相が集まって世界の経済・金融情勢や金融規制などについて会議（G7主要国首脳会議）が行われることになりました。その会場となったのが日本のM県です。そこで，M県の県議会では，各国要人や県民の安全を確保するために，空港やヘリポートだけでなく，会議が開催される施設やその周辺地域でも，200g未満の小型無人機（ドローン）の飛行を原則禁止する条例を制定しました。またこの条例には，違反者に対して，「1年以下の懲役又は50万以下の罰金を科す」ことが定められていました。しかし，航空法は，200g以上のドローンのみが規制の対象となっており，空港や人口が集中する地区のみを飛行禁止エリアと定めています。地方公共団体が条例によって，法律よりも厳格な規制を住民に遵守させたり，罰則規定を設けたりしてもいいのでしょうか。

▸§1__ ドローン飛行に対する規制

▸▸1　ドローン飛行に対する国の規制

　近年になって，ドローン技術は，個人が動画を撮影するだけのものではなく，物流，災害対応，インフラ維持の管理，測量，農林水産業などにおいて欠かせないものとなってきています。しかし同時に，ドローン操縦には特に免許が必要なわけではなく，一定の技術があれば誰でも飛ばすことができるため，操縦ミスや風などの環境条件によってコントロール不能となり，墜落事故や建造物を破損する事故などにつながることも少なくありません。また，撮影機能を搭載していることから，プライバシー侵害や不正な個人情報の取得につながるといった問題も懸念されています。たとえば，総理大臣官邸の敷地内に放射性物質を含有する土砂を入れた容器と火薬類を搭載したドローンを落下させた行為が，「威力」によって官邸職員の管理業務を妨害させたとして罪に問われた事件なども生じています。

　このような問題に対処するため，わが国では2015年に航空法を改正し，ドローンに対する規制を導入しました。同法は，重量が200g以上のドローンを対象とし，空港等の周辺の上空，150m以上の上空，人口集中地区の上空の空域を飛行禁止空

域として定めました。

▶▶2　条例によるドローン規制

　しかし同法では，人口が少ない地域での飛行が禁止されていないことから，地方公共団体によっては，航空法の規制対象から外れてしまう可能性もあります。

　そこでM県では，2016年5月に開催されたG7主要国首脳会議に伴い，条例（「伊勢志摩サミット開催時の対象地域及び対象施設周辺地域の上空における小型無人機の飛行の禁止に関する条例」）を制定しました。同条例では，航空法では規制の対象となっていなかった200gに満たないドローンや空域も規制の対象となりました。それに加えて，同条例に違反してドローンを飛行させてしまった者や飛行のおそれがある者に対して，県知事は退去を命じたり，必要な措置を講じる権限を持つことや，それに従わなかった者は，1年以下の懲役又は50万円以下の罰金に処されることも定められました（同条例10条）。

　これでは，ドローンを飛行させたいと考えている人からしてみれば，いくら法律が適用できない地域だからといって，国の法律よりも厳しいルールを，地方公共団体が勝手に作ってしまうことに憤りを覚えるかもしれません。また，1つの地方公共団体が勝手に独自のルールを作ったことで，同じ条件でもドローンを飛行させることができる地域とできない地域があることは「不公平だ！」と考える人もいるかもしれません。

▶▶3　厳格化する国の法律と地方公共団体による二重の規制

　現在では，2016年に制定された法律（「重要施設の周辺地域の上空における小型無人機等の飛行の禁止に関する法律」）によって，200g未満のドローンも一律に規制の対象になっています。また，航空法が改正されたことによって，国土交通大臣がドローンの機体の安全性に関する認証制度や操縦者の技能に関する証明制度を導入することが定められたり，令和4年6月20日以降は，100g未満のドローンも飛行を禁じられるようになりました。さらに，飛行禁止空域についても，空港周辺や人口集中地区だけではなく，国会議事堂，最高裁判所や外国公館などの重要な施設の周辺へと拡大されています。しかし，国の法律が厳格化され続ける一方で，多くの地方自治体が，未だに独自の条例によって，国の法律ではカバーできていないような地域においてもドローン飛行を規制しています。

　たとえば，世界文化遺産登録がされている姫路城周辺では，2013年頃からドローンの飛行が報告されはじめ，大天守等にドローンの衝突による破損が見られるなどの事故もありました（朝日新聞2015年9月20日，2016年11月18日）。そのため，現在においても姫路城周辺は，ドローンの飛行を原則禁止し，違反した者は10万円以下

の罰則に処されることが定められています（姫路城管理条例8条1項・11条1項）。

▶§2__ 地方公共団体の条例制定権

▶▶1　条例の意味

　地方公共団体は，憲法94条に「法律の範囲内で条例を制定することができる」と明示されているように，憲法によって条例制定権を付与されています。つまり，地方自治体は，条例によって様々な自治事務に関する規律を行うことができ，国の法令によって委任がなくとも，地方公共団体の議会（以下，地方議会という）が，自らの自治権に基づいて，自主法を制定することができるのです（地方自治法2条2項・14条1項・96条1項）。

　また，上述したような地方議会によって制定される規律のみを「条例」というわけではありません。たとえば，地方議会と同じように住民に直接選ばれている長が制定する規則（同法15条）や，人事委員会や公安委員会といった各種委員会の定める規則その他の規程（同法138条の4）も憲法上において保障されている地方公共団体の自治権の範囲内にあるといえます。なぜなら，憲法は国会による間接民主制を前提としていますが，同時に，地方公共団体の住民らの意思を政治に反映することでより広く民主主義を実現していくために地方自治を保障していると考えられるからです。

▶▶2　条例の根拠

　しかし，そうは言っても，憲法41条には，国会が国の唯一の立法権限を持つことが規定されています（☞第Ⅲ部第1章立法）。地方公共団体が条例制定権を持つことは憲法41条を侵害しないのでしょうか。

　そもそも，憲法が「地方自治」を統治機構として定めている意味は，地方公共団体の住民が国の意思とは別に，自らの意思と責任に基づき統治を行うことが，国全体の民主的な政治を実現するために欠かせない要素だからです。このことは，憲法92条に「地方自治の本旨」として明示されています。この「地方自治の本旨」を損なうことがないように，憲法94条の条例制定権は，民主的な観点から，国の立法権を制約する例外を具体化しているといえます（★最大判昭和37〔1962〕5・30刑集16巻5号577頁）。

▶§3__ 条例と法律の留保事項

▶▶1 条例制定と平等原則

　いくら住民の意思を反映し民主政治を実現するといっても，地方公共団体によって罰を受けたり，受けなかったりするのはあまりにも公平性に欠けるのではないかと考える人もいると思います。しかし憲法が，各地方公共団体に条例制定権を認めている以上，それによって差異が生じてしまうことは当然に予期されることであって，憲法自体がその差異を容認しており，平等原則に違反することはありません（★最判昭和33〔1958〕10・15刑集12巻3305頁）。ただし，国全体に共通するような事項に関して，地域によって処罰されなかったり，処罰される場合であっても著しい差異が生ずることは，憲法の容認する地方自治保障とは言えません。なぜなら，地方公共団体の住民の意思は，地域を通じた全国民の意思であると言えるからです。全国には理解し得ないような地域の特異な事情を考慮しなければ，住民の人権を保障できない場合も多く存在しています。しかしながら，事の性質によっては，一国の法制度として考えたときに，自主立法権が尊重されることが望ましくないような場合も存在しています（★最判昭和60〔1985〕10・13刑集39巻6号413頁：**福岡青少年保護育成条例違反事件**）。

▶▶2 条例と罰則権

　特に，条例で刑罰を規定する場合に問題となるのは，罪刑法定主義との関係です。憲法31条には，「法律の定める手続によらなければ」，刑罰を科されない旨が規定されています（☞第14講「人身の自由」参照）。また，憲法73条6号但書にも，制定は法律の委任がある場合に限って罰則を設けることが規定されています。しかし同時に，地方自治法14条3項には，地方公共団体の条例によって罰則規定を設けることができることが明示されています。したがって，条例に刑罰を定めることは憲法に違反しないのかが問題となります。

　この点について，**大阪市売春勧誘行為等取締条例事件**（★最大判昭和37〔1962〕5・30刑集16巻5号577頁）では，大阪市内で売春目的の勧誘行為行った者が，大阪市の条例（「街路等における売春勧誘行為等の取締条例」2条1項）違反であるとして起訴されました。最高裁は，条例が民主的な正当性を有していることから，条例を法律に類する下位法令と理解し，法律による「授権が相当な程度に具体的であり，限定されて」いる場合は条例に罰則規定を設けることができると判断しました。

その一方で，授権が一般的包括的な委任であっても十分であるという考え方もあります。これは地方公共団体の条例が，地方議会等によって作られており，国の法律と比べ，より民主的な立法であることを考慮すれば，条例が実質的に法律に準ずる性質を持っていることから導かれています。そのため，地方自治法14条3項には条例が罰則規定を設けることができると定められていることで，十分な法律による委任があると考えられています。ただし，憲法73条6号が，「命令」に対する委任立法を規定していることから，条例とは異なるとして，両規範を混同するべきではないという批判もあります。

　しかし，憲法が国と並ぶ統治団体として地方公共団体の存在を認め，94条によって条例制定権を与えていることに着目すると，地方に住む国民の主権を徹底させていくためには，地方自治が果たす役割は大きいといえます。そのため，民主的な政治意思決定機関である地方公共団体が制定した条例の実効性を担保するためには，条例に罰則規定を設けることを当然として，条例制定権が憲法94条から直接に授権されていると解し，法律の委任を必要としないという考え方もあります。

　したがって，法律の委任が必要か否かという点においては争いがあるものの，条例に罰則規定を設けること自体が，憲法に違反するものではないといえます。

▶§**4**＿ 条例制定権の範囲と限界

▶▶**1** 「上乗せ条例」，「横出し条例」への疑問

　しかし，条例が法律とは別に，独自の罰則を定めることができるとするならば，仮に法律と条例の規制内容が矛盾抵触するような場合は，条例は違法になってしまうのでしょうか。M県の条例では，航空法で禁止されている空域よりも広範囲な空域を飛行禁止にし，ドローンの質量も200g未満を規制の対象としていました。このように，国の法律と同一の規制目的を持ちつつ，国の法律の規制基準よりも厳しい基準を定めている条例を「**上乗せ条例**」といいます。また，姫路城の条例のように，国の法律と同一の目的ではあるものの，国の法律で規制されているものとは異なる対象を規制するような条例を「**横出し条例**」といいます。憲法94条や地方自治法14条1項には，地方公共団体は「法律の範囲内」で条例を制定することができると定められていることからも，このような「上乗せ条例」や「横出し条例」は，はたして「法律の範囲内」の条例と言えるのでしょうか。

▶▶2 　法律と条例の競合問題

　従来，条例と法律の関係については，国の法律が明示的あるいは黙示的に先占しているような事項については，法律による明らかな委任がなければ条例は制定できないと考えられてきました（法律先占論）。

　しかし，この問題を争った**徳島市公安条例事件**（★最大判昭和50〔1975〕9・10刑集29巻8号489頁）では，条例制定権の範囲が拡大されることになりました。この事件は，デモ行進の蛇行等によって道路使用許可条件に違反した場合，道路交通法では3か月以下の懲役または3万円以下の罰金に処されるところが，徳島市公安条例では，1年以下の懲役もしくは禁錮または5万円以下の罰金に処されることが定められていました。そのため，このような条例が法律に違反しないのか，同条例の文言の明確性が争点となりました。最高裁は，条例が法律に違反しないのかを判断する場合には，「両者の対象事項と規定文言を対比するのみでなく，それぞれの趣旨，目的，内容及び効果を比較し，両者の間に矛盾抵触があるかどうかによってこれを決しなければならない」としました。最高裁は具体例として，たとえ明文規定がなかったとしても，国の法律全体からみて，全国一律の規制目的がある場合や，あえて規制対象から除外しているようなところに条例が規制をしていた場合には，その条例は違法になり得ることを示しました。また最高裁は，たとえ国の法律と条例が異なる規制目的を持ちつつ併存していたとしても，条例が国の法律の目的と効果を阻害することがない場合には違法とはならないし，国の法律が全国的な最低基準を示した規制である場合には，地方の実情に応じて，条例によって別段の規制を容認しても違法とはならないことを述べました。

▶▶3 　地方自治の本旨に立ち返って──国の法律はナショナル・ミニマム

　たしかに，国の法律が全国に一律の基準を設ける趣旨で規制しているにもかかわらず，条例が法律と同じ目的を持って，より厳格な規制をしたり，国の基準を拡大するような規制をすることは違法のようにも思えます。しかし，国の法律が全国一律に同一の内容を規制する趣旨か，地域の実情に応じた規制を容認しているのかを個々に判断することは簡単とは言えない側面もあります。また，国が全国一律に及ぶ法律を制定してしまうことは，せっかく憲法92条で「地方自治の本旨」に基づく統治体制を保障し，かつ憲法94条で地方公共団体に条例制定権を付与し，地方の自治事務等の自治権を尊重しているにもかかわらず，その意味を希薄にしてしまう可能性もあります。

　したがって，地方公共団体に認められている「固有の自治事務領域」は，第一次責任と権限は自治権として地方公共団体に留保されるべきだという考え方が展開さ

れるようになっています。そのため，国が地方公共団体の自治事務に法律を制定した場合には，その規制を全国一律に適用されるナショナル・ミニマムとして位置付けるべきであり，地方公共団体は地域の実情に応じた独自の条例によって国の規制を補完することができると考えられています。

▶§5__ 条例制定権と他の法律留保事項

▶▶1　条例と財政権

　罰則規定の他にも，条例によって人権を制約する場合に憲法に違反しないのかを問われることがあります。

　1つは財産権の問題です。憲法29条2項には，財産権の内容を法律で定める旨が規定されていることから，条例によって財産権を制限した場合，その合憲性が問われます。しかしこの場合も，条例が地域住民の意思を実現するために民主的な手続きを経た統治機構によって制定されていることを考慮しなければなりません。したがって，民主的な正当性を得て制定されている条例は，実質的に法律に準ずる性質をもつことから，条例による財産権の制限は憲法に違反するものではないと言えるでしょう。

　ただし，最高裁の判例には，財産権を規制する場合には，財産権の「内容」に対する規制なのか，財産権を「行使」することへの規制なのかによって，条例に対する法律の委任が変わってくることを示したものがあります。最高裁は，条例が財産権の「内容」を規制する場合は，法律の個別的委任を必要とし，「行使」を規制する場合は，法律の一般的および包括的委任で規制が可能であると判断しました（★最大判昭和38〔1963〕6・26刑集17巻5号521頁：**奈良県ため池条例事件上告審判決**）。しかし，財産権の「内容」の範囲の不明確性や「内容」と「行使」の区別が不明確であるとの批判も存在しています。

▶▶2　条例と課税権

　もう1つは課税権の問題です。憲法84条は何人も法律の根拠がなければ租税を賦課されたり，徴収されたりすることがないという**租税法律主義**を定めています。しかしながら，地方自治法223条や地方税法2条では，法律の委任がある場合には，地方公共団体が独自の課税を行う権限を規定しています。

　地方公共団体の課税権に対して，条例では法律に矛盾抵触するような権限は与えられないとする租税法律主義を徹底する考え方もあります。しかし，地方公共団体

は地方の諸般の事情について，国よりも比較的容易に把握することができるという側面を考慮すれば，地域の実情に配慮した課税を実施することにつながり，より民主的な政治を行える可能性があります。地方公共団体は，民主的な統治機構として条例を制定する権限を与えられていることに鑑みれば，条例は法律に準ずる性質をもつと考えることができ，憲法84条の「法律」に条例が含まれていると解することができるでしょう。条例のなかに法律として民主的な性質を見出すからこそ，地方税を徴収する場合には，課税要件を条例で明確に定めることを要請する裁判例が存在していたり（仙台秋田支判昭和57〔1982〕・7・23判時1052号3頁：**秋田市国民健康保険税条例事件判決**），地方税法3条1項には，条例によって「地方税の税目，課税客体，課税標準，税率その他賦課徴収について定をする」ことが明示されるなど，法の支配を徹底する試みがなされています。

　さらに，健康保険の保険料については，その性質上，憲法84条で定める「租税」そのものには当たらないと考えられています。しかしながら，健康保険料であったとしても住民から徴収することに変わりはないことに着目すれば，民主的な統治団体である地方公共団体が制定する条例によって徴収することに争いはありません。ただし，最高裁は，健康保険料は憲法84条の趣旨が及ぶため，「法律の範囲内」で制定された条例によって明確に定められなければならないと判示しました（最大判平成18〔2006〕・3・1民集60巻2号587頁：**旭川市国民健康保険料条例事件判決**）。

【本庄未佳】

第**3**章____ 司法と違憲審査制

25講__ 司法権の限界 ....

❖Topic 25__落とした単位を取り戻す！　裁判所ならそれができる！？
　大学理学部に在籍するMは，期末試験を終え，しばらくして公開された成績評価を確認して愕然とした。数学だけ落第していた。あれだけ準備して自信があったのに……。担当教員（教授）に理由を問い合わせてみても「及第点に至っていない」としか返ってこない。将来数学教師を目指す私にとって，この科目の落第はとても承服できない。大学側がまともに取り合ってくれないのなら，裁判に打って出るしかないか……。

▸§**1**__ 裁判所は何でも解決できる？

　大学の科目の単位を認められなかったMは，大学側の対応に疑念を抱き，国家機関である裁判所に助けを求めようとしています。果たして裁判所は，大学側にMの定期試験結果の見直しや落第判定の取り消しをさせる等，Mの願いを叶えることはできるのでしょうか。
　この問題を考えるに当たっては，裁判所ができること/できないことを知らなければなりません。そのためには，まず裁判所がどのような権限をもっているのか知る必要があります。

▸§**2**__ 裁判所はどんな権限を持っている？

▸▸**1**　司法権とは何か

　日本国憲法は，「司法権」が「最高裁判所」および「下級裁判所」に属するものと定めています（76条1項）。しかし，この規定から分かるのは「司法権」という権限が裁判所に与えられているということのみで，権限の内容がどんなものなのか分

かりません。それでは「司法権」の内容は何でしょうか。憲法学は，この概念について，一般的に「司法」とは，立法・行政・司法という国家作用の三権のうち「具体的な争訟について，法を適用し，宣言することによって，これを裁定する国家の作用」（清宮四郎『憲法Ⅰ〔第3版〕』有斐閣，1979年）として定義づけてきました。ところが，学説の多くは，司法権の内容は歴史的に変わり得るものであるから論理的に確定できないと考え，このような本質的な定義を諦め，代わりに「法律」が裁判所に与えている権限を見ることで司法権の内容を明らかにするというアプローチをとりました。そこで，法律である裁判所法に手掛かりが求められました。すなわち，裁判所法3条には，「裁判所は，日本国憲法に特別の定のある場合を除いて一切の法律上の争訟を裁判〔する〕……権限を有する」（1項）とあります。この規定からは，司法権という権限の中には少なくとも「法律上の争訟を裁判」する権限が原則として含まれていると推測できます。しかし，ここでまた裁判の対象となる「法律上の争訟」とは何かが問われます。こうして憲法学は，司法権の概念を考える際に，権限行使の対象となる**法律上の争訟**を明らかにすることに焦点を置きました。

　このように，裁判所が権限を発動できる《対象》に着目して司法権を定義する場合，この定義は，裁判所が司法権を発動するための《要件》として映ると同時に，司法権を発動できる《範囲》を画することにもなるのです。なお，裁判所が「司法権」を発動する＝「裁判」することを「司法審査」と呼びます。

▶▶2　司法権を発動させるためには

　それでは，この司法権を考える上で中心となってきた法律上の争訟とは何でしょうか。実は，この概念については，戦後比較的早い時期に最高裁が定式化しています。すなわち，国会において教育勅語が憲法に違反して失効した旨を確認する決議が行われたことを受けて，これに反対する原告が教育勅語は憲法に違反していないことの確認などを裁判所に求めた事案について最高裁は，「法律上の争訟とは，当事者間の具体的な権利義務ないし法律関係の存否に関する紛争であつて，且つそれが法律の適用によつて終局的に解決し得べきものであることを要する」として定式化しました（★最判昭和28〔1953〕・11・17集民10号455頁：**教育勅語事件**）。そこで，この法律上の争訟の要件，つまり裁判所が司法権を発動させるための要件は，次のような2段階の要素に分けて説明されます。すなわち，定式化のうち「当事者間の具体的な権利義務ないし法律関係の存否に関する紛争」であることは「事件性」の要件（①）と呼ばれ，次に「法律の適用によつて終局的に解決し得べきものであること」は，「終局的解決可能性」とか単に「法律性」の要件（②）と呼ばれることがあります。したがって，要件①を充たした場合であっても，要件②を充たさなければ，「法律上の争訟」とはならず，裁判所は司法権を発動できないことになります。つまり，裁

判所がもめごとの解決に乗り出さないということを意味します。要するに《門前払い》となってしまうわけです。

▶§**3**＿ 裁判所なのに「裁判」しない！？

　さて，裁判所法3条によれば，裁判所は原則として「一切の法律上の争訟」を「裁判」する権限が与えられていることが分かりますが，この規定を注意深く読むと「日本国憲法に特別の定のある場合を除いて」とあります。これが権限の例外，つまり裁判所でも「裁判」ができない場合ということになります。この例外として，日本国憲法は，国会の「議員の資格に関する争訟」についての「裁判」（55条）と，裁判官に対する「弾劾裁判」（64条）〔☞**26講**〕を定めています。この憲法自身が認めた例外も，裁判所が権限を発動できないという意味で，広い意味で《司法権の限界》と見ることができますが，通常この「限界」は，《できない》場合と《しない》場合という2つの区別で整理されます。

▶▶**1** 司法権を発動できない場合

　1つ目は，司法権の定義そのものに起因する限界（内在的限界），つまり定義・要件を充たさず司法権の範囲からはずれてしまった場合で，裁判所が司法権を発動することが《できない》場合です。

　例えば，本尊（「板まんだら」）が本物であると信じて金銭を宗教法人（創価学会）に寄付した原告が，後に本尊が偽物だと発覚したため金銭の返還を求めた事件について最高裁は，「法律上の争訟」が「当事者間の具体的な権利義務ないし法律関係の存否に関する紛争であつて，かつ，それが法令の適用により終局的に解決することができるものに限られる」として先述の定式を殆どそのまま（「法律」が「法令」という語句に変更されていますが）確認した上で，本件は「具体的な権利義務ないし法律関係に関する紛争の形式をとつて」いるけれども，他方で「宗教上の教義に関する判断」という「ことがらの性質上，法令を適用することによつては解決することのできない問題」が訴訟の結論を出すために「必要不可欠のもの」であり，「その実質において法令の適用による終局的な解決の不可能なもの」であるから「法律上の争訟にあたらない」としました（★最判昭和56〔1981〕・4・7民集35巻3号443頁：**創価学会板まんだら事件**）。つまり，本件は，要件②を充たさないから法律上の争訟にならず，司法権の定義・要件を充たさない，発動《できない》場合として説明できます。

▶▶**2** 司法権を発動しない場合

2つ目は，司法権の定義・要件とは別に（つまり要件を形式的に充たしていても），憲法上の他の規定との調整が求められる局面で，裁判所が司法権を発動することを差し控える，つまり発動できるけれど敢えて発動《しない》場合（外在的限界）です。

例えば，内閣による衆議院の解散の合憲性について，国会議員の給与（歳費）の支払いを求める中で争った訴訟において，最高裁は，「三権分立の原理」を根拠にして，「高度に政治性のある国家行為」は「法律上の争訟」であっても「裁判所の審査権の外」にあるとして，司法権を発動させませんでした（★最大判昭和35〔1960〕・6・8民集14巻7号1206頁：**苫米地事件**）。これは一般に**政治問題の法理**とか**統治行為論**と呼ばれる判例の立場です。

▶§**4** 大学と学生の争い

それでは，設例のMのように大学と争う場合はどうなるのでしょうか。この点については，実際に起こった事件があります。

本件は，(旧) 国立大学である富山大学経済学部の学生Aらが単位の認定を（▶▶**1**），経済学部専攻科の学生Bが修了の認定を（▶▶**2**），それぞれ求めて裁判所に訴えた事案です。事情としては，問題となっている科目の担当教員（教授）が不正行為をしたとして大学側から授業・演習の担当を外されたにもかかわらず授業を実施し，これを履修した学生らは定期試験で同教授から合格判定を受けていたのですが，大学側がAらの単位を認定せず，またBについては専攻科の修了を認定しなかった，という（やや特殊な）事案です。さて結末やいかに。

▶▶**1** 単位の不認定は司法審査してもらえるか

最高裁は，次のように結論を下しました。すなわち，「単位の授与（認定）」は「特段の事情のない限り，純然たる大学内部の問題として大学の自主的，自律的な判断に委ねられるべきものであつて，裁判所の司法審査の対象にはならない」としました（★最判昭和52〔1977〕・3・15民集31巻2号234頁：**富山大学単位不認定事件**）。

「えッ!? 裁判してくれないの？」とMは当惑するでしょう。一体なぜでしょうか。最高裁は次のように理由を説明しています。曰く「特殊な部分社会である大学における法律上の係争のすべてが当然に裁判所の司法審査の対象になるものではなく，一般市民法秩序と直接の関係を有しない内部的な問題は右司法審査の対象から除かれる」と。ここでMが「部分社会？ 一般市民法秩序？ あと法律上の『係争』っ

て何だ？『争訟』の間違いか？」と疑問に思うのも無理はありません。というのも，要件①＋②で説明してきた法律上の争訟の定式とは明らかに異なるからです。実際，最高裁は「法律上の争訟とはあらゆる法律上の係争を意味するものではない」として両者を意図的に区別して，「一般市民社会の中にあつてこれとは別個に自律的な法規範を有する特殊な部分社会における法律上の係争のごときは，それが一般市民法秩序と直接の関係を有しない内部的な問題にとどまる限り，その自主的，自律的な解釈に委ねるのを適当とし，裁判所の司法審査の対象にはならない」と述べます。いま仮にこれを要約すれば，「部分社会」における「法律上の係争」は「一般市民法秩序」と直接関係することで初めて「法律上の争訟」となる，つまり司法権を発動＝司法審査する対象となることになります。そこで本件は，これに則り，大学の単位の認定は「当然に一般市民法秩序と直接の関係を有するものではない」ため，法律上の争訟ではないから司法審査しない，としたのです。

▶▶2　専攻科修了の不認定は司法審査してもらえるか

　ところが最高裁は，単位不認定とは対照的に，Bの専攻科（学校教育法上の制度）修了の不認定については司法審査を認めたのです。すなわち，「修了の要件を充足したにもかかわらず大学が専攻科修了の認定をしないこと」は，「学生が一般市民として有する公の施設を利用する権利を侵害するもの」であるから「修了の認定，不認定に関する争いは司法審査の対象になる」としました（★最判昭和52〔1977〕・3・15民集31巻2号280頁：**富山大学修了不認定事件**）。ちなみに，この判決は，「専攻科の修了」は「学部の卒業と同じ効力を有し」ている点で「市民法秩序に連なるもの」であるから「司法権が及ぶものと解するのが相当」と認めた名古屋高裁金沢支部の判断（原審）を最高裁が是認したものです。つまり，専攻科修了の不認定は，「大学」という「部分社会」における「法律上の係争」であるが，「一般市民法秩序」に関わるから司法権を発動＝司法審査する，ということになったのです。

　さて，裁判所は単位の不認定については司法審査しなかったが，修了の不認定については司法審査した，という結論の違いまでは分かったとしても，Mが抱いたような疑問が残ります。板まんだら事件判決で確認された伝統的な法律上の争訟の定式（要件①＋②）＝司法権の発動要件とは異なる理由づけをした富山大学事件判決は，一体のように受け止めればよいのでしょうか。

▶§5＿ 裁判所は特定のもめごとの解決には消極的

▶▶1　団体とその構成員の間の紛争

　一般的に裁判所は，最高裁が「部分社会」と呼ぶような大学などの《団体》の内部のもめごとに対して，消極的なスタンスをとっている，つまり司法権を発動しない傾向がある，と憲法学は説明してきました。こうした判例の立場は，しばしば部分社会の法理と呼ばれてきました。確かに，国家機関である裁判所が消極的な態度をとるのは，国家や公権力が個人の領域（社会）に介入しないことを善とする自由主義の発想からすれば歓迎されるものではあります。個人が集まって自律的に結成された《団体》の内部での紛争に裁判所がむやみに司法権を発動すれば，団体側の「結社の自由」(21条)を侵害することにならないか問題になり得るからです。しかし，逆に司法権を発動しないときには，Mのように裁判（紛争解決）を求めている，団体を構成する個人の「裁判を受ける権利」(32条)を軽視するものではないか，という問題も生じます。団体の内部での紛争に対する司法審査とは，このような団体vs.個人のせめぎ合いとして描かれます。

　もっとも，司法権の限界という文脈において「団体」とは，大学や地方公共団体の議会（地方議会），政治的な結社である政党，あるいは宗教的な結社である宗教団体のほか，愛犬家クラブやスポーツ団体などを含んだ包括的な概念です。このように団体といっても多様な形態があるのに，部分社会の法理だけを根拠にして裁判所が司法権の発動を拒否するのでは，個人の権利（裁判を受ける権利）が守られないから問題だ，と憲法学は批判してきました。

▶▶2　部分社会の法理の来し方・行く末

　もともと部分社会の法理と呼ばれる判例のスタンスは，地方議会と議員との紛争（除名や出席停止の処分）を裁判所が訴訟として扱う中で形成されたもので，この考え方が大学の内部でのもめごとにも応用された結果，正に富山大学事件判決において部分社会の法理が判例上確立した，と説明されます。この展開を確認しておくと，まず，地方議会による「出席停止」処分の取消しを争った事案について最高裁は，「自律的な法規範をもつ社会ないし団体」における「法律上の係争」の中には「事柄の性質上司法裁判権の対象の外におくのを相当とするものがある」として，「重大事項」である「除名処分」であれば司法審査するが，「出席停止」程度では司法審査しないとしました（★最大決昭和35〔1960〕・10・19民集14巻12号2633頁：**山北村議会事**

件）。この最高裁判決は，後述する近時の《60年ぶりの判例変更》を経るまで長らく確立した判例であり続け，実際に，富山大学事件判決においても最高裁自身が先例として参照することになります。さらに，富山大学事件判決で用いられた「一般市民法秩序」という言い回しは，政党の内部紛争に関する判断に受け継がれることで，政党の場合にも展開していきました。すなわち，政党（日本共産党）から除名された元党員が居住していた政党所有の建物を返還しないとして，政党側が建物の明け渡しを求めた事案について最高裁は，政党が議会制民主主義において重要な存在であることを根拠として政党に「高度の自主性と自律性」を認めた上で，「政党が党員に対してした処分が一般市民法秩序と直接の関係を有しない内部的な問題にとどまる限り，裁判所の審判権は及ばない」としました。一方で「除名処分は，本来，政党の内部規律の問題としてその自治的措置に委ねられるべきものであるから，その当否については，適正な手続を履践したか否かの観点から審理判断されなければならない」として，除名処分についての司法審査は認めましたが，その有効無効を判断する上での審査項目を限定したのです（★最判昭和63〔1988〕・12・20判時1307号113頁：共産党袴田事件）。

　このように，確立したものとして説明されてきた《部分社会の法理》ですが，令和の時代に入り，正に転換点となるような画期的な判決が登場しました。事案は，これまた地方議会による「出席停止」処分を受けた議員が，処分の取消とその間の議員報酬を請求した事件です。最高裁は，明文で山北村議会事件判決にかかる判例変更を宣言し，「普通地方公共団体の議会の議員に対する出席停止の懲罰の適否は，司法審査の対象となる」としました。そこでは，「出席停止」は地方自治法に法定されているから，その争いは「法令の適用によって終局的に解決し得るもの」としたのです（★最大判令和2・11・25判タ1481号13頁：岩沼市議会事件）。ちなみに，この判決は，原審である仙台高裁が出席停止によって議員報酬が減額されることを捉えて，本件の「法律上の係争」は「一般市民法秩序と直接の関係を有する」から「法律上の争訟」に該当し「裁判所の司法審査の対象となる」として，富山大学事件判決の定式に則った上で司法審査を認めた判断を「結論において是認」したものですが，最高裁判決では「一般市民法秩序」という文言は現れていません。ということは，もはや最高裁は部分社会の法理を使わないということでしょうか。

　実は，富山大学事件判決で現れた「一般市民法秩序」との関係の有無という基準が具体的に何を指すのかについては，《制約される権利利益の重要性》とか《生活や財産に関する不利益の大きさ》などと説明されたり，果ては《ただ結論に添えるだけの文言》といった評価もあることから，素より基準としての機能が怪しいものではありました。いずれにせよ，この岩沼市議会事件判決によって部分社会の法理の起点ともなった山北村議会事件判決が判例変更によって覆された今，部分社会の

法理の行く末が注目されています。

▶§6__ はたしてMの願いは叶うか

　それでは，以上の解説を前提にしたとき，Mの願いは叶うでしょうか。

　まず，富山大学事件判決を前提にする限り，所属する大学が私立であるか国立（大学法人）であるかは関係がなさそうです。しかし，落第してしまった数学の「単位」の不認定については原則として「司法審査の対象にはならない」ことになりそうです。他方，同判決では「特段の事情」という例外がありました。これには「特定の授業科目の単位の取得それ自体が一般市民法上一種の資格要件とされる場合」，つまり国家試験の受験資格になっていたり，教育職員（教職）の免許状の要件となっている場合が含まれるので，数学教師を目指すMはこの「特段の事情」は認めてもらえるかもしれません。ただ，富山大学事件は，学生が定期試験で合格していたのに，大学が単位を認めなかった事案でした。では，Mのように定期試験の不合格（落第）を争う場合はどうでしょう。この点，大学の定期試験ではありませんが，国家試験（技術士国家試験）に受験したものの不合格と判定された原告が合格判定に変更してもらおうと裁判所に訴えた事案で最高裁は，国家試験の合否判定は「学問または技術上の知識，能力，意見等の優劣，当否の判断を内容とする行為であるから，その試験実施機関の最終判断に委せられるべきものであつて，その判定の当否を審査し具体的に法令を適用して，その争を解決調整できるものとはいえない」として，「裁判所の審査できない事項」であるとしました（★最判昭和41〔1966〕・2・8民集20巻2号196頁：**技術士事件判決**）。つまり，学力に関する判定は要件②を充たさないとして司法審査《できない》場合に該当しそうです。もっとも，下級審の裁判例（東京高判平成19・3・29判時1979号70頁）には，大学の入学試験の合否判定に関して，学力と関係のない年齢などに基づく差別があったか否かについては裁判所の審査権が及ぶ，という判断もありますが，仮に司法審査の対象となり《入口》に立てたとしても，勝訴できる（請求が認められる）か否かはまた別問題です。したがって，何ともやるせないですが，Mとしては数学を再履修した上で再び定期試験で挽回するほかなさそうです。

【今枝昌浩】

26 講＿ 裁判官の自由 ....

❖Topic 26＿裁判官に表現の自由はあるか？

　日本の裁判所では，「裁判官は弁明せず」と言われます。裁判官は，裁判でのみ語り，その他には語るべきでないという意味です。また，日本の裁判所では，「出る杭は打たれる」とも言われます。

　X裁判官は，ベストセラーの書籍を次々と出版し，弁護士会の講演にも引っ張りだこ，TwitterなどSNSでの発信も大人気でした。X裁判官は，SNSにおける投稿内容を理由として，最高裁判所で2回，懲戒を受けました。また彼は，SNSにおける投稿内容を理由として，裁判官弾劾裁判所に訴追されました。X裁判官は「弁明」して「出る杭」となったわけですが，弾劾裁判の行方はどうなるのでしょうか。

▶§1＿ 裁判官に対する懲戒と罷免

▶▶1　懲戒

　ある裁判官が，①職務上の義務に違反した，②職務を怠った，③品位を辱める行状（ぎょうじょう）があった，のいずれかに該当する場合には，その裁判官は，懲戒の裁判を受ける場合があります（裁判所法49条）。懲戒の裁判は，裁判官分限法が定める分限事件の1つです。

　懲戒の裁判は，その裁判官を監督する裁判所が申し立てます（裁判官分限法6条）。懲戒の裁判を行うのは，最高裁判所または高等裁判所です（同法3条）。懲戒の内容は，戒告または1万円以下の過料です（同法2条）。

▶▶2　罷免

　ある裁判官が，④職務上の義務に著しく違反した，⑤職務を著しく怠った，⑥職務の内外を問わず，裁判官としての威信（いしん）を著しく失うべき非行があった，のいずれかに該当する場合には，その裁判官は，罷免（ひめん）の裁判を受ける場合があります（裁判官弾劾法2条）。

　裁判官は，罷免の裁判を受けると，ただちに裁判官の地位を失います（憲法78条前段，裁判所法46条2号）。裁判官は，罷免の裁判を受けると，その後，原則として，

裁判官だけでなく弁護士・検察官にもなることができなくなります（裁判所法46条2号，弁護士法7条2号，検察庁法20条2号。ただし，資格回復の裁判がなされれば，再び，裁判官・弁護士・検察官になることができるようになります。裁判官弾劾法38条）。

　このように，罷免の裁判を受けることによる不利益は，非常に大きいです。そのため法律は，罷免の要件を厳しく限定し，手続も慎重なものとしています。

　すなわち，罷免の要件について，上記①に「著しく」を加えたものが④であり，②に「著しく」を加えたものが⑤です。このように，罷免の裁判がなされるのは，懲戒の場合に比べて，かなり限定されています。

　また，罷免の手続についても，以下のとおり，裁判官訴追委員会と裁判官弾劾委員会による二段階の判断を必須として，慎重を期しています。

　ある裁判官に，罷免されるべき事情があると考える者は誰でも，裁判官訴追委員会（以下，単に「訴追委員会」といいます）に対して，罷免の訴追を求めることができます（裁判官弾劾法15条1項）。最高裁判所は，ある裁判官に，罷免されるべき事情があると考えた場合には，その裁判官について，訴追委員会に対して罷免の訴追を求める「義務」を負います（同法15条3項）。訴追委員会は，国会議員によって構成されます（同法5条1項）。

　訴追委員会は，調査の結果，裁判官に罷免されるべき事情があると判断した場合には，その裁判官について，裁判官弾劾裁判所（以下，単に「弾劾裁判所」といいます）に対して罷免の訴追を行うことができます（裁判官弾劾法14条1項・13条）。なお，ある裁判官について罷免の訴追がされただけでは，その裁判官は，まだ罷免されていないことに注意してください。

　弾劾裁判所も，国会議員によって構成されます（憲法64条1項，裁判官弾劾法16条）。弾劾裁判所が，裁判官でなく国会議員によって構成されるのは，憲法における三権分立の現れです。弾劾裁判所で審理・裁判を行う国会議員を，「裁判員」といいます（裁判官弾劾法20条本文。弾劾裁判所の「裁判員」は，刑事訴訟の裁判員制度における「裁判員」とは異なります）。ある国会議員が，弾劾裁判所の裁判員と，訴追委員会の訴追委員とを兼ねることはできません（国会法127条）。このように，弾劾裁判所と訴追委員会は，それぞれが独立して，罷免に関する判断を行います。

　弾劾裁判所は，罷免の訴追を受けた裁判官について，罷免されるべき事情があると判断した場合には，罷免の裁判を行うことができます（裁判官弾劾法37条）。ある裁判官が罷免の裁判を宣告されると，その裁判官はただちに罷免され，裁判官としての地位を失います（同法37条）。

▶§2__ 憲法における裁判官の独立

憲法上，司法権と個々の裁判官は，国会や内閣からの独立が保障されています（憲法76条3項など。「**司法権の独立**」・「**裁判官の独立**」といわれます）。

さらに憲法は，裁判官の独立を十分なものとするために，裁判官に一定の身分を保障しています。たとえば，裁判官は在任中，原則として報酬を減額されません（憲法79条6項・80条2項）。また裁判官が，裁判官としての地位を失うのは，心身の故障のため執務をすることができないか，公の弾劾による場合だけです（憲法78条前段）。

この「公の弾劾」が，▶§1で説明した，弾劾裁判所による罷免の裁判です。

▶§3__ 岡口基一裁判官に関する経過

▶▶1　懲戒以前

イントロダクションに掲げたX裁判官は，岡口基一裁判官（以下「岡口裁判官」といいます）という，実在の裁判官です。岡口裁判官のTwitterアカウントは，以前から非常に有名でした。このアカウントのユーザーが，裁判官であることも，広く知られていました。

岡口裁判官は，下記2回の懲戒以前に，Twitterでの投稿内容を理由として，所属する東京高等裁判所の長官から，口頭での厳重注意（2016年6月21日），書面による厳重注意（2018年3月15日）を受けていました（これらは，▶§1で説明した懲戒とは異なります）。

▶▶2　1回目の懲戒

岡口裁判官は，2018年5月17日ころ，自分のTwitterアカウントにて，ある民事訴訟の報道記事へのリンクを貼りつける投稿を行いました。この民事訴訟は，東京高等裁判所で控訴審判決がされて確定した，犬の返還請求等に関するものでした。当時，岡口裁判官も東京高等裁判所に所属していましたが，この民事訴訟は担当していませんでした。岡口裁判官は，この投稿の際，あわせて，次のように書き込みました。「公園に放置されていた犬を保護し育てていたら，3か月くらい経って，もとの飼い主が名乗り出てきて，『返して下さい』え？　あなた？　この犬を捨て

たんでしょ？　3か月も放置しておきながら……／裁判の結果は……」。

　最高裁判所は，この行動について，「品位を辱める行状」（裁判所法49条）である
として，岡口裁判官に対して，懲戒の裁判をしました。懲戒の内容は，戒告でした
（★最大決平成30〔2018〕・10・17民集72巻5号890頁）。

▶▶3　2回目の懲戒

　岡口裁判官は，2017年12月13日ころ，自分のTwitterアカウントにて，東京高等
裁判所の，ある刑事事件判決のURLを貼り付けて投稿しました。この刑事事件は，
被告人が，当時17歳の女性を殺害したうえ，強姦しようとしたものの未遂となり，
現金等を強奪したという事件でした。岡口裁判官が貼り付けたURLは，裁判所の
公式ウェブサイトのものでした。岡口裁判官は，上記URLを貼り付ける際，次の
ような言葉をあわせて書き込みました。「首を絞められて苦しむ女性の姿に性的興
奮を覚える性癖を持った男」，「そんな男に，無惨にも殺されてしまった17歳の女
性」。当時，岡口裁判官も東京高等裁判所に所属していましたが，上記刑事事件を
担当していませんでした。

　この被害者女性の両親（以下「被害者遺族」といいます）は，岡口裁判官の上記書
込みに対し，強い憤りを感じたとして，岡口裁判官について，訴追委員会に対して
罷免の訴追を請求しました（裁判官弾劾法15条1項）。

　岡口裁判官は，2019年11月12日，自分のFacebookアカウントにて，被害者遺族が，
訴追委員会に対する訴追請求をしようとしていることに言及し，次の言葉を含む投
稿をしました。「遺族の方々は，東京高裁を非難するのではなく，そのアップのリ
ンクを貼った俺を非難するようにと，東京高裁事務局及び毎日新聞に洗脳されてし
まい，いまだに，それを続けられています。東京高裁を非難することは一切せず，『リ
ンクを貼って拡散したこと』を理由として，裁判官訴追委員会に俺の訴追の申立て
をされたりしているというわけです」。

　最高裁判所は，2019年11月12日の上記投稿について，「品位を辱める行状」（裁判
所法49条）であるとして，再度，岡口裁判官に対して，懲戒の裁判をしました。懲
戒の内容は，戒告でした（★最大決令和2〔2020〕・8・26集民264号41頁）。

▶▶4　弾劾裁判へ

　訴追委員会は，被害者遺族による上記訴追請求を受けて，2021年6月16日，岡
口裁判官の罷免を求めて，弾劾裁判所に訴追しました（裁判官弾劾法14条1項）。訴
追状では，訴追の事由が数多く挙げられていますが，2017年12月13日ころの上記
投稿，および，2019年11月12日の上記投稿も，訴追事由として掲げられています。

▶§**4**__ 裁判官と表現の自由

▶▶**1**　裁判官の表現の自由

　裁判官にも，表現の自由（憲法21条1項）が保障されます。関連する有名な判例として，「**寺西判事補事件**」（★最大決平成10〔1998〕・12・1民集52巻9号1761頁）があります。この判例は，一般論として，裁判官も，市民としての表現の自由を保障されると述べました（▶▶**2**）。また，最高裁判所は，岡口裁判官に対する1回目の懲戒の際にも，一般論として，裁判官も市民として表現の自由を保障されると述べました（★最大決平成30〔2018〕・10・17民集72巻5号890頁）。

　仮に，Twitter・Facebookにおける岡口裁判官の投稿が，表現の自由による保護を受けるとすると，これらの投稿を理由として，彼を懲戒ないし罷免することは，岡口裁判官の表現の自由を制約することになります。そのため，岡口裁判官の表現の自由を制約できるだけの十分な理由があるかが問題となり，それがなければ，彼を懲戒・罷免することは違憲となります。

▶▶**2**　寺西判事補事件最高裁判例

　裁判所法52条1号後段は，裁判官が在任中，「積極的に政治活動をすること」を禁止しています。また，同法49条は，裁判官が「職務上の義務に違反し，若しくは職務を怠り，又は品位を辱める行状」があったときには，裁判によって懲戒されると定めています。

　事件当時，内閣は，組織犯罪処罰法案・通信傍受法案（以下「本件法案」といいます）を作成し，国会に提出しました。本件法案の評価については，政党間で意見が分かれ，大きな政治問題になっていました。これを受けて，本件法案に反対するため，本件集会が開催されました。

　寺西和史判事補（当時）は，本件集会に参加し，パネルディスカッションの始まる直前の数分間，会場の一般参加者席から，仙台地方裁判所判事補であることを明らかにしたうえで，次の趣旨の発言をしました。「当初，この集会において，盗聴法と令状主義というテーマのシンポジウムにパネリストとして参加する予定であったが，事前に〔仙台地方裁判所〕所長から集会に参加すれば懲戒処分もあり得るとの警告を受けたことから，パネリストとしての参加は取りやめた。自分としては，仮に法案に反対の立場で発言しても，裁判所法に定める積極的な政治運動に当たるとは考えないが，パネリストとしての発言は辞退する」（以下，寺西判事補の本件集会に

おける行動を,「本件言動」といいます)。

仙台高等裁判所は,寺西判事補の本件言動について,「積極的に政治活動をすること」(裁判所法52条1号後段)に該当し,「職務上の義務」違反(同法49条)があったとして,寺西判事補に対し,戒告の懲戒裁判をしました(★仙台高決平成10〔1998〕・7・24民集52巻9号1810頁)。寺西判事補は,この戒告の懲戒裁判は,彼の表現の自由を不当に侵害するなどとして争いましたが,最高裁判所は,以下のとおり判示して,仙台高等裁判所の懲戒裁判を支持しました。

「憲法21条1項の表現の自由は基本的人権のうちでもとりわけ重要なものであり,その保障は裁判官にも及び,裁判官も一市民として右自由を有することは当然である」。「裁判官に対し『積極的に政治運動をすること』を禁止することは,必然的に裁判官の表現の自由を一定範囲で制約することにはなるが,右制約が合理的で必要やむを得ない限度にとどまるものである限り,憲法の許容するところであるといわなければならず,右の禁止の目的が正当であって,その目的と禁止との間に合理的関連性があり,禁止により得られる利益と失われる利益との均衡を失するものでないなら,憲法21条1項に違反しないというべきである。……裁判官が積極的に政治運動をすることを,これに内包される意見表明そのものの制約をねらいとしてではなく,その行動のもたらす弊害の防止をねらいとして禁止するときは,同時にそれにより意見表明の自由が制約されることにはなるが,それは単に行動の禁止を伴う限度での間接的,付随的な制約にすぎず,かつ,積極的に政治運動をすること以外の行為により意見を表明する自由までをも制約するものではない。……したがって,裁判官が『積極的に政治運動をすること』を禁止することは,もとより憲法21条1項に違反するものではない」。

寺西判事補による「本件言動は,本件法案を廃案に追い込むことを目的として共同して行動している諸団体の組織的,計画的,継続的な反対運動を拡大,発展させ,右目的を達成させることを積極的に支援しこれを推進するものであり,裁判官の職にある者として厳に避けなければならない行為というべきであって,裁判所法52条1号が禁止している『積極的に政治運動をすること』に該当する」(★最大決平成10〔1998〕・12・1民集52巻9号1761頁)。

▶▶3 表現の自由による保護を受けない行動

一見すると表現活動のように見えるが,表現の自由によって保護されないとされる行動があります。

その典型例は,「喧嘩言葉(けんかことば。fighting words)」といわれるものです。喧嘩言葉とは,「バカ」・「アホ」・「死ね」などのように,他者を単に侮辱したり罵倒したりする言葉です。日本の憲法学では,喧嘩言葉は,表現の自由による保護

を受けないとする見解が有力です。その主な理由は，表現の自由は，自己実現の価値・自己統治の価値を多く有するから，憲法上優越的地位にあるとされるところ（詳細については☞09講参照），喧嘩言葉には自己実現の価値・自己統治の価値，ひいては，（憲法上の保護に値する）表現としての価値がまったく（あるいはほとんど）ない，という点にあります。

喧嘩言葉は，そもそも表現の自由による保護を受けませんので，喧嘩言葉を規制すること自体は，原則として憲法問題にならないということになります（ただし，喧嘩言葉を理由として，極端に重く処罰した場合等には，表現の自由の問題とは別に，比例原則違反など，他の憲法問題が生じる可能性はあります）。

また，憲法学では，喧嘩言葉自体には該当しなくても，他者を深く傷つける発言は，自己実現の価値・自己統治の価値が乏しく，ひいては，（憲法上の保護に値する）表現としての価値も乏しいから，憲法上の保護が薄くなっても構わない，という見解が比較的多いです。

▶▶4　岡口裁判官の投稿

一般論として，弾劾裁判の対象となる行為が，裁判官の本来的職務と密接に関連しているほど，罷免が合憲となる可能性が高くなります。

Twitter・Facebookにおける岡口裁判官の投稿は，いずれも，彼が担当していない事件に関するものです。そのため，上記投稿は，彼の裁判官としての本来的職務遂行そのものではありません。したがって，上記投稿は一応，表現の自由による保護を受けます。

ただし，上記投稿はいずれも，東京高等裁判所の裁判に関するものであるところ，投稿当時，岡口裁判官は東京高等裁判所に所属していました。そのため，岡口裁判官の上記投稿は，彼の裁判官としての本来的職務と，かなり密接に関連することには注意が必要です。

▶§5　比例原則

憲法学の一般的な考え方によれば，憲法上，比例原則が保障されています。比例原則の憲法上の根拠条文については，憲法13条を挙げる見解が多いです。比例原則とは，一般人のある行為を理由として，国家がその人に不利益を課す場合には，当該行為の性質や悪質性と，課される不利益の内容や重さとの間に，バランスがとれていなければならない，というものです（「合理的権衡」といいます）。

上記「不利益」の典型は刑罰ですが，裁判官に対する懲戒・罷免もその1つです。

問題となる行為が，表現の自由など他の人権による保護を受けないとしても，なお，比例原則違反ではないかを問題にすることができます。

　ある裁判官が，弾劾裁判所により罷免の裁判を受けると，その裁判官は，裁判官だけでなく，法曹（裁判官・弁護士・検察官）すべての資格を失います（裁判所法46条2号，弁護士法7条2号，検察庁法20条2号。ただし，裁判官を罷免された者は，裁判官弾劾裁判所に対し，資格回復の裁判を求めることができ，資格回復の裁判があると，法曹資格が回復されます。裁判官弾劾法38条）。

　岡口裁判官に対して罷免の裁判をした場合，比例原則違反となるという見解が有力です。その主な理由は，岡口裁判官の投稿内容からすると，裁判官だけでなく，法曹資格すべてを失うのは，不利益として重すぎ，バランスを欠く，というものです。

【吉原裕樹】

27 講＿ 違憲審査制度 ....

❖Topic 27＿同性どうしでも結婚したい！　憲法の番人さん，何とかして！
　同性であるがゆえに法律上「夫婦」として認めてもらえないマサミとカオルは，ある日，外国では裁判所が同性婚を認めたことがあるとニュースで知った。勇気づけられ，にわかに奮い立つ。「憲法改正？　法律改正？　そんなの待ってられないよ！　こんな時代遅れの法律なんて憲法違反だ！　学校で《憲法の番人》と習った最高裁判所に助けてもらおう。」

▶§1＿ 最高裁に直談判！　でもそれは，いつか誰かが歩いた道……

　マサミとカオルは，自分たちが結婚できない現行の制度が憲法違反だと確認してもらうために，最高裁判所に直談判しようとしています。2人の願いは叶うでしょうか。

　かつて，現在の自衛隊が誕生するきっかけとなった警察予備隊の設置および増員を再軍備と捉え，これに関する政府の各種措置は憲法9条に違反するとして，最高裁判所に直接訴えを提起した事件がありました。その結末は，というと，訴えは却下されてしまいました。その理由として，最高裁は次のように説明しています（★最大判昭和27〔1952〕・10・8　民集6巻9号783頁：**警察予備隊事件**）。

　　裁判所が現行の制度上与えられているのは司法権を行う権限であり，そして司法権が発動するためには具体的な争訟事件が提起されることを必要とする。我が裁判所は具体的な争訟事件が提起されないのに将来を予想して憲法及びその他の法律命令等の解釈に対し存在する疑義論争に関し抽象的な判断を下すごとき権限を行い得るものではない。けだし最高裁判所は法律命令等に関し違憲審査権を有するが，この権限は司法権の範囲内において行使されるものであ〔る〕。……憲法81条は……最高裁判所が憲法に関する事件について終審的性格を有することを規定したものであり，従って最高裁判所が固有の権限として抽象的な意味の違憲審査権を有すること並びに……第一審にして終審としての裁判権を有するものと推論することを得ない。

　このことからは，最高裁に憲法に関する判断を直接仰いでも，判断してくれないことがわかります。「どうしてそうなるの……」という2人の落胆の声が聞こえてきそうですが，実は，上記の判示には，日本の違憲審査制を理解する上で大切な要

素が含まれています。そこで，以下では，この判示を手掛かりとして，日本の違憲審査制を確認してみましょう。

▶§**2**__ そもそも違憲審査とは

　そもそも，2人が求めていた憲法違反の判断の前提となる，この「違憲審査権」とはいったい何なのでしょうか。

　まず，日本国憲法は，第98条において自ら「国の最高法規」であると宣言しています。さらに続けて，国会が制定する「法律」，行政が定める「命令」，天皇の行為を指す「詔勅」のほか，「国務に関するその他の行為」としてあらゆる国（公権力）の行為までも，憲法の「条規に反する」場合は「効力を有しない」としています。これは正に，日本国憲法が最高法規である根拠とともに，その帰結も明示しているものです。

　憲法という法を使って国家（権力）を縛ることが**立憲主義**のコンセプトでしたが，せっかく定めた憲法でも国家が遵守しなければ単なる《宣言的文書》に過ぎなくなってしまいます。それでは誰が，この憲法の遵守を保証するのでしょうか。

　この点，日本国憲法81条は，「最高裁判所は，一切の法律，命令，規則又は処分が憲法に適合するかしないかを決定する権限を有する終審裁判所である」と明記しました。この条文が規定する権限，すなわち「憲法に適合する」場合を《合憲》，逆に憲法に適合「しない」場合を《違憲》として判定する権限こそが「違憲審査権」なのです。そして，この規定によって違憲審査権が，国会でもなく内閣でもなく，裁判所の権限である，つまり違憲審査は裁判所が担当することが推測できます。すると，ここでもまた「違憲審査権があるなら，最高裁が直々に判断してくれればいいじゃないか！」という2人の不満が聞こえてきそうです。が，ここで問題が出てきます。判示でも確認されていますが，既に学んだ通り（☞25講「司法権の限界」），憲法76条は「司法権」を裁判所に授けていました。そのため，裁判所には，「司法権」と「違憲審査権」という2つの権限があることになるのですが，この2つはどのような関係にあるのでしょうか。つまり，それぞれ独立の権限として別々に行使できるものなのか，それとも一方が他方に従属する形で（付随して）行使されるものなのか，が問題となるのです。実は，この点が，正に警察予備隊事件で訴えが却下されてしまった理由に関わる問題なのです。

　この点について，最高裁は，戦後間もないころ，ある事件において「日本国憲法第81條は，米国憲法の解釋として樹立せられた違憲審査権を，明文をもって規定したという点において特徴を有する」と述べたことがあります（★最大判昭和23・7・

8 刑集2巻8号801頁）。では，この「米国憲法の」違憲審査権とは何を指すのでしょうか。

▸§**3**__ 違憲審査制の在りよう

▸▸**1**　アメリカ合衆国の違憲審査制

　1788年に成立した，現存する文書による憲法（成文憲法典）として最も古いといわれるアメリカ合衆国憲法には，意外に思われるかもしれませんが，裁判所の違憲審査権の根拠となる規定は現在でも存在しません。そう言えば，先ほど「解釋として樹立せられた」と最高裁も述べていましたが，一体どういうことでしょうか。

　実は日本の違憲審査制が範とするアメリカ式の違憲審査制は，憲法典によってではなく，合衆国最高裁判所が生み出した手法でした。すなわち，日本ではまだ江戸時代だった1803年，《マーベリ対マディソン事件》という大変著名な事件について合衆国最高裁が下した判決【Marbury v. Madison, 5 U.S（1 Cranch）137】によって，違憲審査制は誕生したとされます。この事件は，裁判官に任命されたものの《任命状》がもらえなかったために裁判官に就任できなかったマーベリが，任命状の交付を求めて，裁判所法の規定に基づき合衆国最高裁に訴えを提起したものでした。最高裁は，訴えに回答する中で，次のように裁判所による違憲審査を論理的に根拠づけました。

　「何が法であるかを語るのは，まさに司法部の職分であり任務である」。「ある法律が憲法に反している場合，すなわち，違憲の法律と憲法の両方がある事件に適応されるために，裁判所が憲法に反している法律に遵って解決するのか，それとも法律に反している憲法に遵って解決するのかを決めなければならないような場合，裁判所はこの相対立する規範のどちらで事件を解決するのかを決めなければならない。これは，司法の任務の正に本質に属する」としました。そして，「裁判所が憲法を特別視すべきものであるなら，つまり憲法があらゆる立法府の通常の制定法に優先するものであるならば，そのような通常の制定法ではない憲法によって当該事件は解決されなければならない」と判示したのです。つまり裁判所は，問題となっている事件を解決するに当たって，違憲となった法律は使わない（適用しない）こととしたのです（ただ，結果としては皮肉なことに，訴えの根拠としていた裁判所法の規定が憲法違反とされてしまったために，マーベリの願いは叶わなくなってしまいました）。

　もっとも，裁判所による違憲審査制がこの判決によって突如として現れたわけではありません。実は，合衆国憲法を策定した制定議会の中で，違憲審査制を憲法で

明記するかどうか議論はされたものの結果として実現されなかったのですが，制定後も議論は続けられ，この判決に結実したというわけです。

　合衆国最高裁判所を頂点とする体系的な審級制をもつアメリカの（連邦の）裁判制度は，日本の裁判制度と類似する（☞▶§4▶▶2）ところですが，日本とは違って，合衆国最高裁は常に上告を受け入れてくれるわけではないのです。これは《裁量上告》と呼ばれる仕組みで，原則的に，上告を受理するかどうかは最高裁の判断にゆだねられています。つまり，最高裁が許可しなければ審理してもらえないのです。具体的には，全9名の最高裁裁判官のうち4名が上告受理を認めた場合に，最高裁が《事件移送令状》を発付して当該事件を審理することになります。このため，最高裁に上告を受理してもらえるのは年間100件程度にとどまるとされます。

　ここで紹介したアメリカの場合のように，一般の民事・刑事事件を裁判する司法裁判所が違憲審査をも担当するシステムは《司法審査》型とか《司法裁判所》型と呼ばれます。

　ところで，こうした「米国」式への限定は，これと異なる方式と区別する意図が伺えます。そこで，これと対比される別の違憲審査の方式を見てみましょう。

▶▶2　憲法裁判所の原型としてのドイツ

　それでは，「米国」式の《司法裁判所》型と対比される制度とはどのような仕組みでしょうか。ここでは，久しく**憲法裁判所**の原型として紹介されてきたドイツの制度を見てみましょう。

　ドイツの違憲審査制の特徴を端的に言い表せば，連邦憲法裁判所が憲法に関わる判断を独占することにあります。この点が，具体的な争いを解決する権限（司法権）と一緒に違憲審査権が発動される司法審査型と対照的な仕組みとなるのです。以下では，少し具体的に仕組みを見ていくことにします。

　ドイツの憲法である《基本法》は，一般的な民事事件・刑事事件の裁判を担当する通常裁判所を始めとして，それぞれの分野を担当（管轄）する専門の裁判所として，行政裁判所，税財務裁判所，労働裁判所，社会裁判所を設置しています（95条）。そして，これらとは別に，つまり独立して連邦憲法裁判所を規定しています（94条）。まず，この点が，日本の三審制のような最高裁判所を頂点とする一元的な司法裁判所の体系とは大きく異なります（☞▶§4▶▶2）。つまり，連邦憲法裁判所は，他の裁判所と審級関係にあるのではなく，専ら憲法問題だけを判断する裁判所なのです。これは，警察予備隊事件判決の言葉を借りれば，憲法判断については正に「第一審にして終審」の裁判所であることを意味しています。

　それでは，この特別に設置された連邦憲法裁判所は，どのように憲法判断をするのでしょうか。

【1】 他の裁判所から憲法判断を求められたとき

　連邦憲法裁判所以外の裁判所が，事件を裁判する中で，裁判のために必要な「法律」が憲法違反であると考える（確信する）場合には，裁判手続を中止して，その法律が憲法に違反しているのか否かについて連邦憲法裁判所に判断してもらわなければなりません（基本法100条1項）。この制度は，具体的な事件（訴訟）の中で発生した憲法問題についての判断という意味で，《具体的規範統制》と呼ばれます。このことは，憲法違反の判断については，連邦憲法裁判所以外の裁判所がしてはならないことを意味しています。ただ，注意が必要なのは，この制度で連邦憲法裁判所が判断するのは飽くまで憲法に関する部分だけであって，当初の訴訟については担当した裁判所が判断するという点です。

【2】 政治を担当する部門から憲法判断を求められたとき

　「連邦政府，ラント（州）政府，または連邦議会の議員の4分の1の申立て」があった場合に，連邦憲法裁判所は，問題となっている法律が憲法（基本法）に違反しているか否かを判断します（基本法93条2項）。この制度は，具体的規範統制とは対照的に，訴訟とは無関係に，つまり個人の権利・利益に関わりなく発生した，という意味で抽象的な憲法問題についての判断であることから，《抽象的規範統制》と呼ばれます。

　実は，この制度こそが，憲法裁判所型の違憲審査を特徴づけるものとして挙げられてきました。というのも，訴訟をきっかけとしなければ違憲審査ができない司法審査型からみれば，具体的な事件の発生を待たずに独立の憲法問題を提起できるのは，全く対照的な制度として映るからです。ここでマサミとカオルは「これこそ私たちが求めている制度だ」と思うかもしれません。ただ，こうした抽象的な憲法問題についての判断を連邦憲法裁判所に請求できるのは，前述の通り一定の国家機関に限定されており，誰でも申立てができるわけではありません。因みに，ドイツでのこの制度の利用頻度をみると，毎年わずか数件にとどまり，0件の年もあるのが実情です。

【3】 もはや万策尽きた個人から助けを求められたとき

　公権力によって自分の基本権（人権）が侵害された人は，誰でも，連邦憲法裁判所に救済を求めることができます（基本法93条1項4a号）。この制度が，《憲法訴願》とか《憲法異議申立て》と呼ばれる仕組みです。

　ただし，「誰でも」請求ができるだけに，連邦憲法裁判所以外の裁判で争う手段を使い果たしていることが，原則的な要件とされています（連邦憲法裁判所法90条2項）。つまり，他に手段がないときにだけ，連邦憲法裁判所に助けを求めることが許されるということになります。

【4】 憲法判断の力は絶大

ここまで【1】～【3】で挙げた手続の結果として下される連邦憲法裁判所の判断は「法律としての効力」を有するとされます（基本法94条2項，連邦憲法裁判所法31条2項）。つまり，連邦憲法裁判所に憲法問題を提起した当事者だけでなく，国内のすべての人にも裁判の効力が及び——正に立法府がなし得るような法律と同様に——私人を拘束することになるのです。この意味はすぐ後（☞▶§4▶▶4）で学びましょう。

▶§4__ 日本の違憲審査制

▶▶1　司法権と違憲審査権──お二人はどのようなご関係で？

さて，「米国」式の採用とは，ドイツのような憲法裁判所型の違憲審査制を採らないことの裏返しでもあります。実は警察予備隊事件とは，憲法裁判所型の違憲審査を問う試みに他なりませんでした。しかし最高裁は，「違憲審査権」が「司法権」から独立して行使されるものではないと宣言することで，憲法裁判所型を否定したのです。つまり，違憲審査権は常に司法権の発動を前提とすることになったのです。この「司法権の範囲内」つまり司法権に《付随》する違憲審査権という仕組みが，一般に**付随的違憲審査制**と呼ばれる違憲審査の在り方なのです。しかし，これは同時に「司法権の限界」（☞25講）も引き継ぐことになります。つまり，裁判所が司法権を発動できない/しない場合は違憲審査権もまた発動されないことを意味します。

▶▶2　すべての道は最高裁に通ず

ところで，「司法権」が授けられるのは，最高裁の他に，「法律」に基づいて設置される「下級裁判所」（憲法76条）でした。つまり，最高裁判所以外の裁判所を下級裁判所としてまとめるわけです。そこで「法律」である裁判所法2条1項は，下級裁判所とは次の4種類，すなわち「高等裁判所」，「地方裁判所」，「家庭裁判所」および「簡易裁判所」を指すと規定しています。ただ，この下級裁判所においても，さらに高等裁判所を頂点とした階層構造になっています。例えば，地方裁判所が下した判断に不服がある場合は，高等裁判所に更に裁判を求めること（「控訴」）ができます。そして，この高等裁判所の判断にも不服がある場合は，最高裁判所に最終的な判断を求めること（「上告」）になるのです。これが，一般に《三審制》と呼ばれる仕組みで，最高裁判所を頂点とした一元的な裁判制度の体系なのです。

ところが，司法権の規定とは異なり，違憲審査権については「最高裁判所」が「終

審裁判所」となる（憲法81条）としか規定されていません。そこで，下級裁判所が違憲審査権を行使できるか問題になるのですが，この点，すでに最高裁は戦後早い段階で，憲法81条について「下級裁判所が違憲審査権を有することを否定する趣旨をもっているものではない」として，下級裁判所にこれを肯定しています（★最大判昭和25〔1950〕・2・1刑集4巻2号73頁）。

▶▶3　「法律」だけじゃない！　違憲審査ができる対象

　憲法81条は，裁判所が違憲審査する対象として4つ（「法律」「命令」「規則」「処分」）列挙していますが，ここに文言が挙げられていないものは違憲審査できないのでしょうか。

　まず，本来は国家間の文書による国際法上の合意である「条約」は，天皇が公布することによって当然に国内法としての地位を得ますが，判例の立場（砂川事件判決☞**30講**「憲法と条約」参照）によれば，条約もまた違憲審査の対象となります。また，裁判所が下した判断（判決・決定）自体も「処分」に含まれるとして対象となります。なお，特に「法律」については，現に存在する規定だけでなく，逆に存在しないこと，つまり未だ立法されていないこと（立法不作為）も違憲審査の対象となります。

▶▶4　《違憲》判決はどのような影響を与えるか

　それでは，法律などが違憲となった結果「効力を有しない」（憲法98条）とは何を意味するのでしょうか。この《憲法違反＝無効》という規定ぶりの明確さとは裏腹に，これが大変厄介な問題なのです。例えば，仮に，マサミとカオルの結婚の障害となっている法律の規定が，最高裁によって違憲と判断されたとします。この規定が文字通り《無効》になるとすると，当該法律の規定が廃止されることを意味することになります。何が問題なのかというと，法律の改正や廃止は本来《立法》のみができることを前提にすれば，それを裁判所（司法）がやってしまうと，《三権分立》原理にとって大問題（立法権の侵害）となってしまうのです。そのため，司法権の枠内での違憲審査権という建前上，立法権侵害は避けなければなりません。因みに，アメリカの場合でも，裁判所が違憲とした法律は議会の手続を経ずに廃止されるわけではないとされます。そこで考え出されたのが，違憲とされた法律が《無効》となる影響は裁判で争っている当事者の間にしか及ばない，と説明する技術（個別的効力説）です。この説明では，同性婚の障害となっている法律が《無効》であることを前提として話を進めてよい（例えば，マサミとカオルは婚姻届を受理してもらえる）のは，飽くまで裁判の原告（マサミ・カオル）と被告である相手（例えば，国や自治体）の間だけであり，日本国内にいる他の同性カップルが結婚できるようになるわけではないのです。このことは，もめごとの解決を本業とする司法権の範囲内で違憲審

査権が発動される付随的違憲審査の結果であると理解されており，日本ではこの説明が一般に支持されています。この説明に対して，ドイツのように，当事者だけでなく，国内の他の人々や公的機関までも憲法判断に従わなければならないとする説明（一般的効力説）もありますが，日本では支持されません。つまり，日本国内の同性カップルが結婚できるためには，マサミとカオルの結婚を可能にした違憲判決を国会が真摯に受け止めて相当の法律改正など立法措置を講じることが必要になります。

▶ §5　2人はどうすればよいのか

　まずは，裁判所に司法権を発動してもらわなければ始まりません。そのためには「法律上の争訟」という形にして訴えを提起しなければなりません〔☞25講「司法権の限界」〕。具体的には，戸籍法が定めている要件が原因で婚姻届が受理されず結婚できないことで「損害」を受けているとして，その賠償を求める形で，まずは地方裁判所に裁判を求めることになります。こうして，司法権を発動してもらった後は，裁判の中で，国会が同性婚を認めるような立法（法律の改正）をしてこなかったこと（立法不作為）が憲法14条や24条に違反する等と主張して憲法上の争点を提起して，さらに違憲審査権を発動してもらうのです。

　なお，日本の付随的違憲審査制については改革案として，毎年おおむね5000件程度の事件を処理している最高裁の負担軽減を図るために憲法判断だけを担当する部署を最高裁内部に設けることや，そもそも憲法裁判所を設置すること等が実際に提案されています。

　みなさんは，裁判所にどんな役割を期待しますか。

【今枝昌浩】

第Ⅳ部

憲法の最高法規性

28 講__ 最高法規性・憲法尊重擁護義務 ....

❖Topic 28__国民には憲法を守る義務がある！？
　憲法99条を読んでみたら，憲法を尊重し擁護する義務を負った者として，国民が挙げられていない。ということは，国民は憲法守らず生きていっていいということだろうか。2012年の自民党改憲案を読んでみたら，ちゃんと国民が入っている。こっちの憲法の方がマトモなのだろうか。

▶§1__ 憲法の最高法規性

▶▶1　法の段階構造

　私たちは普段，法に従って生活しています。法に違反をすれば，自分の意に反して強制的に法の目的を実現させられたり，制裁を課されたりすることがあります。なぜ，私たちは法に従っているのでしょうか。あるいは，従わなければならないのでしょうか。私たちが従っている法は，そもそも妥当なルールなのでしょうか。法の妥当性（有効性）は，その法を制定する機関に授けられた権限の正当性によって根拠づけられます。つまり，その機関が法を制定する権限を上位の法によって授けられているから，その機関が制定する法は妥当性がある，と考えるわけです。たとえば，憲法41条は，国会に立法権を授けていますので，その範囲内で，国会は立法（☞21講）することができ，国会で制定された法すなわち「法律」は，妥当性をもちます。このように，授権する法と授権される法が上下関係を形成している様子を，ケルゼンは，法の段階構造と呼びました。日本の国内法体系においては，憲法を頂点とし，その下に法律→命令（政令，府省令等）→処分（判決含む）という順序で法秩序が形成されています。なお，条約の位置づけが問題になりますが，通説によれば，憲法と法律の中間にあるものと解されています（☞30講）。

　立法権，行政権，司法権といった国家権力は，国民の権利や自由を制限することがあります。たとえば，飲食店を営業するには都道府県知事（行政庁）の許可が必要です。食品衛生法という法律によって，誰もが営業できるわけではない制度が採用され，どのような業種の飲食店について許可が必要かどうかは政令（内閣が制定

するルール，憲法73条6号）で定められています。許可を得て営業していても，食中毒事件が起きたような場合には，行政庁によって，営業許可を取り消されたり，営業を停止されたりします。2020年春以降のコロナ禍では，飲食店の営業に対してさまざまな制約措置がとられ，営業の継続が困難になった事業者もありました。時短営業やアルコール提供禁止など営業の自由を制約する措置に対しては，明確な法的根拠があるのか，**法の支配**を軽視しているのではないか，といった批判も見られました。

　国家権力が，法に基づいてのみ行使されるべきとする原則を，法の支配といいます。かつて，国王がすべてを支配していた**人の支配**に対置される考え方です。専断的な国家権力の支配を排斥し，権力を法で拘束することによって，国民の権利や自由を擁護しようとするところに，法の支配の目的があります。日本国憲法では，基本的人権の尊重，憲法の最高法規性，違憲審査制の形で，法の支配の原理が採用されています。

　法の支配に似た言葉に**法治主義**があります。これは，19世紀のプロイセン（ドイツ）で発達した考え方で，国家権力の行使はすべて法律に従ってなされなければならないとするものです。法律を，その内容とは切り離し，形式的に捉えるもので，法律の内容の合理性は問題とされませんでした（形式的法治主義）。ところが，法治主義の形式的理解がナチスの台頭を許してしまったことから，第二次世界大戦後は，ドイツにおいても，不当な内容の法律は，憲法に照らして無効と判断しています。したがって，今日，法の支配と法治主義（実質的法治主義）の差異は，相対的なものにすぎないといわれます。

　法の支配や実質的法治主義と密接に関連する思想に，**立憲主義**という考え方があります。憲法を制定し，それに従って統治するという政治の在り方を意味しますが，中世立憲主義，近代立憲主義，現代立憲主義といった表現がとられるように，立憲主義良いう考え方そのものは，歴史のなかで形づくられ，今なお変化し続けています。日本は，大日本帝国憲法（明治憲法）を制定する際，西欧の憲法にならい，立憲主義の考え方を取り入れました。明治憲法制定過程における枢密院での審議において，当時の文部大臣森有礼が「臣民の権利」に反対し，臣民は天皇に対して責任を有するのみであるから「臣民の分際」と改めるべきだと主張したのに対し，憲法制定を推進した中心人物である伊藤博文枢密院議長は，「そもそも憲法を創設するの精神は，第一君権を制限し，第二臣民の権利を保護するにあり。故に若し憲法において臣民の権利を列記せず，只責任のみを記載せば，憲法を設くるの必要なし」と述べて反論したというエピソードがあります。これは，日本が立憲主義憲法を制定しようとしたことを示すものといえるでしょう。明治憲法の上諭には，「朕及朕カ子孫ハ將來此ノ憲法ノ條章ニ循ヒ之〔國家統治ノ大權〕ヲ行フコトヲ愆ラサルヘ

シ」（私と私の子孫は，この憲法の規定に従って統治権を行使する，ということに違反しては
ならない）と書かれており，天皇が，自身をも拘束するルールとして憲法を制定し
たことがわかります。もっとも，明治憲法は，ドイツの憲法思想の影響を強く受け
たため，君権の制限は極めて限定的で，かつ，臣民の権利も「法律ノ範囲内」でし
か認められていませんでした（外見的立憲主義）。

　これに対して，日本国憲法は，国民主権を基礎とし，国民の基本的人権の保障を
目的として，権力分立原理を採用し，統治機構を構成しました。つまり，国民の権
利や自由をあらゆる国家権力から不可侵のものとして保障するために，国家権力は，
憲法によって権限を付与された機関が，その権限の範囲内で行使する場合に限り，
その行使が正当化されるよう，機関相互の抑制と均衡によって国家権力の濫用が防
止されるよう，国民自身が，統治構造を設計したのです。ここに，法律などの他の
ルールと憲法との質的な違いがあります。

　日本国憲法は，「最高法規」と見出しのついた第10章に，97条〜99条の3か条を
置いています。何のために「最高法規」の章が置かれたのか，以下では，それぞれ
の条文の意義を確認しましょう。

▶▶2　実質的最高性

　憲法97条は，基本的人権の永久不可侵性を再確認し，基本的人権の保障を中核
とするからこそ憲法が最高法規であることを明らかにしたものです（実質的最高性）。
基本的人権が「人類の多年にわたる自由獲得の努力の成果」であるとは，日本の歴
史について言っているのではなく，世界とりわけ欧米諸国において，自由と権利を
段階的に獲得してきた歴史を回顧しています。イギリスでは，封建領主が王権に対
してこれまで慣習的に認められていた自身の権利を明文のかたちで認めさせたマグ
ナ・カルタ（1215年）や国王といえども否定できない国民の権利や自由を確認した
権利の章典（1689年）が成立し，ヨーロッパ大陸では，王権神授説に基づく国王の
専制政治やローマ法王の専権に反抗して起こった宗教改革を端緒として，前国家的，
超国家的な自然権思想が現れました。すべての人が生まれながらに不可譲の人権を
有することを宣言したアメリカ独立宣言やフランス人権宣言は，他の諸国にも大き
な影響を及ぼし，多くの国で成文憲法を制定して基本的人権を保障するようになり
ました。日本国憲法で基本的人権を保障しているのもその例外ではなく，97条は，
基本的人権の永久不可侵性を，歴史的由来に重点をおいて強調しています。人類
の長い歴史の重なりの成果として獲得され，ときに闘いとられたものだからこそ，
12条前段では，「この憲法が国民に保障する自由及び権利は，国民の不断の努力に
よって，これを保持しなければならない」としているのです。

▶▶3 　形式的最高性

　憲法98条1項は，より直接的に，憲法の最高法規性を規定しています。「この憲法は，国の最高法規であつて，その条規に反する法律，命令，詔勅及び国務に関するその他の行為の全部又は一部は，その効力を有しない」とは，憲法の形式的効力における最高性（形式的最高性）を明示したものです。すなわち，憲法，法律，命令などの国内法形式の体系のなかで，憲法がもっとも高い地位にあることを意味しています。

　硬性憲法を採用する国では，憲法が，法の段階構造において最上位にあるのは論理必然ですし，最高の形式的効力を有する規定に違反する下位の法令や国務行為が無効となるのは当然のことではありますが，それを明記したことには，次のような意味合いがあります。

　大日本帝国憲法は，「日本臣民ハ法律ノ範囲内ニ於テ居住及移転ノ自由ヲ有ス」（22条），「日本臣民ハ法律ニ依ルニ非スシテ逮捕監禁審問処罰ヲ受クルコトナシ」（23条）等と規定していました。一見すると，臣民の権利や自由を憲法上保障しているようですが，実際には，法律によれば，いかなる目的・態様での自由制限も可能でした。加えて，独立命令や緊急勅令（同8条1項）等の行政立法権も広く認められていました。憲法98条1項は，日本国憲法施行の時点で施行されていた大日本帝国憲法下の法令その他の国務に関する行為のうち，新憲法に反するものの効力を否定する一方，反しないものの効力を維持させるための経過規定的な意義をもつと解されています。

　なお，独立命令や緊急勅令は，現行憲法下では認められていない法形式であるため，内容が合憲であっても，形式上違憲である，とする見解と，内容が現行憲法に適合する限りで有効と解する見解とがあります。

▶▶4 　憲法保障制度

　では，法令等の効力を失わせるのに，何か特別の行為が必要でしょうか。先述のように，最高法規に違反する下位の法令や国務行為が無効となるのは当然の帰結ですので，理論上は，憲法に違反する法令や国務行為は，性質上当然に無効となり，その効力を失わせるための特別な行為を必要とするものではありません。しかしながら，「法律，命令，詔勅及び国務に関するその他の行為」が，憲法の条規に反するかどうかは疑義を生ずることがあり得ますので，まずは憲法に反するか否かを確認しなければなりません。加えて，憲法の実質的最高性を確保するためには，憲法違反の法令等が無効であることを実効あらしめる必要があります。そこで，憲法81条は，「最高裁判所は，一切の法律，命令，規則又は処分が憲法に適合するかしないかを決定する権限を有する終審裁判所である」と規定し，**違憲審査権**（☞**27講**）

を裁判所に与えました。憲法解釈についての最終的な解釈権を議会に認めることも制度上は可能ですが，それでは，議会制定法によれば自由や権利の制限できるとしていた大日本帝国憲法下における権利保障と実質は変わらないことになります。違憲審査権は，憲法の最高法規性を保障する制度として採用されました。

　しかしながら，この制度も，憲法の保障にとって万全とはいえません。なぜなら，そもそも訴えが提起されない限り裁判所の審査権は発動されませんし，訴えが提起されたとしても裁判所の審査権が及ばない領域があるからです（☞**25**講）。そのような領域において，公的機関の行為が憲法に違反しないようにするには，それぞれの機関で働く人たちに自覚を持ってもらう必要があります。そこで，憲法は，憲法の最高法規性を確保するもう1つの方策として，憲法の運用にあたる公務員等に対して，特に**憲法尊重擁護義務**（憲法99条）を負わせることにしたのです。81条や99条のように，憲法の崩壊を事前に防止し，あるいは事後に是正するための装置を憲法保障制度といいます。憲法尊重擁護義務は，事前の憲法保障制度と解されています。

▶§*2*＿ 国民の憲法尊重義務？

▶▶*1*　99条の意義

　憲法99条は，「天皇又は摂政及び国務大臣，国会議員，裁判官その他の公務員」に対して憲法尊重擁護義務を課しています。

　99条を起草する際に参考とされたのは，「〔この憲法で〕先に定める上院議員及び下院議員，各州の議会の議員，並びに合衆国及び各州のすべての執行府及び司法府の公務員は，宣誓または確約により，この憲法を擁護する義務を負う」と規定するアメリカ合衆国憲法6条3項前段です。アメリカは連邦制の国ですので，この規定は，連邦法が州法に優越すること，すなわち連邦の優位を宣言したものと解されます。このような観点からは，連邦制をとらない日本では，アメリカ流の憲法擁護義務はいらなかったのではないか，との考えもありましたが，日本では，この規定に独自の意義が見出されました。

　立憲的意味の憲法は，国家権力の組織と機能を定め，国家権力の行使を抑制することにより，国民の自由を確保するために制定された歴史的経緯があります。そこで，国政の運営にあたり，憲法の運用に直接ないし間接に関与する立場にある「天皇又は摂政及び国務大臣，国会議員，裁判官その他の公務員」に対して特に憲法尊重擁護義務を課すことにより，国民の権利と自由を確保しようとしたのです。

　義務の性質については，憲法は最高法規であるから，すべての個人は道義的義務

としてこれを尊重し擁護すべきである，との考え方に立ったうえで，国務を担う公務員等は，一般の個人とは異なり，法的義務として憲法尊重擁護義務が課せられている，とする見解もありますが，公務員等との関係においても倫理的・道徳的な義務と解し，99条から直ちに具体的な法的効果が生ずるものではない，とする見解の方が有力です。ただし，憲法を尊重・擁護するような行為を行う義務（作為義務）に違反しても，そこで問われるのは政治的責任にとどまりますが，憲法を侵犯・破壊するような行為を行わない義務（不作為義務）に違反した場合は，法的責任を問われる可能性があると考えられています。

たとえば，国家公務員法は，「日本国憲法施行の日以後において，日本国憲法又はその下に成立した政府を暴力で破壊することを主張する政党その他の団体を結成し，又はこれに加入した者」（38条4号）は，「官職に就く能力を有しない」（同条柱書き）として，公務員の欠格事由を定めています。また，公務員の懲戒事由や裁判官の弾劾による罷免事由となる「職務上の義務に違反」（国公法82条1項2号，裁判官弾劾法2条1号）には，憲法の侵犯・破壊行為が含まれうると解されています。これらは，憲法99条の趣旨を具体化したものと考えられます。

なお，国会法68条の2は，国会議員による憲法改正の発議について規定していますが，「憲法の改正を行うこと，また，それをとなえることは，もちろん『憲法を尊重し擁護する義務』に反することはない」（宮澤・芦部）と解されています。

▶▶2　自由民主党「日本国憲法改正草案」

2012年，自由民主党から「日本国憲法改正草案」が発表され，大きな注目を集めました。改正点は，国旗・国歌の規定，天皇の元首化，自衛権の明記，国防軍の保持，「公共の福祉」に代わる「公益及び公の秩序」，「人」としての尊重，家族の尊重，環境保全の責務，障害者差別の禁止，知的財産権の明記，政党の明記，財政の健全性の確保，緊急事態の宣言の新設，憲法改正要件の緩和，国民の憲法尊重義務等，多岐にわたります。

改正草案では，「全て国民は，この憲法を尊重しなければならない。」という規定が新設されました。日本国憲法改正草案Q&Aでは，「憲法の制定権者たる国民も憲法を尊重すべきことは当然である」，「憲法も法であり，遵守するのは余りに当然のことであって，憲法に規定を置く以上，一歩進めて憲法尊重義務を規定した」，「〔憲法尊重義務の〕内容は，『憲法の規定に敬意を払い，その実現に努力する。』といったこと」との説明がなされています。なお，この規定は「飽くまで訓示規定であり，具体的な効果があるわけでは」ない，というのが自民党の見解です。

なお，2項では，「国会議員，国務大臣，裁判官その他の公務員は，この憲法を擁護する義務を負う。」と規定し，国民の尊重義務とは区別される公務員の擁護義

務を定めています。この規定については，「公務員の場合は，国民としての憲法尊重義務に加えて，『憲法擁護義務』，すなわち，『憲法の規定が守られない事態に対して，積極的に対抗する義務』も求めています」と説明されています。

▶▶3　検討

　さて，憲法尊重擁護義務の主体として国民を明記しない現行憲法と国民の憲法尊重擁護義務を明記する2012年の自民党改憲案は，どちらがマトモといえるでしょうか。

　国民は，法律に従わなければならないのだから，法律よりも上位の規範である憲近に従うのは当然だ，と感じている人がいるかもしれません。間接的であれ，私人間に憲法上の人権規定が適用されるのだから（☞03講），私人も他の人の人権を侵害しないよう，憲法の規定を守らなければならないのではないか，と考える人もいるでしょう。実際，現行憲法が国民を明記していないのは，国民に憲法を遵守する義務を否定したのではなく，憲法の制定者である主権者国民が，国家の根本法である憲法を尊重擁護しなければならないことは当然だからだ，と説く見解もあります。

　しかしながら，このような考え方は，日本国憲法は，近代立憲主義という考え方に基づいて，主権者である国民が，国民の権利と自由を守るために，国家権力を制限するルールを定めたものである，という歴史的経緯を軽視しているように思われます。明治憲法下では，天皇が統治権を総攬していましたので，制定者自身（天皇）が憲法の規定に違反してはならない，というのは立憲主義にかなっていました。しかし，日本国憲法は，国家を名宛人として国民が制定した憲法（民定憲法）であり，憲法を尊重し擁護する義務を負うのは，国家権力の担い手である公務員等であって，国民はその義務を負う客体ではない，と考えなければ，立憲主義の考え方と整合性がとれません。

　さらに，近代立憲主義における自由は，「絶対に濫用できない自由は，自由でない」（宮沢）という表現に象徴される自由であり，近代立憲主義を否定するのも自由，民主主義を否定するのも自由，自由を否定するのも自由，と考えられています。ドイツは，ナチス政権を生み出した歴史的教訓から，「自由の敵には自由を与えるべきでない」とする考え方（たたかう民主制）を選択し，「自由で民主的な基本秩序」の侵害を違憲としています（ドイツ連邦共和国基本法21条2項）が，日本は，このような考え方を否定しています。このような観点からは，99条は，より徹底して自由を保障する立場を表明したものとも考えられます。

　国民の権利と自由を国家権力から守る，という憲法の最大の目的に照らせば，憲法尊重擁護義務の規定は，国会議員や国務大臣など公務員の地位と権限の根拠が憲法にあること，その権限を濫用してはならないこと，これらを公務員に自覚させる

ことによって，人権保障の徹底を図ったものであり，敢えて国民を除外することに
意義があるといえます。

【小川有希子】

29 講__憲法改正 ....

❖Topic 29__なぜ日本国憲法は一度も改正されていないのか？
　日本がこれまでお手本にしてきたドイツやフランスの憲法はこれまで何度も改正されてきたのに，日本の憲法は一度も改正されたことはありません。これって，日本国民は世の中を改善する気がない，怠慢な人々だということなのでしょうか。憲法が変わっていないということは，憲法の下にある現実もほとんど変化していないことを意味しているのでしょうか。

▶§1__憲法改正

▶▶1　憲法改正の意味

　憲法改正とは，憲法典の定める所定の手続に従って，成文憲法の内容を意識的に変えることをいいます。憲法改正には，既存の条文に修正を加えたり，条文の全体あるいは一部を削除したり，条文に加筆を行う部分的改正のほかに，成文憲法全体を書き改める全面的な改正も含まれます。

▶▶2　憲法改正の要件

　では，成文憲法の内容を改正するためには，一体どのような手続を踏む必要があるのでしょうか。わが国では，憲法を改正する場合には，一般の法改正よりも厳格な手続が必要とされています（硬性憲法）。これは，憲法改正の要件を厳格にすることで，憲法の安定性を図りつつも，憲法が変わり得る可能性の両側面を保障しています。

【1】　憲法改正の発議および審議

　憲法96条では，憲法改正は「各議院の総議員の3分の2以上の賛成で国会がこれを発議すること」が1つの要件となっています。「国会による発議」をより具体的にいえば，まず，衆議院あるいは参議院の一方の議院において，憲法改正についての発案がなされることになります。通常，原案を提出するには，衆議院では100人以上，参議院では50人以上の賛成を得なければなりません（国会法68条の2）。なお，憲法改正原案は，「内容において関連する事項ごとに区分して」発議を行うことに

233

なっています（同法68条の3）。

　問題は，発議する権限を誰が有しているのかということです。条文の規定上，両議院に発議権があることは明らかです。しかし，内閣には法律案を提出する権限があるため，憲法の改正案までもがその権限の範囲内か否かについて争いが生ずるのです。いずれにしろ，憲法改正権力が国民主権原理を前提にしていることを念頭に，厳格に検討していく必要があるでしょう。

　発議の後，議院内で審議を行うことになります。審議における手続については，憲法改正原案にもう一方の議院が同意をしなかったり，否決した場合には，両院協議会を要請できること（同法86条の2）や原案を返付すること（同法83条の4），また，憲法審査会が設けられること（国会法102条の6）などが規定されています。加えて，憲法改正原案を修正するような提案があった場合には，修正の動議に対して，衆議院では100人以上，参議院では50人以上の賛成が必要となります（同法68条の4）。

　憲法改正案の議決は，どれくらいの賛成数を得なければならないのでしょうか。憲法96条には，「各議院の総議員の3分の2以上の賛成」が必要であることが示されています。「総議員」を法定の議員数と解する見解もありますが，議決する段階で議員に欠員があった場合には，欠員の議員数を差し引いた在職している議員数を総議員と理解するほうが妥当でしょう。

【2】　国民投票

　憲法96条には，国会が発議した憲法改正案に対して，「国民の承認」がもう1つの要件として定められています。どのように国民の承認を得るのかといえば，「特別の国民投票又は国会の定める選挙の際に行はれる投票」により，過半数の支持が得られた場合に憲法改正を行うことになります。このように，国民に承認を得ることの意義は，国民主権の原理と国家の最高法規である憲法が国民の意思という民主的正当性を得て制定されなければならないと考えられていることに由来します。

　国会による発議がなされた後，60日から180日の間に，18歳以上の国民に対して，国民投票が行われます（国民投票法2条1項・3条）。また，国民に対して，国民投票が実施されることを広報する機関として，両院議員各10名から構成された国民投票広報協議会が設置されます（国会法102条の11，国民投票法12条2項）。

　また，憲法改正が「国民の承認を得ること」に重きを置いていることを前提に考えた場合，仮に改正する内容が複数存在していたとしたら，それをまとめて1回の国民投票によって「承認を得た」と考えることはできません。なぜなら，国民が憲法改正の内容を着実に把握し，十分に考察したうえで賛否を決めなければ，民主的正当性を得た憲法を作ったとは言えないからです。国民投票法にも投票人が投票権を行使するために「必要な時間を与えるよう措置されなければならない」ことが明示されています（国民投票法19条3項）。そのため，憲法改正をするためには，国民

に1つ1つ改正内容ごとに承認を得なければならないことになります。つまり，1度の国民投票で，国民に問う内容を限定し，区分された改正案に個別的に国民投票を実施することになります。

　しかしながら，現行の国民投票法にはいくつもの問題点があるのです。

　たとえば，「投票総数」に関することです。国民が憲法改正案に対し，賛成投票をした数と反対投票をした数を合計した数，つまり「投票総数」の2分の1を超えたときに，国民の承認があったことを意味します（国民投票法98条2項・126条1項）。しかし，この「投票総数」には，無効投票数となってしまった国民の意思を反映させていない点や最低投票率が定められていない点から，国民投票の結果，仮に多くの無効投票数が生じてしまった場合に公平性を担保できるのかなどの問題が残されています。

　また，国民投票運動に関することでは，選挙管理委員，裁判官，検察官，公安委員，警察官等の特定の公務員については国民投票運動が禁じられています（国民投票法101条・102条・103条）。しかしその一方で，一般の公務員については，投票の有無に関する勧誘行為や意見表明は原則として許容されています（同法100条の2）。しかし，政治活動の自由は，民主的な国家を形成していくためには何人にも広く認められるべきです。公務員においても同様とも考えられますが，憲法改正の国民投票運動は，選挙運動とは性質を異にしていることから，公務員の地位，職務内容・性質等の相違その他諸般の事情をより慎重に個別・具体的に検討することが必要になるのではないでしょうか。

　加えて，政党に対する国民投票運動として，ラジオやテレビ，新聞広告などといった放送活動はどの政党も平等になるような規制がなされています（同法105条・106条・107条）。しかし，放送法が適用されないようなインターネットやソーシャルメディアを通じた広告活動については何ら制約がなされていません。これらの媒体は，現代社会を生きる私たちにとって必要不可欠となっていることは言うまでもありませんが，これでは，資金が潤沢な政党は小さな政党に比べて多くの国民投票運動の機会を得ることになるでしょう。また，一般の選挙をする際には政党に対して，戸別訪問，署名運動，人気投票の講評，飲食物の提供，文書図画，パンフレット，書籍の頒布，ウェブサイト，電子メールを利用する方法による文書図画の頒布など（公職選挙法138条以下）を禁じていますが，こういった細かな規制が国民投票には全く存在していないという問題も残されていると言えるでしょう。

　国民の意思によって憲法が改正されることを示すために，憲法96条2項および7条1号は，たとえ天皇が公布を行うとしても，その行為が「国民の名で」公布されることが定められています。また，憲法改正条項が，「この憲法と一体を成すものとして」公布される意味は，憲法改正条項が，日本国憲法の基本原理に違反するこ

となく，既存の憲法と同じ効力を有していることを示しています。

▶▶3　憲法改正の限界

　はたして憲法改正は，このような改正手続に従えば，いかなる内容も改正することができるのでしょうか。

　そもそも憲法は，人が生まれながらにして自由かつ平等であり，人が持つその権利を十分に保障するために，権力が暴走しないよう権力分立を定め，民主的な国家を統治するために作られています。つまり，主権者である国民が，憲法を作り上げているのです（**憲法制定権力**）。憲法改正は，そんな憲法の一条文であるに過ぎません。憲法改正権は，憲法自らが自己保存のために準備した条文であり，憲法の目的，あるいは，憲法よりも上位にあるような「根本規範」を覆すような改変は，憲法を破壊することになってしまうためできません。このことは，たとえ何度も憲法改正を経験してきたドイツやフランスであったとしても同じです。

　「根本規範」とは，主権者である国民が憲法制定権力を有していることを表している国民主権原理や主権者である国民の自由や平等といった人権原理を意味するとされています。日本国憲法の場合には，それに加えて平和主義も根本規範であると言えます。

▶ §2＿ 憲法と現実

▶▶1　日本国憲法は時代錯誤か

　憲法改正は，既に規定されている条文を改変することを意味しますが，日本国憲法は制定後から一度も改正が行われていません。これは，日本国憲法が全く時代にそぐわないものになってしまっているのでしょうか。

　先ほど，どんなに時代が変わったとしても改正権が及ばない「根本規範」があることを述べました。しかし，「根本規範」を保障するためには，社会の変化とともに，新たな人権侵害を裁判所が積極的に救済していかなければならない状況も存在していると考えられます。この典型例は，憲法13条の幸福追求権から導き出されている「**新しい人権**」の存在と言えるでしょう。プライバシー権や名誉権などは，憲法13条が自律的な個人に対して保障している人格的な生存のための必要不可欠かつ基本的な憲法上の権利として承認されてきました（☞**06**講「プライバシー」）。これは，憲法の条項を改変しないままに憲法規範の意味内容を変更する「憲法の変遷」とは異なります。なぜなら，「憲法の変遷」には，憲法に違反するような現実に対して，憲法

規範が実質的な効力を失うことで，その現実の方に法的効果が承認されることを意味しているからです。「新しい人権」の場合は，人権侵害の現実を救済するために，憲法規範の根本に立ち返ることで裁判所が憲法上の権利を拡充させています。このように，日本国憲法は漸進的に人権を救済に取り組んでいると考えることができます。

▶▶2 憲法の自己保存と緊急事態条項

　ただ近年になり，予測不可能な自然災害の発生や感染症が蔓延したことから，「緊急事態条項」を憲法に盛り込むという憲法改正が支持を集めるようになっています。「緊急事態条項」とは，自然災害や国際紛争といった国家の危機的状況を理由に立憲主義体制を停止し，一時的に憲法で授権されている権限以上の権限を行政府などの国家機関に対して与えるものです。つまり見方を変えれば，憲法に拘束されているはずの国家権力が，一時的とはいえ，憲法を超越した権力を有するからこそ，その濫用を防ぐために「緊急事態条項」の加筆は慎重に検討しなければ，二次的な危機状態に陥ることも考えられるのです。

　憲法は，国家の最高法規として法的安定性を図るために，あえて抽象的な文言を用いてあらゆる社会変革が生じたとしても「根本規範」となるような事柄を保障できるようにと考慮されて作られています。しかし，憲法が制定時に，国家の将来の様々な諸問題をすべて予測して，あらゆる危機に備えた憲法典を作り上げることは不可能です。この点について，ケネス・盛・マッケルウェイン氏によれば，予測不能だからこそ一般的な憲法は3つの「安全弁」を備えていると言います。「安全弁」とは，①憲法改正権を規定していること，②法律によって一定の事項を定めることができるようにすること，③緊急事態条項を規定していること，を意味すると言います。つまり，憲法自らが，将来に起こり得る危機に対して，憲法の目的や「根本規範」を覆すようなことのないように自己保存の手段として「安全弁」が存在しているはずなのです。

　そして，日本国憲法は不測の事態に備えて，憲法改正と一定の事項を「法律によって定める」ことができるようにとして2つの「安全弁」を持っています。はたして，3つ目の「安全弁」として「緊急事態条項」を盛り込む必要はあるのでしょうか。

　たしかに，各国憲法には国家緊急権が発動する場面として，他国からの武力攻撃および戦争状態，内乱，自然災害が挙げられます。しかし，他国からの武力攻撃や内乱は時間をかけ人為的に生じることから一定程度の予測可能性がある，換言すれば，リスクを回避する途があるのに対して，自然災害は人為的な緊急事態と異なり，全く予測あるいは回避することができないことから，その性質を異にしています。また，憲法が自己保存のために「緊急事態条項」の存在を認めているとするならば，緊急事態によって国民の人権を制限することは，憲法の「根本規範」から考えても

矛盾しているようにも思えます。やはり，自然災害だけを理由として「緊急事態条項」を盛り込む憲法改正は「安全弁」としてどこまで機能することができるか疑問が残ります。

▶▶3 緊急事態時の国家権力に対する制限をするために

　加えて，緊急事態の宣言下では，行政府が拡大した権限を濫用する可能性が高いことから，権限の濫用を防ぐために国家統治機構に対していくつかの制限が存在しています。

　たとえば，行政府の権限濫用を監視および防止するためには，民主的な立法府の存在が国民を守る最後の砦となります。そのため，緊急事態下での議会の解散を認めず，国家緊急権の発動と承認を完全に分離するために，立法府が承認を行う傾向が強いようです。また，緊急宣言下で憲法改正などの立憲主義体制を根本から覆すような行為を禁じています。そして，行政府が法律と同じ効力を有する政令を発することも禁じています。そのため，国家緊急権の効果を法律で定めるような憲法は非常に少数であると言えます。

　しかし，日本の改憲論議のなかで示されている「緊急事態条項」は上述したような制限が存在していません。「緊急事態条項」を既に持っているような各国憲法では，できるだけ行政府が権限濫用を行わないように，その権限を憲法上に詳述しています。また近年では，緊急時に国民の人権を制限することを許容する内容の「緊急事態条項」自体が減少傾向にあると言います。

　ところが，2012年に自民党が示した「緊急事態条項」の国民の人権制限については以下のように規定されています。

> 「第九十九条３項 緊急事態の宣言が発せられた場合には，何人も，*法律の定めるところにより*，当該宣言に係る事態において国民の生命，身体及び財産を守るために行われる措置に関して発せられる国その他公の機関の指示に従わなければならない。この場合においても，第十四条，第十八条，第十九条，第二十一条その他の基本的人権に関する規定は，最大限に尊重されなければならない。」

　本条によれば，憲法14条の平等権，18条の人身の自由，19条の思想及び良心の自由，21条の集会・結社の自由及び表現の自由のみが「最大限の尊重」を受けると規定されているだけで，国家統治機構のもつ権限の詳細は，「法律の定めるところに」よると規定されているのです。しかし，条文上の「最大限の尊重」が緊急事態において，何を意味するのか不明瞭であることに加え，列挙されていない精神的自由権や経済的自由権については，行政府の裁量権限の範囲は広範となることを意味しています。さらには，普段からその権利の性質上，公権力による人権制約を受

けやすい社会権については全く言及されていません。これでは，国家統治機構が国民に対して人権を制約する範囲にほとんど歯止めが存在していないことは言うまでもありません。

▶▶4　緊急事態条項の真意を再考するために

　日本が憲法制定以来，一度も憲法を改正せずに持ちこたえているのは，政治制度に関する多くの細部を「法律の定めるところ」により変更を加えることができる総体的柔軟性をもつ憲法だからです。また，日本の立法府と行政府の関係を考慮すれば，単一与党に支えられた内閣が，国会のなかで過半数を形成することも珍しいことではなく，行政府はほとんど場合，政治的制約なしに自らの政治政策を迅速に実行に移すことができるのです。それにもかかわらず，東日本大震災などでは，緊急時の対応が遅れ，多くの人命が失われました。この遅れは，本当に憲法に「緊急事態条項」が無かったことが原因なのでしょうか。

　繰り返しになりますが，議院内閣制において多数代表制をとる日本の統治機構を考えれば，緊急事態の際の政策が打ち出されたところで，意思決定時の不一致が生じる可能性は非常に低いと言えるでしょう。他の諸国の憲法は，自由権保障から社会権保障を充実させるために国家権力が肥大したことに対して，国家権力を縛る憲法規範の強化を図るために，憲法は次第に長文化・詳細化していると言います。日本においても社会権保障を充実させる社会的変革が存在しなかったわけではありません（☞15講「生存権」参照）。こうした社会変革のなかを日本国憲法は2つ目の「安全弁」を巧みに用いながら潜り抜けてきたはずです。そして，現在においても日本政府は，さまざまな立法を行うことによって，ほとんどの緊急事態に対応できる術をすでに持っているはずなのです。「緊急事態条項」を憲法に持っているから，緊急事態を乗り越えられるわけではありません。いかなる状況下においても，立法府，行政府，司法府が立憲主義に基づき，制定法や解釈法によって適切に国民の人権を保護するからこそ，国民の安全と生存が守られ，結果として緊急事態を乗り越え，平和を享受することができるのです。

　憲法改正の目的は，法律では対処することができないような事態に，「根本規範」という改正限界を念頭に置きながら，国民の人権の保護機能を回復あるいは創造することにあります。現在における日本の統治機構はそれほどまでの危機的事態に陥っているということでしょうか。「緊急事態条項」が立憲主義体制の例外となるような権力を許容してしまうことを知りつつも，政治的制約が少ない現在の統治構造のなかで日本政府が「緊急事態条項」を憲法に盛り込んだ憲法改正を望む真意がどこにあるのか，もう一度立ちどまって考えてみてほしいと思います。

【本庄未佳】

30 講__ 憲法と条約 ....

❖Topic 30__条約は憲法を無視してはならないのか？

　リサさんは父親がX国，母親が日本人のハーフの大学生，将来は英語の先生になりたいと考えていて，大学で教養科目の日本国憲法を履修中です。ある日，X国がY国に武力行使をしたことで，国際的な非難が投げかけられました。日本でもSNS等でも非難の投稿が多くなるなか，日本にいるX国出身者を煽り，差別するヘイトスピーチも目立ちました。街では「X人出ていけ！」というヘイトデモも見かけるようになり，X国人の友達もそのような被害にあったとききました。リサさんは日本が人種差別撤廃条約に批准しており，国連人種差別撤廃委員会がヘイトスピーチを問題視していることをニュースで知り，すぐに禁止すべきではと思いましたが，同じく憲法を履修している友達のイチロウさんは，「表現の自由の方が大切だよ！」と主張してきました。憲法と条約，どっちが大事なんだろうとリサさんは疑問を抱きました。

▶§1__ 日本をとりまく条約の世界

▶▶1　国際法と条約

　みなさんは，高校までの勉強でも日本史や世界史，政治経済の授業などで，○○条約のような言葉をみてきたのではないでしょうか。法規範には国内法である憲法，法律，命令・規則，条例がありますが，それとは別に国家間の関係や，国際組織や個人との関係を規律する国際法があり，**条約**がこれにあたります。トピックでリサさんが言及している人種差別撤廃条約も条約の1つです。

　国内法は，法律なら国会，命令や規則は行政，条例は地方議会というように権限をもつ機関によって一方的に定めることができますが，国際社会はどうでしょうか。そのような立法機関がありません。慣習国際法もありますが，基本的に条約は，民法の契約のように，当事者である国家間の合意によって成立します。二国間条約や多国間条約という形もありますが，条約は当事国のみを拘束し，原則的に条約に参加していない非当事国を拘束しません。なお，名称が協定や協約，規約，憲章，規程，議定書であっても条約として扱われます（条約法条約2条1項a）。

▶▶2　条約の締結手続と日本国憲法

　もう少し細かく条約の締結手続を見てみましょう。国家は条約締結ができますが，いかなる国内機関がどのように手続に関与するかは，各国の国内法（とくに憲法）で定められます。日本国憲法73条で「外交関係を処理する」権能（2号）および「条約を締結する」権能（3号）を内閣に与えています（明治憲法13条では天皇に権能が認められていました）。内閣総理大臣，外務大臣および外交使節ならびに全権委任を受けた者によって締結交渉が行われます。全権委任状は内閣が発給し天皇による認証が必要です（7条5号）。交渉によって条約の内容がまとまると条約文の採択を行い，それ以降の変更を認めない確定が行われます。一般的に代表者による署名が行われますが，署名のみが国の同意の表明手段ではなく，当事国の合意次第では，国内での内容審査を経て批准書の交換または寄託によって成立させる批准が求められることがあります。

　国内においては，条約締結機関とは別に，その条約の内容を審査し承認を与える機関が設けられており，日本国憲法では国会にその権限を与えています（73条3号但書，61条による60条2項の準用）。憲法73条3号但書では，「事前に，時宜によっては事後に，国会の承認を経ることを必要とする」と定めています。これはすべての条約について国会の承認を必要としているという意味でしょうか。

　政府見解として知られている1974年2月20日の衆議院外務委員会における大平正芳外相の答弁（いわゆる**大平三原則**）で，以下の3つのカテゴリの条約が議会承認を必要とするとしています。①「法律事項を含む国際約束」，つまり新たな立法措置の必要があるか，あるいは既存の国内法の維持の必要がある内容の条約であり，領土の移転を定める条約（具体的には沖縄返還協定）や通商航海条約，租税条約，犯罪人引渡条約，国際人権規約などがこれに含まれます。②「財政事項を含む国際約束」，つまりすでに予算または法律で認められている以上に財政支出義務を負う内容の条約です。③「国家間一般の基本的な関係を法的に規定するという意味において政治的に重要な国際約束」で，日韓基本関係条約や日中平和友好条約等，とりわけ政治的重要性をもった条約であり，慣行として批准を発効要件としている条約です。①・②についてはそれぞれ国会の権能である立法権や予算承認権，財政統制権の存在が念頭に置かれています。

　この国会の承認は，事前または事後に必要となっており，事前の承認が得られない場合には，そもそも締結ができないことになりますが，締結後の事後の承認が得られない場合，その条約は有効なのでしょうか。この点につき学説の見解は分かれており，国会の民主的なコントロールの観点から無効とする見解もありますが，日本は条約法条約を批准しており，「違反が明白でありかつ基本的な重要性を有する

国内法の規則に係るものである場合」にその事実を同意の無効の根拠として援用できるとしており（46条1項），国会の不承認という事実がこのような条件に係るものでないと無効とはいえないという見解もあります。

なお，条約についても法律と同様に天皇による公布が行われます（7条1号）。

▶§**2**＿ 国際人権法と憲法

▶▶**1** 国際的な人権保障

さて，本書ではさまざまな人権問題について日本国憲法の条文に沿って見てきましたが，人権を規律対象にしている規範は憲法だけではありません。そもそも人権には普遍性という特徴をもっていました（☞05講「外国人の人権」参照）。さらにいえば，現代においてヒトやモノの移動手段が飛躍的に発展し，さまざまな領域におけるグローバル化がなされたなかで，人権問題についてもそのグローバル化による影響を無視することはできません。

第二次世界大戦後の国際社会では，人権の国際的保障を課題とし，国際人権法が発展してきました。1945年に設立された国際連合の目的には「人種・性・言語又は宗教による差別なくすべての者のために人権及び基本的自由を尊重するように助長奨励することについて，国際協力を達成すること」（国連憲章1条3項）が掲げられ，その後の1948年に世界人権宣言を採択し，法的拘束力がないものの，市民的権利・政治的権利・経済的権利・文化的権利，さらには現代的な社会的権利までを包含しました。

その後の1966年に国際人権規約と総称される，「経済的，社会的お呼び文化的権利に関する国際規約（社会権規約）」と「市民的及び政治的権利に関する国際規約（自由権規約）」が締結されました。また，個別の領域における国際人権条約も存在し，国際人権規約よりも先行して人種差別撤廃条約（1965年）が採択され，他に日本が批准しているものには，女子差別撤廃条約（1979年），拷問等禁止条約（1984年），子どもの権利条約（1989年），強制失踪条約（2006年），障害者権利条約（2006年）があります。地域的な人権条約としてヨーロッパ人権条約（1950年）や米州人権条約（1978年）が締結されていますが，アジア圏では十分に整備されておりません。以下では，一部の重要な条約について個別にみていきましょう。

▶▶**2** 個別の国際人権条約

【1】 人種差別撤廃条約

人種差別撤廃条約が1965年の国連総会において採択された背景には，1959〜60年ごろのネオ・ナチズムによる反ユダヤ主義を煽る行為や南アフリカ共和国のアパルトヘイト政策といった人種差別やヘイトスピーチの続発が挙げられます。もっとも，日本がこの条約に加入したのは1995年のことです。

　人種差別撤廃条約では「人種差別」を「人種，皮膚の色，世系又は民族的若しくは種族的出身に基づくあらゆる区別，排除，制限又は優先であって，政治的，経済的，社会的，文化的その他のあらゆる公的生活の分野における平等の立場での人権及び基本的自由を認識し，享有し又は行使することを妨げ又は害する目的又は効果を有するもの」（1条1項）と定義し，「締約国は，人種差別を非難し，また，あらゆる形態の人種差別を撤廃する政策及びあらゆる人種間の理解を促進する政策をすべての適当な方法により遅滞なくとることを約束」しています（2条1項）。さらに，5条で，裁判の前での平等，身体の安全，政治的権利や他の市民的権利等における平等を保障することを約束し，6条では締約国に，自国の管轄下にあるすべての者に，国家機関を通じ効果的な保護又は救済措置を確保することを義務づけています。

　同条約4条では，（a）「人種的優越又は憎悪に基づく思想のあらゆる流布，人種差別の扇動，いかなる人種若しくは皮膚の色若しくは種族的出身を異にする人の集団に対するものであるかを問わずすべての暴力行為又はその行為の扇動及び人種主義に基づく活動に対する資金援助を含むいかなる援助の提供も，法律で処罰すべき犯罪であることを宣言すること」・（b）「人種差別を助長し及び扇動する団体及び組織的宣伝活動その他のすべての宣伝活動を違法であるとして禁止するものとし，このような団体又は活動への参加が法律で処罰すべき犯罪であることを認めること」を締約国に求めており，ヘイトスピーチ等の処罰を求めています。

【2】　女子差別撤廃条約

　国連憲章第1条3項で掲げた「性」の差別が依然として広範に存在していることにより，1967年の第22回国連総会で「女子に対する差別の撤廃に関する宣言」が採択され，婦人の地位委員会の調査により条約起草の必要性が認識され，1979年の第34回国連総会で条約が採択されました。日本は1980年に署名し，1985年に国会承認が行われました。

　女子差別撤廃条約では，「女子に対する差別」を「性に基づく区別，排除又は制限であつて，政治的，経済的，社会的，文化的，市民的その他のいかなる分野においても，女子（婚姻をしているかいないかを問わない。）が男女の平等を基礎として人権及び基本的自由を認識し，享有し又は行使することを害し又は無効にする効果又は目的を有するもの」（1条）と定義し，人種差別撤廃条約同様に締約国が，差別を非難・撤廃する政策を「すべての適当な方法により遅滞なくとることを約束」することを定めています（2条）。なお，後述する個人通報制度に関する選択議定書

があり，日本は批准していません。

【3】 子どもの権利条約（児童の権利に関する条約）

　子どもの権利条約は，貧困や飢餓，武力紛争，虐待，性的搾取という状況におかれている子どもが世界中に存在するという現実を背景に，1989年の第44回国連総会で採択されました。日本は1994年に批准しています。

　この条約での「児童」は「18歳未満のすべての者」を指しますが，より早く成年に達した者は除かれます（1条）。条約は締約国に，いかなる差別なく条約に定めた権利の尊重および確保を求め，「児童がその父母，法定保護者又は家族の構成員の地位，活動，表明した意見又は信念によるあらゆる形態の差別又は処罰から保護されることを確保するためのすべての適当な措置をとる」ことを求めています（2条）。さらに，子どもの「最善の利益」を考慮すべきこと（3条），生命・生存・発達に対する権利（6条）などが定められています。

【4】 アファーマティブ・アクションとの関係

　人種差別や性差別は歴史的に根強いものであり，社会において不利な状況に置かれている集団の差別を積極的に解消するための措置（アファーマティブ・アクション）が逆差別になるという見方もありますが，人種差別撤廃条約や女子差別撤廃条約はアファーマティブ・アクションを認めています。女子差別撤廃条約3条本文は「締約国が男女の事実上の平等を促進することを目的とする暫定的な特別措置をとることは，この条約に定義する差別と解してはならない」と暫定的な措置を認めています。

▶▶3　人権の国際的保障のための制度

　こうした国際人権条約において，締約国に対して国内実施を求める規定があるのですが，より実効的に締約国による条約の履行を確保するための諸制度が導入されています。その1つの制度として条約委員会とよばれる条約機関を設置し，例えば自由権規約では自由権規約委員会という機関が締約国の条約履行を監視しています。

　その監視を支える制度として国家報告制度があります。これは，締約国が定期的に条約の履行状況についてまとめ条約機関に報告し，それに対して条約機関が審査し総括所見をまとめ，必要に応じて改善のための勧告を出すというものです。加えて，全ての締約国に対し，条約解釈についての「一般的意見」を公表することがあります。

　また，人権条約には国家間通報制度と個人通報制度という2つの通報制度を設けていることがあり，自由権規約でも2つの制度があります。国家間通報制度については，委員会が締約国から規約上の義務違反の存在を主張する通報を受け，検討

する権限を有していますが，事前に通報を受ける締約国が委員会の当該権限を有することを認める宣言をしていなければ，通報の対象となりません（自由権規約41条）。また実際上の問題として国家間通報は外交関係における友好の維持といった事情から活用例は少ないとされています。他方で，個人通報制度については，自由権規約第一選択議定書によって採用された制度であり，個人が締約国による人権侵害を条約機関に通報し，条約機関が事件を受理した上で，条約違反についての見解を関係締約国と個人に対して送付する制度です。受理の要件として，個人が利用しうる国内救済措置を尽くしたことや同一の事案が他の国際的手続によって検討されていないこと，匿名や権利濫用ではないことが掲げられています。しかしながら，日本は個人通報制度を設けた第一選択議定書を批准していないため個人通報制度の対象となっておりません。

▸§*3*__ グローバル化社会の憲法と条約の関係

▸▸*1* 憲法と条約の優劣

　冒頭の❖Topic 30では，リサさんは条約が大切であるという立場であり，それに対してイチロウさんが日本国憲法の表現の自由が大切であるという立場をとっています。いったい，憲法と条約の優劣関係はどのように考えたら良いのでしょうか。憲法の条文を見ながら考えてみましょう。

　まず，憲法98条2項を見てみましょう。そこでは「日本国が締結した条約及び確立された国際法規は，これを誠実に遵守することを必要とする」と，**国際協調主義**の立場があらわれており，その精神は憲法前文第2段落にもあらわれています。次に，違憲審査権を定めた憲法81条は「最高裁判所は，一切の法律，命令，規則又は処分が憲法に適合するかしないかを決定する権限を有する終審裁判所である」と定め，条約を入れていません。こうした条文を手がかりに，リサさんのような条約優位の見解が説かれるのです。

　他方で，条約締結や承認を行う内閣や国会の構成員は公務員であり，憲法尊重擁護義務が課されています（99条）。また，▸§*1*▸▸*2*で説明したように条約は内閣が締結し，条約によっては国会の承認を要するという手続で行われ，国会の特別多数決による発議と国民投票による過半数の同意が必要な憲法改正手続（96条）よりもはるかに簡易的であること，国際協調主義で遵守すべき「条約」等は合憲であるものを前提にしていること，そして国民主権（1条等）との整合性等を根拠として，憲法が条約に優位するという見解があります。イチロウさんはこの立場に立っている

といえるでしょう。

　裁判所の立場としては，日米安全保障条約に対する司法審査が問題となった砂川事件（★最大判昭和34〔1959〕・12・16刑集13巻13号3225頁）では，「一見極めて明白に違憲無効であると認められない限りは，裁判所の司法審査権の範囲外」と，例外的に司法審査が及ぶと述べているために，条約への違憲審査が可能としていることから，この立場に立ちます（司法権の限界について☞25講参照）。一方で条約は，国際人権条約のような多国間条約など多様なものがあり，一様に優劣を決めることが適切ではないという見解もあります。この点，「降伏文書あるいは平和条約というような一国の安危にかかわるような問題」についての条約が優先されるという林修三法制局長官の答弁が注目に値するでしょう（1959年11月17日参議院予算委員会）。

　なお，条約と法律については，どうでしょうか。例えばフランスの場合は，相互主義のもとで法律に対する条約の優位を認めています（フランス1958年憲法55条）。日本はそのような明示の規定はありませんが，条約は法律に優位すると理解されています。

　❖Topic 30におけるヘイトスピーチの問題で，リサさんとイチロウさんのような対立は，日本と人種差別撤廃条約委員会間でも存在し，前述の人種差別撤廃条約4条（a）・（b）のヘイトスピーチに対する処罰を日本は表現の自由の観点から留保（自国への適用を制限すること）をし，他方で条約委員会は日本の対策が不十分であるという勧告を行っています。

▶▶2　条約を実現するためには

　では，ヘイトスピーチで困っている人たちは条約の力を用いて裁判所に紛争を解決してもらえるのでしょうか。地域的な人権条約では欧州人権裁判所や米州人権裁判所が設けられていますが，日本をめぐってはそういった機関がないため，日本の国内裁判所における国際法等の扱いが問題になるでしょう。

　憲法98条2項により国際法の国内的効力が認められるとはいえ，条約そのものが他の国内法規範同様に裁判規範として直接適用が可能かどうかは別の問題と理解されています。つまり，自動執行的な（直接適用が可能な）条約とそうでない条約があるという理解です。自動執行的かどうかは，客観的基準として，規範内容が十分明確性をもち，それ以上の特別の措置を要せずに国内的に執行可能かどうか，主観的基準として自動執行性の受容に対する当事国や国内立法者の意思によって判断されます。自由権規約について，27条の少数民族の文化享有権の規定を根拠とした二風谷ダム事件判決（★札幌地判平成9〔1997〕・3・27訟月44巻10号1798頁）は直接適用の例として説明され，他方，社会権規約は直接適用性を否定されています（★最判平成元〔1989〕・3・2訟月35巻9号1754頁：塩見訴訟）。

他方で，裁判所が国内法の解釈において，その解釈の指針や解釈を補強する根拠として条約等の規定を用い，国際法適合的解釈を行うことがあり，これを間接適用といいます。例えば，私人間効力（☞03講参照）のように，不法行為による損害賠償請求権を定める民法709条を，人種差別撤廃条約違反の私人の行為に適用する方法です。このような形で条約の趣旨を国内で実現することができます。ヘイトスピーチについては，京都朝鮮学校に対する威圧的デモ行為をめぐり学校がデモ参加者に損害賠償を求めた事件（詳細は☞09講「表現の自由」を参照）で，京都地裁は，積極的にわが国の裁判所は人種差別撤廃条約上の責務として，条約適合的解釈を行う責務を認め，民法709条を通じて人種差別撤廃条約に適合させた高額な賠償額の認定を行いました（★京都地判平成25〔2013〕・10・7判時2208号74頁）。

　直接適用や間接適用は裁判所による国際法の国内実施といえるでしょう。なお，憲法訴訟においては，外国法における人権判例や国際法規範を事案解決のために裁判官にとって無視できない影響的な権威であるという見解が近年注目されています（トランスナショナル人権法源論）。また，判例においても，間接適用を超えて，批准した条約の履行状況や条約委員会の勧告等に言及するものがみられます（例えば，★最大決平成25〔2013〕・9・4民集67巻6号1320頁：非嫡出子法定相続分差別違憲決定）。

　憲法は条約に優位するという説も有力ながら，条約の趣旨をさまざまな形で実現することが求められており，今後のグローバル化社会と向き合うためにも条約に目を向けることは大切なのではないでしょうか。

【橋爪英輔】

❖読書案内

　今，このコーナを読もうとしている読者のあなたは，どのような方でしょうか。いくつかトピックを読んでみたところ，内容をよく理解できるようになるためには，もう少し基礎固めの勉強が必要だと思った方でしょうか。それとも，本書のトピックの解説をすらすらと理解できたので，本腰を入れて憲法を勉強してみたいと思った方でしょうか。あるいは，憲法に興味を持ったので，本書のような教材とは違ったタイプの憲法に関係する書物に触れてみたい，と思った方でしょうか。様々なタイプの方々のこれからの憲法の勉強の参考となるように，簡単な読書案内をしたいと思います。

■まず，初心者が安心して取り組むことのできる憲法の教科書として，以下のものを推薦することができます。

　曽我部真裕・横山真紀編『スタディ憲法〔第2版〕』（法律文化社，2023年）

　新井誠・曽我部真裕・佐々木くみ・横大道聡『憲法Ⅰ　総論・統治〔第2版〕』（日本評論社，2021年），同『憲法Ⅱ　人権〔第2版〕』（日本評論社，2021年）

　山元一『グローバル化時代の日本国憲法』（放送大学教育振興会，2019年）（→この本は，本書の編者が執筆した教科書です。）

■もう少し読み物的な本で，初心者が手に取れるものとして，以下の本があります。

　内山奈月・南野森『憲法主義』（PHP研究所，2014年）

　横大道聡・吉田俊弘『憲法のリテラシー』（有斐閣，2022年）

　西原博史・斎藤一久『教職課程のための憲法入門〔第2版〕』（弘文堂，2019年）

■資料集として，以下の本を推薦できます。

　斎藤一久・堀口悟郎編『図録 日本国憲法〔第2版〕』（弘文堂，2021年）

　初宿正典・大沢秀介・高橋正俊・常本照樹・高井裕之編著『目で見る憲法〔第5版〕』（有斐閣，2018年）

■特に憲法に興味のある法学部生などで，憲法を突っ込んで勉強してみたいと思った方には，以下の本に取り組むことをお勧めします。

　芦部信喜（高橋和之補訂）『憲法〔第7版〕』（岩波書店，2019年）（→この本は，現在の憲法学でもっとも標準的な教科書とされています。）

渋谷秀樹『憲法〔第3版〕』（有斐閣，2017年）
高橋和之『立憲主義と日本国憲法〔第5版〕』（有斐閣，2020年）
辻村みよ子『憲法〔第7版〕』（日本評論社，2021年）

■憲法の判例をしっかりと身につけたい方には，以下のものを推薦します。

小泉良幸・松本哲治・横大道聡編『憲法判例コレクション』（有斐閣，2021年）
上田健介・尾形健・片桐直人『憲法判例50！〔第2版〕』（有斐閣，2020年）
長谷部恭男・石川健治・宍戸常寿編『憲法判例百選〔第7版〕Ⅰ・Ⅱ』（有斐閣，2019年）
辻村みよ子・山元一・佐々木弘通編『憲法基本判例──最新の判例から読み解く』（尚学社，2015年）

■個々の条文の意味をしっかりと把握したい方には，以下のものがあります。

芹沢斉・市川正人・阪口正二郎編『新基本法コンメンタール憲法』（日本評論社，2011年）
辻村みよ子・山元一編『概説憲法コンメンタール』（信山社，2018年）

❖資料__日本国憲法条文関連・判例・条約の検索サイト

※サイト（URL）を QR コード化したものを最後にまとめてつけているので，利用されたい。

【1】 おもな検索サイト

❶ 日本国憲法条文関連の検索

【A】 e-Gov 法令検索サイト，日本国憲法条文

e-Gov 法令検索の検索画面

https://elaws.e-gov.go.jp/

日本国憲法条文

https://elaws.e-gov.go.jp/document?lawid=321CONSTITUTION

【B】 衆議院サイト

＊日本国憲法のほか，国会法，衆議院規則も付いている。

https://www.shugiin.go.jp/internet/itdb_annai.nsf/html/statics/shiryo/dl-constitution.htm

【C】 英文対訳付き日本国憲法条文

＊日本法令外国語訳データベースシステムのものとして

https://www.japaneselawtranslation.go.jp/ja/laws/view/174/tb

❷ 判例検索　裁判所ウェブサイト

https://www.courts.go.jp/app/hanrei_jp/search1

❸ 条約検索　外務省の条約検索サイト

https://www3.mofa.go.jp/mofaj/gaiko/treaty/

【2】 検索サイトのQRコード一覧

❶【A】 e-Gov検索画面

❶【B】 衆議院サイト

❶【C】
英文対訳付き日本国憲法条文

❷判例検索
裁判所ウェブサイト

❸条約検索
外務省の条約検索サイト

❖判例索引

❖執筆者（執筆担当）紹介　　（現職名／執筆担当／主な業績）

＊編者【詳細は後掲の編者紹介を参照】

山元　一（やまもと・はじめ）慶應義塾大学大学院法務研究科教授　**01講，02講，読書案内**

＊編集委員（兼各講執筆者）（50音順）

大野悠介（おおの・ゆうすけ）下関市立大学経済学部准教授　**13講，17講**
・「≪自由な経済活動に起因する弊害≫と憲法22条1項」慶應法学41号（2018年）
・「グローバル化市場における人権保護」横大道聡ほか編著『グローバル化のなかで考える憲法』（弘文堂，2021年）所収

小川有希子（おがわ・ゆきこ）帝京大学法学部助教　**21講，28講**
・「NGOと政策形成」横大道聡ほか編著『グローバル化のなかで考える憲法』（弘文堂，2021年）所収
・「専門知の法的位置づけ――フランスの政治的意思決定過程を中心に」法律時報2021年11月号

橋爪英輔（はしづめ・えいすけ）常磐大学総合政策学部法律行政学科助教　**19講，30講**
・「政治責任の現在と未来――フランスの閣僚責任を中心に」比較憲法研究33号（2021年）
・「民法750条の憲法適合性――第二次夫婦同氏訴訟最高裁大法廷決定 R3.6.23」常磐総合政策研究8号（2021年）

堀口悟郎（ほりぐち・ごろう）岡山大学法学部准教授　**11講，12講**
・「フランスにおける大学の自由」羽田貴史・松田浩・宮田由紀夫編『学問の自由の国際比較――歴史・制度・課題』（岩波書店，2022年）所収
・「教師の良心――憲法学と教育法学の距離」毛利透編『講座　立憲主義と憲法学　第3巻　人権Ⅱ』（信山社，2022年）所収

＊各講執筆者（執筆順）

田中美里（たなか・みさと）東京理科大学教養教育研究院専任講師　**03講，10講**
・「フランスにおける『公序』とマニフェスタシオンの自由（1）（2・完）」一橋法学18巻1号・2号（2019年）
・「偽りの情報の流布と表現の自由 ――フランスのフェイクニュース対策を議論の出発点として」憲法理論研究会編『憲法理論叢書30 次世代の課題と憲法』（敬文堂，2022年）所収

佐藤みのり（さとう・みのり）慶應義塾大学大学院法務研究科助教・弁護士　**04講，05講**
・「これってハラスメント？――判例から読むセクハラ，パワハラ…の境界線」企業実務2020年4月号より連載中
・『夫の死後，お墓・義父母の問題をスッキリさせる本』（大﨑美生との共著，日本実業出版社，2018年）

小西葉子（こにし・ようこ）高知大学教育研究部人文社会科学系教育学部門助教　**06講，14講**
・「裁判員の権限と義務――裁判員の『独立』を軸として」法律時報2022年10月号
・「プラットフォーマーから刑事訴追機関への情報提供の法的課題 ――ドイツのSNS対策法5条を題材として」情報通信政策研究5巻2号（2022年）

小久保智淳（こくぼ・まさとし）　慶應義塾大学大学院研究員・博士課程　**07講，08講**
・「『認知過程の自由』研究序説——神経科学と憲法学」法学政治学論究126号（2020年）
・「Washington v. Harper事件判決再訪——抗精神病薬の強制投与の合憲性」法学政治学論究132号（2022年）

吉原裕樹（よしはら・ゆうき）　大阪経済法科大学法学部准教授・弁護士　**09講，26講**
・「裁判の公開原則の意義と実現」憲法研究（辻村みよ子責任編集）8号（2021年）
・「ウェブ裁判（裁判手続IT化）の憲法論」判例時報2481号（2021年）

塚林美弥子（つかばやし・みやこ）早稲田大学社会科学総合学術院講師（任期付）　**15講，16講**
・「フランス「連帯」概念の憲法学的考察——「社会保護への権利」の観点から」憲法理論研究会編『憲法理論叢書28　憲法学のさらなる開拓』（敬文堂，2020年）所収
・「フランスにおける外国人の社会保護への権利——「連帯」概念からの検討」早稲田法学94巻2号（2019年）

鎌塚有貴（かまつか・ゆき）　三重短期大学法経科講師　**18講，20講**
・「議会関与法における予算措置と議会による予算統制の考察」財政法叢書34巻（2018年）
・「ドイツにおける予算概念の変遷」憲法理論研究会編『憲法理論叢書27　憲法の可能性』（敬文堂，2019年）所収

兵田愛子（ひょうだ・あいこ）　関西大学法学部法学政治学科非常勤講師　**22講，23講**
・「ルネ·カピタンの議院内閣制論（1）（2）（3·完）」法学論集68巻第1号，第2号，第3号（2018年）
・「ルネ・カピタンと「自由な解散」論」憲法理論研究会編『憲法理論叢書29　市民社会の現在と憲法』（敬文堂，2021年）所収

本庄未佳（ほんじょう・みか）　岩手大学人文学部准教授　**24講，29講**
・「日本国憲法前文の成立過程——ハッシー文書を中心に——」成城法学85号（2017年）
・「スコットランド地域自治保障におけるイギリス憲法的展開——目的論的解釈から憲法適合的解釈へ」憲法理論研究会編『憲法理論叢書27　憲法の可能性』（敬文堂，2019年）所収

今枝昌浩（いまえだ・まさひろ）　慶應義塾大学大学院法学研究科助教　**25講，27講**
・「ドイツにおける政党内民主主義と政党除名の法的規律」比較憲法学研究33号（2021年）
・「ドイツにおける政党内反対派とその権利——政党除名との関わりを中心に」小山剛・渡邊亙・伊川正樹編『立憲国家の制度と展開（網中政機先生喜寿記念）』（尚学社，2021年）所収

＊コラム執筆者（執筆順）

樋口惟月（ひぐち・いづき）　慶應義塾大学大学院修士課程　コラム❶，❸
・「フランスにおけるヒト受精胚規制から見る『人間の尊厳』原理」2022年度修士論文

田中将人（たなか・まさと）　慶應義塾大学大学院博士課程　コラム❷，❹
・「二つの司法自制：日本とフランスの憲法裁判における立法裁量論」2021年パリ第Ⅰ大学修士論文（フランス語で提出）

❖編者紹介

山元　一　（やまもと・はじめ）

1961年　東京に生まれる
1984年　早稲田大学政治経済学部政治学科卒業
1992年　東京大学大学院法学政治学研究科博士課程修了，博士号取得（法学）
その後，新潟大学教授・東北大学教授等を経て，
現　在　慶應義塾大学大学院法務研究科教授（憲法担当），放送大学客員教授，パリ第２大学ミシェル・ヴィレー研究所シニア・ヴィレー・フェロー

　リヨン第２大学・モンペリエ第１大学・レンヌ第１大学・ニース大学・シアンスポ（パリ政治学院）・パリ第２大学・パリ第１大学で招聘教授，ロンドン・スクール・オブ・エコノミクスで客員研究員を歴任

〔主要著作等〕
〔翻訳〕ルイ・ファヴォルー『憲法裁判所』（敬文堂，1999年）
『憲法学説に聞く』（共編）（日本評論社，2004年）
『ジェンダー法学・政治学の可能性』（共編）（東北大学出版会，2005年）
『政治参画とジェンダー』（共編）（東北大学出版会，2007年）
『ヨーロッパ「憲法」の形成と各国憲法の変化』（共編）（信山社，2012年）
『フランス憲政学の動向』（共編）（慶應義塾大学出版会，2013年）
『現代フランス憲法理論』（信山社，2014年）
『憲法基本判例』（共編）（尚学社，2015年）
『講座　政治・社会の変動と憲法――フランス憲法からの展望　第Ⅰ巻　政治変動と立憲主義の展開』（共編）（信山社，2017年）
『概説憲法コンメンタール』（共編）（信山社，2018年）
『グローバル化による法の変容』（共編）（日本評論社，2018年）
『グローバル化時代の日本国憲法』（放送大学教育振興会，2019年）
『憲法の普遍性と歴史性』（共編）（日本評論社，2019年）
〔監訳〕ヤニヴ・ロズナイ『憲法改正が「違憲」となるとき』（弘文堂，2021年）
〔監訳〕ドミニク・ルソー『憲法とラディカルな民主主義』（日本評論社，2021年）
『講座　立憲主義と憲法学　第１巻　憲法の基礎理論』（編）（信山社，2022年）
『国境を越える憲法理論』（日本評論社，2023年）

トピックから考える日本国憲法

2023年3月10日　初版第1刷印刷
2023年3月20日　初版第1刷発行

編　者　山　元　　一

発行所　（株）北大路書房
　　　　〒603-8303　京都市北区紫野十二坊町12-8
　　　　電　話　（075）431-0361（代）
　　　　ＦＡＸ　（075）431-9393
　　　　振　替　01050-4-2083

企画・編集　秋山　泰（出版工房ひうち：燧）
組　版　華洲屋（kazu-ya）
装　丁　上瀬奈緒子（綴水社）
印刷・製本　（株）太洋社

ISBN 978-4-7628-3217-8　C1032　Printed in Japan ©2023
検印省略　落丁・乱丁本はお取替えいたします。

法学ナビ　16の物語から考える

渡邊博己・右近潤一　著

▶ A5判／ヨコ組み／並製　　定価2090円（税込）　〔2018年刊〕

スタンダード法社会学

佐藤岩夫・阿部昌樹　編著

▶ A5判／ヨコ組み／並製　　定価3080円（税込）　〔2022年刊〕

比較の眼でみる憲法

村田尚紀　著

▶ A5判／ヨコ組み／並製　　定価2860円（税込）　〔2018年刊〕

アメリカ憲法理論史　その基底にあるもの

ブルース・アッカマン　著

川岸令和・木下智史・阪口正二郎・谷澤正嗣　監訳

▶ A5判／ヨコ組み／上製　　定価6050円（税込）　〔2020年刊〕

法への根源的視座
Criticism of Some Legal Theories

笹倉秀夫　著

▶ A5判／ヨコ組み／上製　　定価6600円（税込）　〔2017年刊〕

思想への根源的視座
Studies on Legal and Political Ideas

笹倉秀夫　著

▶ A5判／ヨコ組み／上製　　定価6600円（税込）　〔2017年刊〕

北大路書房